北京大学海上丝路与区域历史研究丛书

东西之间

北大"丝绸之路"十五讲

昝 涛 / 主编

社会科学文献出版社
SOCIAL SCIENCES ACADEMIC PRESS (CHINA)

北京大学海上丝路与区域历史研究丛书总序

中国是一个幅员辽阔的大国，也是一个拥有漫长海岸线的国家。溯至远古时期，我国先民就已开始了对海洋的探索。秦汉以降，经由海路与外部世界的交往，更成为一种国家行为，秦始皇派徐福东渡，汉武帝遣使西到黄支，孙吴时有朱应、康泰前往南洋，唐朝时则有杨良瑶远赴大食，直到明初郑和七下西洋，官方主导的外交与外贸持续不断。而民间的交往虽然被史家忽略，但仍然有唐之张保皋，明之郑芝龙家族等，民间的向海而生，时时跃然纸上。特别是唐宋以降，海上"丝绸之路"的迅猛发展，使得中国官民通过海路与沿线国家进行着频繁的政治、文化交往，海上贸易也呈现出一片繁荣的景象。

这条海上"丝绸之路"，联通东北亚、日本、南洋、波斯、阿拉伯世界，远到欧洲、东非，并以此为跳板，连接到世界更广阔的地域与国家，它不仅仅是东西方商业贸易的桥梁，也是沿线各国政治经济往来、文化交流的重要纽带。海上"丝绸之路"沿线的国家，也同样是面向海洋的国度，它们各自的发展与壮大，也见证了海上"丝绸之路"的发展；这些国家的民众，也曾积极参与海上贸易，特别是在大航海时代到来之后，逐步营建出"全球化"的新时代。

古为今用，我国"一带一路"合作倡议的提出，旨在借用古代"丝绸之路"的历史符号，积极发展与沿线国家的经济合作伙伴关系，彰显我国在国际社会中的担当精神。

2019 年初，北大历史学系受学校委托，承担大型专项课题"海上丝绸之路及其沿线国家和地区历史文化研究"，我们深感这一研究的时代意义以及史学工作者承载的历史使命。重任在肩，我们积极组织系内有生力量，打通中外，共同攻关；与此同时，我们也寻求合作伙伴，拓展渠道，与校内外同行共襄盛举。以此项目启动为契机，我们筹划了"北京大学海上丝路与区域历史研究丛书"，希望在课题研究深入的同时，有助于推动历史学系的学科建设，利用这个丛书，发表本系及其他参与人员的研究成果，共同推进海上丝绸之路与沿线区域的历史研究。

让我们共同翻开史学研究的新篇章！

丛书编委会（荣新江 执笔）

2020 年 6 月 6 日

序

昝　涛

在这本讲座集即将出版之际，我想简要地交代一下它的缘起。我从 2015 年初开始负责北京大学历史学系的科研管理工作，以及国内和国际的学术交流工作。当时有一个非常重要的背景，就是我国在 2013 年提出了"一带一路"倡议。那么，作为专门研究过去的学问，历史学能够为共建"一带一路"做出什么样的贡献呢？这个思考促使我们设计并发起了围绕"丝绸之路"这个主题的系列讲座。同时，考虑到国内公共领域对关于丝绸之路的知识需求也日益增长，在我们的倡议下，这个讲座系列以面向社会的、开放的、公益的形式展开。可以说，这部分是当时从历史学回应现实的角度所做的一个安排。

我们的丝绸之路公益讲座系列的第一场，主讲人是著名学者、北京大学历史学系的罗新教授，他的演讲主题是"历史枢纽与丝绸之路：阻隔与沟通"，至今回想起来，罗新老师的讲座内容依然令我印象深刻。在我看来，罗新老师是把古今丝绸之路理解为突破边界的努力和成就。边界绝对不只是国界线那么简单，各种自然地理屏障构成了人类现有边界的基础。但在技术发达的情况下，大部分自然地理边界很难再构成难以跨越的阻隔，剩下的问题主要源于人类自身，也就是说，人为的边界才是真正的约束和限制，比如说，最著名的可能就是柏林墙了。

而过去几年，最大的人为边界是因为疫情而设。从大的范围来看，似乎主要是以民族国家为单位的，各个国家的防疫政策因为各种原因而有所不同。实际上，在科学隔离的要求标准之下，国家与国家之间、城市与城市之间、社区与社区之间、村落与村落之间，乃至人与人之间，随时都可能树立起边界。日常生活中最常见的边界就是口罩了。在疫情期间，口罩虽在某种意义上标示着安全感，但更多的是宣示了一种界限和距离感。所以，在今天这个背景下，回顾我们不定期举行的"丝绸之路"系列公益讲座，与罗新教授在第一讲中提出的主题相呼应，我们就更加容易理解丝绸之路精神的内涵了。借用官方的表述，丝绸之路的精神就蕴含在"五通"之中，即政策沟通、设施联通、贸易畅通、资金融通以及民心相通。在全球疫情的背景下，"五通"是多么令人向往。

本书收录了共 15 场讲座讲稿，汇聚了多位在丝绸之路各研究领域顶尖的教授、学者，其中李伯重、段晴、荣新江等都是各个领域的国际知名学者。他们能够屈尊为我们这样一个立足于"科普性"的公益讲座精心准备，发表新的见解，是非常令人感动的。尤其是段晴教授，她是把自己最新的研究成果贡献给了我们这个系列讲座。但遗憾的是，在本书结集出版之前，段晴教授已不幸因病去世，这是中国乃至国际学术界的一大损失。因此，我们这个集子也有向段晴教授致敬之意。

我们的讲座定位是历史学科，随着多年来科学化与专业化的高度发展，尤其是伴随着数字技术的进步，人类进入了一个便利检索的时代。高度依赖史料的历史学科自然也迎来了它的空前繁荣时期。但这可能也带来了相应的问题，比如说，过于碎片化，过多的史料堆砌，越来越少思想的深度，越来越少真正的问题意识。大学里，历史系本科的学生们现在往往表现为过早进入专题研究，很少再长时间阅读大部头的著作，就像荣新江老师讲述自己的读书经历和心得时所说的，"一本本书翻下去"。因为检索过于方便，成果出得也就更快，电脑写作也更有利于长篇大论，史学界师生们的"内卷"也就可想而知了。

但问题是，这样的史学，肯定会越来越"脱离群众"，成为一部分人为稻粱谋、为名利而进行的某种"游戏"。如果历史学只是成为这样的一种"精致"的学问，它的意义又将何在？历史学虽然不是必须走向大众，但很难否认，大众性又是史学有机的组成部分。基于这样的认识，我们的系列讲座也可以说是在有意识地与前述那种"退变"的潮流"逆向行走"。我们希望通过这样的安排，向公众提供专业的，但同时也是"接地气"的知识、思想与学问。在当年国内外学术交流仍然顺畅的情况下，我们的讲座可以说是场场爆满，有时候为了控制人数，还不得不实行网上报名，但有一点是可以肯定的，即这些学术讲座是面向全社会开放的，也尽可能地兼顾了普及性。每次都有很多社会各界人士的积极参与，应该说，在当年这也是历史学尤其是我们北京大学历史学系积极为社会、为民众服务的窗口和渠道之一。

随着国内外形势的重大变化，尤其是受国际疫情的影响，我们的系列讲座基本上是被迫中断了，很遗憾，没有完成原定计划。另外，因为种种原因，也有个别讲座没有办法被收入这个集子。因此，这本讲座集也收录了几篇没有纳入这个讲座系列的课堂讲述或学术报告，以使篇幅和内容更加完善。在北京大学重大项目"海上丝绸之路与郑和下西洋及其沿线地区的历史和文化研究"课题的资助下，我们现在得以将这些阶段性的成果结集出版，既是为了总结和纪念过去，更是为了自我鞭策、迎接未来。随着奔流不息的时间长河，"丝绸之路"的故事还在每天发生，那么，关于"丝绸之路"的学问便没有止境，学者们的使命也就不容推卸。

2023 年 6 月 3 日于北京大学人文学苑 5109

· 目 录 ·

段　晴　神话与仪式
　　——以观察新疆洛浦博物馆氍毹为基础 / 1

法浩特·马克苏多夫　粟特地区考古新进展 / 16

李伯重　经济史上的丝绸之路 / 28

荣新江　佛像还是祆神？
　　——谈谈丝绸之路上宗教的混同形态 / 39

罗　新　丝路三题 / 53

张　帆　元朝的色目人 / 62

党宝海　马可·波罗与丝绸之路漫谈 / 75

朱玉麒　丝路考古工地与唐诗创作现场 / 93

李　肖　杨烨旻　发现阿斯塔那古墓 / 127

王长命　汉与北魏经略草原丝路盐湖的差异 / 147

张信刚　略谈丝绸之路与区域研究 / 159

王建新　灵明堂门宦及其神秘主义思想本土源流探析 / 168

颜海英　希腊世界的埃及魔法 / 196

昝　涛　16 世纪奥斯曼帝国的海洋事业 / 225

张忞煜　"谁是印度教徒？"
　　——海陆丝绸之路节点的身份符号与文化生产 / 245

神话与仪式

——以观察新疆洛浦博物馆氍毹为基础

段　晴[*]

一　新疆洛浦博物馆氍毹研究的缘起

目前我们承担了一个国家重大项目，项目名称为"丝路南道非汉语文书的释读"。这是有史以来我们中国学者所做的、对非汉语文书的一次集结性的释读和研究。我们所说的丝路南道实际上集中在以和田以及楼兰遗址、精绝（尼雅）遗址为中心的地区。在上述地区，四次考古共发现了700多件佉卢文的文书。我们的非汉语文书主要集中在这里。由于这些文书都是在当地伊斯兰化之前写成的，所以都属于印欧语系文书。

在古代，真正和中原的汉民族发生文化对撞的是

---

* 段晴，北京大学外国语学院教授。

印欧语系的民族。精绝是西汉的西域三十六国之一，这是大家都熟知的，但是精绝实际上仅存在于我们的《史记》当中，这个国家在西汉以后就被一个伊朗语族的民族灭掉了，这个民族就是鄯善。但是，我们在研究佉卢文文书的过程中，并没有发现鄯善作为一个国名存在于文书当中。鄯善地区，也就是古代精绝地区出土的佉卢文文书中并没有"鄯善"一词，他们自称"纳福波"。鄯善只是汉文史籍对这个王国的称谓，是对"沙汗沙"（王中王）的误译。这是我们在做这个重大课题的时候的发现。

我要先界定一个概念。我接下来要说的"印度"不是一个政治概念，而是一个文化概念。巴利文佛经中并没有"印度"的概念，因为佛陀所处的时代是十六国，整个南亚次大陆在古代并没有被完全统一过，只在北方地区出现过短暂的统一。所以"印度"作为一个政治概念在当时是不存在的。我们所说的是 Indo-European，是一个语言概念。当今伊朗伊斯兰共和国自称"伊朗"是不准确的，因为"伊朗"是一个语言学的概念，包含了比当今伊朗更为广阔的地区。《阿维斯塔》的文字、粟特语、于阗语等都是伊朗语族的一支。因此我在本次讲座中所使用的伊朗、印度这两个概念都是语言和文化的概念。

佉卢文曾是书写印度语言的两种文字之一（另一种是婆罗谜字）。佉卢文主要在贵霜时代作为贵霜王朝的官方文字，它书写的语言是印度西北地区（主要是吉尔吉特以及所谓的犍陀罗地区，这里是贵霜国家的大本营）的方言。但是，贵霜王朝没落之时，也就是2世纪末3世纪初，佉卢文一直流传到楼兰、尼雅等地，并被作为丝路南道绿洲王国（诸如鄯善、于阗等）的官方文字，一直沿用到了4世纪甚至5世纪，直至后来被梵文所取代。到了6世纪中期以后，于阗文和于阗语开始成为于阗王国的官方文字和官方语言。

2007年，人们在和田挖玉时发现了氍毹，当时一共发现了七块，但是据说有两块已经被人卖出，还有五块藏在了洛浦博物馆。这些氍毹被发现以后，由于其色彩异常艳丽，做纺织研究的专家并不相信它们是古代的。2008年，我见到氍毹上的文字后，发现这就是于阗文，并且还是古于阗文（于阗文由于音变，分为早期于阗文和晚期于阗文）。

其中三块方毯上的字都是同一句话，2010 年我的文章用英文发表出来以后，关于这句话的翻译受到了认可。但是直到 2018 年 4 月，我才真正把它翻译对了。语言的解读并不是一件容易的事情。我是做语言研究的，所以在把这个解读完以后，我认为我的任务就完成了，但是唯独没有完成的是那块大氍毹上的三个婆罗谜字。为了弄清楚这三个字的意思，我从 2012 年开始关注这个氍毹上的图案。

二　洛浦博物馆氍毹图案的解读

"氍毹"这两个字对于我们来说非常陌生，但在唐代边塞诗人岑参的诗中却是高频词。例如：

> 美人舞如莲花旋，
> 世人有眼应未见。
> 高唐满地红氍毹，
> 试舞一曲天下无。

644 年，玄奘曾在于阗逗留。他在谈到当地特产的时候，也提到了氍毹："瞿萨旦那国，周四千余里。沙碛太半，壤土隘狭。宜谷稼，多众果。出氍毹、细毡，工纺绩絁绸。又产白玉、黳玉。"

巴利文的词典对"氍毹"作出了这样一个解释：a rug or cover with long hair，a fleecy counterpane。而洛浦博物馆中的毯子的确是"with long hair"。毯子的正面采用一种二毯合一毯的钩法，采用这种方法制作的毯子就叫作"氍毹"，这在巴利文文书中都有记载。因而今天我们所讲的这个毯子就叫作"氍毹"，毯子背面的毛很长，经过鉴定，毯子背面的毛是未经漂染的。由于这块毯子又厚又重，根本无法悬挂，因而也可以肯定它不是挂毯。

图 1　本文作者与郑亮教授考察氍毹

　　在佉卢文中，则是根据纺织技艺的不同，对地毯有三种定义：柘辟、毲毲、氍毹。佉卢文的 tavastaǵa，希腊文的 τάπης，德语的 Tepich 以及"毲毲""柘辟""踢壁"都是同源词。同样，"氍毹"也是走遍天下的。"氍毹"作为一个苏美尔词，广泛存在于印欧语系的语言中，例如犍陀罗语的 kojava，梵语的 kośava，巴利语的 kocava，英语的 cozy 和德语的 kuschelig 全部和"氍毹"是同源。伯希和最先发现"氍毹"就是 kośava 的对音。

　　这个氍毹上的画面是完整的。文字的创造基于技术（例如笔）的创造，因此技术是可以传承文明的。纺织、铸造同文字一样也可以传承文明。于阗当地的民族擅长通过纺织及纺织品上面的图画来表现自身文明，这是其文化的特色。我是做语言研究的，因而我把所有这些图案都解析为语言的元素，比如色彩、姿态、层次以及这幅画本身，都是语言的叙述方式。

　　在我之前，有学者对该氍毹所描绘的神作过探讨，例如认为这幅氍毹底层织入的黑色小人，是印度教的"黑天神"，进而认为整幅氍毹表现的是印度教"黑天"的业绩。我认为此种"印度教黑天"的解释，完全不能成立。这里应简单介绍，6 世纪时，即五幅氍毹织成的年代，印度教早已是发展成熟的宗教。从 1 世纪开始，印度教（早期称婆罗门教）已经发展完善。所谓完善，是指从那时起，印度教已经具备成熟的宗教伦理及仪式。印度教万神殿中的各个神灵已经拥有依据神话传说所建立的标准，即各有各的特征，各有各手持、胸配、头戴的标识，或者各自拥有的坐骑。这些标识，清晰而不容混淆。因为以宗教神谱构成的基本原理而观，任何宗教信仰所尊奉的神灵必然具备特殊标识和区别于其他宗教的符号。印度教天神有其基本特点，例如众天神都头戴高冠。"黑天"是毗湿奴的化身，有特殊的表现方式，例如脚踩巨蛇之上、身为牧童的形象等。氍毹上的黑色小人不符合黑天的特征。而且，黑色小人的手、脚特别选用肉色线织成，表明他并不是黑皮肤。用黑色来表现他，是因为他处在冥间。因此，基于上述基础知识，早在 2012 年，当我们开始关注氍毹上的图案时，已经将印度教的神灵排除在外。当然，氍毹上的形象也不是来自佛教。那时我已经感觉到，这几幅氍毹可能蕴藏着未曾被揭示的"古于阗信仰"。

我曾经以为，洛浦氍毹所表现的是人类历史上第一部史诗《吉尔伽美什》的第 12 块泥板所讲述的故事。但后来发现，氍毹所表现的，并非史诗《吉尔伽美什》之第 12 块泥板所叙述的故事，并非该故事的图画版本。两幅氍毹的画卷，只不过是运用了第 12 块泥板的故事结构，即以恩基都进入冥间、英雄吉尔伽美什为了营救恩基都而遍求神灵为主线，一方面展现了不同的神灵的存在，以及各个神灵所具备的功能；另一方面，其根本目的在于，选择这一故事的框架，以展现人的起死回生这一核心理念。

氍毹底层的黄色主人公和黑色小人是串联起故事的主干。他们的颜色，黄色象征生命，黑色象征冥间。黑色小人头上的横竖线条，是大地的象征。黑色小人的手脚拥有清晰可见的肉色，意味着该小人虽然身处冥间，却是阳寿未尽，等待着起死回生。黑色小人面对的黄色主人公呈跪求状，指明主要线索与"起死回生"的主题相关。黑色小人是阿卡德语史诗

《吉尔伽美什》第12块泥板中的恩基都，他为捡回被神灵扔到冥间的球而自告奋勇下冥间，被大地女神扣留。在阳间的吉尔伽美什于是遍求神灵，展开"求助型"故事。而有趣的是，氍毹上的黑色小人的右手，确实高擎着一球状物，这与《吉尔伽美什》第12块泥板的故事框架相吻合。

氍毹的右侧，描绘了一位大神坐在高台之上。两条蛇紧紧依附着这位大神，其中一条花蛇代表生命，象征阳间，另一条黑蛇象征冥间。在遍寻希腊神话以及广泛流传在欧亚结合地域的神谱之后，可以发现，唯有赫尔墨斯拥有双蛇的特征。在荷马史诗中，赫尔墨斯是游走于阴间和阳间的神灵。在迄今为止所见到的赫尔墨斯的形象当中，他所具备的双蛇特征，唯独在这两幅氍毹中得到如此生动的表现，即一条花蛇象征阳间，一条黑蛇象征阴间。双蛇象征生命的周而复始。应当说，古代于阗人在其保存的希腊神话中，赫尔墨斯的形象更加具体而鲜明。这说明，古代于阗人十分熟悉希腊神话。不过，依据"求助型"故事的逻辑，赫尔墨斯显然未能帮助吉尔伽美什达到所求的目的，后者转而求助于冥后佩尔塞弗涅。

图2　氍毹上的赫尔墨斯

关于佩尔塞弗涅，对她的认识来自荷马史诗。她在希腊神话中与得墨忒耳不可分割，所以在西方流行的以希腊神话为主题的雕刻、绘画等当中，她的形象多是与母亲得墨忒耳一同出现。神话的地方性，以及古代于阗人对于神话的创造性，突出体现在氍毹此层吉尔伽美什手中举起的这朵黑色的花上。在希腊神话中，佩尔塞弗涅是因为下凡采摘水仙花而被冥王哈迪斯掠走。在这里，水仙花被作为觐见冥后佩尔塞弗涅的敲门砖。原本希腊神话中的一个元素，得到创造性的升华。尤其是在这里，这朵水仙花被赋予了黑色，代表了冥间的色彩。然而，依据"求助型"故事发展的逻辑，冥后佩尔塞弗涅也未能帮助吉尔伽美什实现起死回生，未能帮助他从冥间带走恩基都。于是吉尔伽美什转而向下一位神求助。

这一组神灵以希腊神话中的工匠神赫菲斯托斯为中心，一方面，画面显示吉尔伽美什是来学艺的，因为在此他获得了工具作为装备。在这一组吉尔伽美什与希腊神话人物的构图中，还有苏美尔以及巴比伦神话的影子，因为有一则苏美尔神话讲到，吉尔伽美什使用斧子等工具帮助长生女神伊南娜赶走了盘踞在柽柳上的魔鬼，打造了宝座等。另一方

图 3 氍毹一，求助佩尔塞弗涅

图 4   氍毹二，求助佩尔塞弗涅

面，这一组图的右下角人物面部上有条纹状花纹，这里明显运用了赫菲托斯托斯制网捕获妻子爱神阿芙洛狄忒与战神阿瑞斯私通的情节，来达到凸显赫菲斯托斯之身份的目的。在这一组图案中，可以将赫菲斯托斯看作是协助吉尔伽美什敲开伊南娜大门的人，他帮吉尔伽美什最终见到伊南娜。

根据氍毹上的提示，这是个皆大欢喜的结局。原本出现在氍毹底层呈黑色的小人，现在恢复了象征在阳间的黄色，他面朝一位女性打扮的人，两腿前后分开，腿部膝盖呈向前弯曲状，脚掌未着地，这一切都是奔跑的表现。迎接他的女性明显在笑，伸出了双臂。而这个女性就是长生女神伊南娜。

苏美尔人留下的神话中有"伊南娜下冥间"的故事，描述伊南娜下冥间参加姐夫古伽兰那的葬礼。伊南娜的姐姐是司掌冥间的女神——埃列什基伽勒，住在暗无天日的地下，所以颇有怨言。伊南娜下冥间，在见到姐姐之前，必须经过七道门，在每道门前都被要求卸下身上的物品。按照描述，经过第一道门时，伊南娜被要求卸下头上的冠；第二道门时，卸下颈项上戴着的青金石项链；第三道门时，卸下胸前的双道璎珞；第四道门时，卸下胸前佩饰；第五道门时，卸下腕上的金镯子；第六道门时，卸下青金石的丈量绳和丈量杖；第七道门时，伊南娜被要求脱去裙装。赤身裸体的伊南娜，在姐姐投射来的死亡的目光下，变成一具死尸，被挂在墙上。三天后，伊南娜的仆人按照她临走前的嘱咐，向天神求救，于是一位天神从左右手的指甲盖里抠出两坨泥，制成两个无性神，让他们进入冥间，先安抚伊南娜的姐姐，然后将生命水和生命食物撒在伊南娜的身上。伊南娜站了起来。两尊小神起源于苏美尔神话，这也就定性了氍毹图案上位于双树间的女神是苏美尔神话中的伊南娜。

　　判断这位女神是伊南娜，当然还以女神的所谓标配为最终依据。其中最为显著者有三：一是她颈项上环绕的蓝白相间的项链，那应该是对青金石项链的描绘；二是手腕上的黄金镯子；第三项最为重要，因为这是女神的标识，女神握在手中的正是所谓"青金石的丈量绳和丈量杖"。值得一提的是，这块毯子中的伊南娜图案是世界上仅存的伊南娜的形象。

三　洛浦博物馆所藏氍毹的织造目的与功用

　　那么，当时的人为什么要织这块毯子呢？这块毯子的功用又是什么？我们发现，这幅氍毹实际上是一个神坛。在《梨俱吠陀》的时代，并没有神庙，因而需要建神坛。这种做法现在在西藏仍可见到。这里提及《梨俱吠陀》以及古代的宗教仪式，目的在于阐明，对天神的祭拜可以不在庙宇，而是露天举行，只要选择适合献祭牺牲的地方即可。使用氍毹表现众神的聚集，这幅氍毹原本应是为了露天的祭祀而准备的祭坛。神降临以后便站在坛上，坛的周围要有保护的东西，而这幅氍毹四周的纹饰就是起保护作用的。

　　20世纪80年代，人们在山普拉墓地发现了希腊的人头马身武士像。直到2009年，德国的考古学家王睦提出墓葬中的这些形象并不完全是希腊人，还有斯基泰人。王睦认为，这个人头马像并不是希腊人的特征，而是斯基泰人的特征。因为人头马像所吹的那件乐器是斯基泰人独有的，它身上的花纹也是斯基泰人才有的。我认为这些是接受了希腊文化的斯基泰人的遗物。墓葬中还出土了绦裙，上面带有高度图像化的格里芬纹饰。制作带有格里芬纹饰的绦裙放置于墓葬，旨在保佑灵魂的安宁。因为格里芬纹饰是保护天界的。因而在这块氍毹上，中间的部分全是神，外围的纹饰则全是格里芬。

汉族很难理解"呼唤神"这一概念。但是在英语中有来自拉丁语的 invocation，它的一个最基本意思是"cry，supplication，request for help or protection(made to a deity)"。只有把神呼唤来，才能完成法事。例如在佛教中，呼唤神是需要一定的咒语的。《金光明最胜王经》中呼唤药叉大将僧慎尔耶就要用特定的咒语。但是，在呼唤药叉神时，则有如下要求：

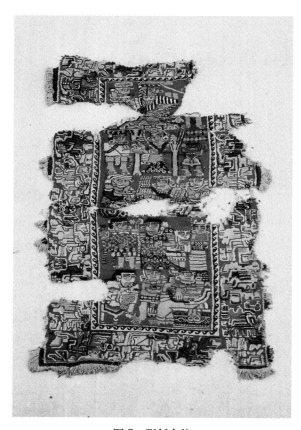

图 5　氍毹全貌

　　若持此咒时，应知其法，先画一铺僧慎尔耶药叉形像，高四五尺，手执钺镎，于此像前作四方坛，安四满瓶蜜水，或沙糖水，涂香抹香烧香及诸花鬘。……口诵前咒一百八遍，一遍一烧。乃至我药叉大将自来现身，问咒人曰："尔何所须？意所求者？"即以事答，我即随言于所求事皆令满足。或须金银及诸伏藏，或欲神仙乘空而去，或求天眼通，或知他心事，于一切有情随意自在，令断烦恼，速得解脱，皆得成就。

　　也就是通过画药叉神像、作四方坛等一系列程序，最终就能将药叉神呼唤来。而这块毯子实际上就是氎毹神坛。

　　在同时发现的三块方形毯子上各有一个呈飞行状的小人，手持表示吉祥的绶带。三幅方毯上皆有一行婆罗谜字，表达同样一句于阗语"Spāvatä meri sūmä hoḍä"。这一行于阗语，尽管每一个词都清晰可辨，但其实整体句意初看时却不甚明了。如果仅从句子的语法形式出发，确实可以有多种解释的可能性。所以，当我在 2012 年发表英语文章解读

图 6　氎毹上的婆罗谜字

这一行字时，选择了遵循词序而翻译，并在 2014 年发表的汉语文章中沿用了当初的选择。我当初给的译文是"萨波梅里供养给 sūmä"。现在看来，2014 年的译文是错误的。通过梳理于阗语的句型，我发现于阗语用于祝祷的句型似乎有特殊词序规则。用于祝祷的句子，受益者的名字出现在句首，但不是语法概念的"主语"，词干附加上为属格的格尾。因而这句话的意思是"苏摩献给萨波梅里"。

"苏摩"一词可上溯到印欧语系中操印度、伊朗语族的各个部族尚未分庭抗礼的时代。在公元前 1200 年时已经形成的印度文化中，在其最古老的口头赞歌的集成，即《梨俱吠陀》当中，"苏摩"是个高频词。而在伊朗文明方面，代表了古伊朗文化的《阿维斯塔》文集以及相应的诠释文献中，haoma"豪摩"依然是大量神话必然涉及的内容。似乎所有的祠祭天神的仪式均有"苏摩"/"豪摩"的参与。苏摩实际上是一种麻黄汁，被认为有起死回生的作用，在新疆的多个墓葬中都有发现。

关于 sūmä，我联想到记载于藏文的《于阗国授记》当中的一个传说：有一座小寺院的高僧，眼见快要修成阿罗汉果，摆脱六道轮回，却逢天大旱，河水断流。于是，为了保住寺院，他发愿变成龙。誓愿一出，水从他的身体流出，他变成了一条小龙，沉入地下，永远保佑那条清流，永远守护那座寺院。这位高僧的名字叫作 Sum-pon。Sum-pon 是藏文拼写，于阗语是 Sūmapauña。而于阗语的 Sūmapauña 正是现代地名"山普拉"或者"山普鲁"的源头。这一词传入维吾尔语时，因为维吾尔语的语音系统中没有腭音鼻音 ñ 的存在，所以选择了最为接近的落尾辅音 l 替代了于阗语的 ñ 音，如此 Sūmapauña 变成了 Sampul。从维吾尔语翻译为汉语，则有了两种汉字写法"山普鲁"或者"山普拉"。

法显、玄奘等人都对于阗有过记载，并且这些记载非常真实。法显3 岁出家，于东晋隆安三年（399）从长安出发，经河西走廊、敦煌等地，大概是沿和田河穿越塔克拉玛干沙漠，于 5 世纪初到达于阗王国。停留数月后，取道今印度河流域，经今巴基斯坦入阿富汗境，再返回巴基斯坦境内，后东入恒河流域。他在摩揭陀留住 3 年，学梵书佛律。与他同行的僧人或死或留天竺，法显从海路回国。《高僧传·法显传》记载，当法显到达于阗国后，国主安顿供给法显等人于僧伽蓝。"僧伽蓝名瞿摩帝，是大乘寺。三千僧共揵搥食，入食堂时威仪齐肃，次第而坐，一切寂然，器钵无声。净人益食不得相唤，但以手指麾。"法显记载的瞿摩帝寺被证实确实存在，存在的时间长达数百年。近年来发现一部《无垢净光大陀罗尼经》的完整于阗文文本，正是为瞿摩帝寺的僧人圆寂而书写，并作为随葬法舍利而埋入塔中。

根据《洛阳伽蓝记》的记录，宋云一行于 519 年进入新疆。他对于阗王有这样的记载："王头着金冠似鸡，帻头后垂二尺生绢广五寸以为饰。"所谓"帻头后垂二尺生绢广五寸以为饰"，飘带是古代伊朗文化圈王者的特殊装饰。飘在头后的两条飘带象征王者的荣耀。而"金冠"则与罗马士兵的鸡冠盔是一样的。

玄奘的记载就更多了，"瞿萨旦那国，周四千余里。沙碛太半，壤土陿狭。宜谷稼，多众果"；"出氍毹、细毡，工纺绩絁紬。又产白玉、黳玉"；"……崇尚佛法。伽蓝百有余所，僧徒五千余人，并多习学大乘法教。王甚骁武，敬重佛法，自云毗沙门天之祚胤也"；等等。玄奘记载的于阗王国流传的故事，许多得到了印证，或有其他文字的相同记述，或有考古发现的画、文物等。其中，玄奘在《大唐西域记·龙鼓传说》中，曾用相当大的篇幅记载了于阗国的一个故事：

> 城东南百余里有大河，西北流，国人利之，以用溉田。其后断流，王深怪异。于是命驾问罗汉僧曰："大河之水，国人取给，今忽断流，其咎安在？为政有不平，德有不洽乎？不然，垂谴何重也？"
>
> 罗汉曰："大王治国，政化清和。河水断流，龙所为耳。宜速祠求，当复昔利。"
>
> 王因回驾，祠祭河龙。

忽有一女凌波而至曰："我夫早丧，主命无从；所以河水绝流，农人失利。王于国内选一贵臣，配我为夫，水流如昔。"

王曰："敬闻，任所欲耳。"

龙遂目悦国之大臣。

王既回驾，谓群下曰："大臣者，国之重镇。农务者，人之命食。国失镇则危，人绝食则死。危、死之事，何所宜行？"

大臣越席跪而对曰："久已虚薄，谬当重任。常思报国，未遇其时，今而预选，敢塞深责。苟利万姓，何吝一臣？臣者，国之佐，人者，国之本，愿大王不再思也！幸为修福，建僧伽蓝！"

王允所求，功成不日。其臣又请早入龙宫。

于是举国僚庶，鼓乐饮饯。其臣乃衣素服，乘白马，与王辞诀，敬谢国人。驱马入河，履水不溺，济乎中流，麾鞭画水，水为中开，自兹没矣。

顷之，白马浮出，负一旃檀大鼓，封一函书。其书大略曰："大王不遗细微，谬参神选，愿多营福，益国滋臣。以此大鼓，悬城东南。若有寇至，鼓先声震。"河水遂流，至今利用。岁月浸远，龙鼓久无。旧悬之处，今仍有鼓池侧伽蓝，荒圮无僧。

玄奘记载的这一关键点涉及于阗国王室的宗教信仰，他们虽然是佛教的庇护者，但自身恐怕还保留了原初的宗教信仰，至少在早期当如此。这里应补充一条《后汉书》的记载：当年班超来到于阗，于阗王"广德礼意甚疏。且其俗信巫。巫言：'神怒，何故欲向汉？汉使有騧马，急求取以祠我。'"于是于阗王遣使到班超处索要那匹浅黑色的马。班超得知，遂让巫师自己来取。"有顷，巫至，超即斩其首以送广德。"此则记载说明，在于阗王室的原始信仰中，有杀生祭祀天神的习俗。这种习俗，既不符合佛教的传统，也不符合琐罗亚斯德教的传统，而与氍毹神坛所反映的宗教是一脉相承的。

杀生以祭祀天神的宗教认为，自然嗜血。当大旱持续，导致大河断流，于阗王认为继而要做的事情，是举行人祭。这场人祭，以龙女丧夫，欲择一名贵臣为托词。而斯基泰人的人祭，显然不同于汉文化的人祭，并非从平民家找年轻女子，如西门豹的传说所记载的那样。他们要选拔真正的贵族。人祭，必然是面临重大天灾时的选择，需要牺牲一名贵族。正当国王犹豫不决时，一位大臣挺身而出，情愿牺牲自己，以利万姓。那么，为什么"功成不日"？是因为在织氍毹！该大臣入龙宫时，"举国僚庶，鼓乐饮饯"。

　　这就是神话与仪式的结合。这个氍毹的背后，是一场盛大的仪式。而这场仪式，就是于阗人最后的人祭。而且我认为这场仪式发生在560年。根据气象的记载，确实在这场祭祀之后，气候就湿润了，有降水了。这个事件证实了于阗王国有不一样的宗教信仰，它既非佛教也非琐罗亚斯德教。因此，洛浦博物馆的氍毹是古代于阗文明留下的反映斯基泰人宗教信仰的真实文物。

粟特地区考古新进展[*]

法浩特·马克苏多夫（Farhod Maksudov）[**]

　　本次讲座将围绕粟特人及粟特地区的历史，以粟特地区最早的城市遗址科克特佩（Kok tepe）、中世纪早期粟特地区的政治和宗教中心卡菲尔卡拉（Kafir kala）、中世纪粟特地区的西部边界毕国（Paykend，今派肯特）等为重点，介绍粟特地区最新的考古进展。

*　感谢西北大学教授席会东、北京大学助理教授付马对本文文字的整理、编辑和校订；插图工作由席会东教授完成；中国社会科学院《国外社会科学》杂志编辑张婧也对本文初稿做了文字加工；最后由北京大学历史学系昝涛教授校对和统稿。
**　法浩特·马克苏多夫（Farhod Maksudov），乌兹别克斯坦科学院考古所所长、教授。

一　粟特地区及其历史

1. 粟特地区

我们可以从不同维度看待粟特地区在不同历史时期的演变。历史上的粟特文化区位于中亚的两河流域——锡尔河和阿姆河之间。粟特人生活于公元前 6 世纪到公元 11 世纪，主要的定居城市有撒马尔罕（Samarkand）、布哈拉（Buhara）、片治肯特（Panjakent）等。粟特人的语言为粟特语（属东伊朗语），今已失传。粟特人的宗教信仰颇多，有祆教、摩尼教、佛教、基督教等。

2. 有关粟特的历史记载

在成书于公元前 20 世纪至前 10 世纪的琐罗亚斯德教经典《阿维斯塔》中，"粟特人之地"（Gava Sugda）排在"雅利安人的故乡"（Airyanem Vaejah）之后，印证了这一区域自古以来的重要性。

在公元前 6 世纪到前 4 世纪的波斯阿契美尼德王朝时期，粟特人首次得以通过历史文献、雕塑等形式被记录下来。比如大流士大帝贝希斯

图 1　公元前 5 世纪阿契美尼德帝国都城波斯波利斯阿帕达纳宫东墙
浮雕上的粟特朝贡使

图 2　撒马尔罕阿芙拉希亚卜遗址
7 世纪康国壁画中的
粟特祆教祭司（编者配图）

敦铭文和波斯波利斯宫殿浮雕中就雕有粟特人的形象。当时的粟特地区是阿契美尼德帝国的一个省，在贝希斯敦铭文所列 23 个省中位列第 18。

在公元前 4 世纪的亚历山大帝国时期，粟特地区被亚历山大大帝征服，希腊文献也记载了粟特人反抗亚历山大军队的情形。马其顿王国对粟特地区的占领持续了三年。欧克斯亚尔特斯（Oxyartes）是巴克特里亚地区的粟特贵族，他希望女儿罗克萨那（Roxana，粟特语意为"小星星"）

在城堡中平安躲过亚历山大的铁蹄，但粟特人的城堡最终被一一攻破，后来罗克萨那也成为亚历山大大帝的妻子之一。

在 1 世纪到 4 世纪，粟特人臣服于贵霜帝国（Kushan Empire）的统治。6 世纪到 8 世纪，粟特地区被纳入西突厥的版图。但是西突厥统治时期没有留下太多历史信息，同时期中国的文献也缺乏对该地区的系统书写（编者按：此段叙述不准确，可能是因为演讲者对中文史料掌握不够。粟特地区与北周、隋、唐王朝交流频繁，唐高宗派兵灭掉西突厥后，粟特地区纳入唐朝羁縻府州体系。唐朝皇帝的画像出现在撒马尔罕阿芙拉希亚卜遗址康国宫殿壁画和何国城楼之上，表明了唐朝对粟特的强烈影响。《隋书》、两《唐书》、《通典》等传世文献中都有对粟特地区的系统记载）。

3. 粟特人与商业

《旧唐书》卷 198 记载，粟特人"善商贾，争分铢之利。男子年

图 3　撒马尔罕阿芙拉希亚卜遗址 7 世纪康国壁画中手捧丝绸的唐朝
使臣与西突厥侍卫（编者配图）

二十，即远之旁国，来适中夏，利之所在，无所不到"。在古代丝绸之
路贸易体系中，粟特人以擅长经商闻名。他们的一个商队往往就能达到
500 人的规模。当时往来于丝绸之路的商队并不会走完丝绸之路全程，
而是在于阗、敦煌等绿洲进行中转贸易。但粟特人建立了一个从粟特地
区到中原跨越 3000 多千米的贸易网络。粟特人把精力全部投入到商业
与贸易活动中，以致于阗人将商人一律称为 suli（即"粟特人"），而不
管他们实际的种族与文化。

　　这里，我们将看到当时粟特人出售的商品——一只 7 世纪的银酒
杯和一件织锦残片。粟特人制作的器物以今天的审美标准来看也相当美
观、精致，毫不过时。

4. 粟特的城邦网络

　　与古代帝国不同的是，粟特地区并不是一片局限在固定边界的

图4　7世纪粟特银杯　　　　　　　图5　7世纪粟特织锦残片

土地，而是一个城邦网络。它以绿洲为单位，连接着粟特地区与拜占庭、印度、波斯和中国。粟特人与中国的联系始于汉武帝时期（公元前141—前87年）张骞出使西域，粟特地区被张骞称为"康居"。公元前1世纪起，西汉皇帝与康居国王在张骞之后互派了许多使团，为中国与

图6　汉代胡商俑　　　　　　　　图7　唐代粟特马夫俑

中亚和粟特商业关系的蓬勃发展奠定了基础。正如司马迁在《史记》中所记载，"诸使外国一辈大者数百，少者百余人……汉率一岁中使多者十余，少者五六辈"，足见使团的规模和贸易的繁荣程度。中国境内还出土了大量表现当时粟特人形象的艺术品。这方面，我们可以例举较具代表性的两种艺术品的图片，分别为汉代粟特商队首领和唐代粟特马夫的塑像。

图 8　唐三彩骑驼胡人俑（编者配图）

此外在唐三彩中，粟特商人骑在双峰驼上的塑像也并不鲜见，高高的帽子在当时的中亚很流行，充分展现了其服装特点。目前这种装束在柯尔克孜族、哈萨克族的传统服饰中还可以见到。

　　粟特地区为何没能形成一个统一的国家，而仅仅是维持城邦之间的网络关系呢？这一状况可能是地理环境的分散所导致，这在中文等相关文献中可以得到证实。

5. 粟特人在中国

　　安伽是北周（557—581）时期入华的粟特人，曾任同州萨保，负责中亚外商的来华商务事宜。安伽墓石门两侧有两只石狮，门额上雕刻着拜火教的祭祀场景。安伽墓的发掘，为我们展现了一座风格迥异的来华粟特人的墓葬。

　　作为佛教徒的粟特人。新疆吐鲁番柏孜克里克千佛洞作于 9 世纪的壁画展现了两位佛教僧侣的形象，其中一位被认为是粟特人。这一壁画表明，粟特人也信仰过佛教。

图 9　陕西历史博物馆藏 6 世纪北周粟特人安伽墓石棺床围屏

图 10　新疆吐鲁番柏孜克里克千佛洞
9 世纪壁画中的粟特佛教僧侣

6. 粟特的衰落

　　随着伊斯兰教的传播，波斯文化和突厥文化也兴盛起来。阿拉伯人和波斯人的到来促成了萨曼王朝（819—999）的崛起，一个以布哈拉为中心的国家继承了粟特人的商业遗产。在这一过程中，粟特人的语言逐渐为萨曼人的波斯语（现代塔吉克语的祖先）所取代。粟特人的原始宗教也随之衰落，至萨曼时期结束时已经消亡。公元

999 年，信奉伊斯兰教、操突厥语的部族建立的政权——喀喇汗王朝在该地区建立了一个强大的政权，其统治一直持续到蒙古人西征。

二　粟特地区最早的城市遗址——科克特佩（Kok tepe）

我们可以先看一下早期铁器时代粟特城市遗址的图片。科克特佩是一座古城遗址，位于泽拉夫善河右岸，阿芙拉希亚卜以北 30 千米处，边长 500 米（面积 25 公顷），高 8 米。根据碳 14 测年数据，遗址的年代范围在公元前 1400—前 700 年。另一张图片展示的是考古人员近期对该遗址进行考古挖掘的场景。城市遗址出土了很多文物，比如陶器残片、石镰等。整个城市的平面几何分析图显示，粟特地区的城市建设讲求几何学意义上的对称。其中，在科克特佩Ⅵ区还发现了一座高等级墓葬，被称为"科克特佩公主墓"，女性墓主的服饰及随葬品显示出与中国及欧亚草原地带的密切联系。

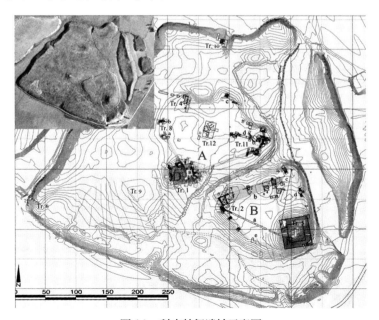

图 11　科克特佩遗址示意图

三　中世纪早期粟特社会政治和宗教中心——卡菲尔卡拉（Kafir kala）

卡菲尔卡拉城位于达甘运河左岸，阿芙拉希亚卜以南 18 千米处，面积 16 公顷。城堡平面呈正方形，76×76 米，高 25 米，内城 360×360 米。目前在城堡的城墙和城门入口等处有残存遗址。该古城出土了丰富的遗物，比如陶罐、钱币、金坠饰、印章等。其中，印章最为引人注目，且出土数量较多。印章上刻有各式各样的图案，尤以狼的形象居多，说明当时该地已经存在狼图腾崇拜，这与目前流行于中亚地区的狼图腾崇拜有关联。另外，在一处大厅发现的木板画也非常重要，它可能是用来装饰墙壁的，上面雕刻有琐罗亚斯德教祭祀的盛大场景，并展示了当时粟特人丰富多样的乐器。同时出土的还有伊斯兰早期的钱币（编者按：该节作者讲座时使用了大量的考古图片加以说明）。

图 12　卡菲尔卡拉城遗址航空照片

四　中世纪粟特西部边界——派肯特 / 毕国（Paykend）

　　通过图片，我们可以了解派肯特这座粟特西部边界城市的地理位置，以及内、外城的分布。根据考古发现，该城令人惊叹的地方在于使用了先进的城市地下管道输水系统。该系统使用管道向城内输送水，而水源远在十千米外，可以起到保密的作用，敌人很难发现。这种地下水输送系统保障了城市的连续供水，在遭遇攻击时不致引发水危机。与此同时，水源输送地和管道线路对外保密，仅有几个人知晓，故敌人很难切断并封锁该城的水源。派肯特城也出土了很多文物，包括各类刀具、容器、黄金器、被子、小物件、骨制品、各式钱币等，中国的钱币亦在其中。目前考古学家除了已经发现该城地下水输送系统外，还对部分地区进行了挖掘（编者按：该节作者讲座时使用了大量的考古图片，加以说明）。

Рис. 1. Тахеометрическая съёмка городища Пайкенд
Сводный план городища с окрестностями

图 13　派肯特城遗址示意图

附：提问环节

法浩特·马克苏多夫教授的讲座于 11 时 29 分结束。讲座进入到提问环节。参加讲座的同学约 40 人。提问环节主要包括以下四个问题。

1. 问：目前哈萨克斯坦有很多关于粟特人的考古发现，目前乌兹别克斯坦在这方面有新发现吗？如果有，是哪一些新发现？发现的遗址是什么时期的？

马克苏多夫教授详细回答了目前乌兹别克斯坦的新发现。关于新发现遗址的准确时期，教授表示目前不能确定。

2. 问：您介绍了粟特人的城市，那么城墙是谁建造的？这些城市是共享神庙还是每一个城市都有自己的神庙？

答：关于这个问题，目前我们没有获得更多的信息。粟特人有沟通机制，他们以马哈拉（mahalla）为单位，通过这种机制来沟通并处理相互之间的事务。比如在纳吾鲁孜节，每个人都会为集体做出一些贡献。所以，现在还无法确定城墙是否为奴隶所建，我只能说是他们集体完成的。至于神庙，以娜娜神庙为例，它就是属于大家的。粟特人的语言、文化和风俗习惯都相同，仅仅是在地理上被分开了而已，所以他们应该是彼此共享神庙。

3. 问：从中国出土的相关文物展现了粟特人的舞蹈形象，但是中亚地区几乎没有发现这种跳舞的形象，为什么？

答：我们这边的考古有没有发现舞蹈形象的文物，我也不记得了。中亚出土的相关文物几乎都是宗教性的，或者与狩猎有关。至于为什么中国出土的文物有舞蹈形象，我也不知道，也有可能是粟特人来往中国时，从新疆地区学过来的。

4.问：在粟特人的建筑中有没有发现佛教遗址？

答：我们在粟特北部和费尔干纳盆地都有所发现。虽然发现了佛教遗址，但二者并不是 1 世纪的佛教遗址，而是建成于 7—8 世纪。这说明该地区的佛教并非西传，而是从新疆地区传播而来。我们也试图寻找玄奘所记载的寺庙，但是没有发现。

经济史上的丝绸之路

李伯重 *

今天，随着"一带一路"的建设，丝绸之路已经成为国内外学界和社会上的热门话题。"丝绸之路"的定义到底是什么？它是一条怎样的道路？它的实际状况是怎样的？它有哪些优势和劣势？接下来，我们将就这四个问题进行讨论。

一 丝绸之路：思想、文化与宗教交流之路

先看丝绸之路的定义。关于丝绸之路，如今有很多种说法，例如陆上丝绸之路、海上丝绸之路等；许多人更认为丝绸之路从汉代一直延续到了今天。这些说法虽然有一定根据，但和我们约定俗成的丝绸之路

---

* 李伯重，北京大学历史学系教授。

概念有所差别。其中，"海上丝绸之路"一说是比较牵强的。而"陆上丝绸之路"的提出者也不是中国人，而是 19 世纪的德国地理学家李希霍芬。他在出版于 1877 年的《中国——亲身旅行和据此所作研究的成果》一书中最早创造了"丝绸之路"这一名词。他在书中提到，在 2 世纪，即中国的汉代和西方的罗马帝国时期，存在一条从洛阳—长安到中亚撒马尔罕的商道，这条道路上的主要物流品是丝绸。他把这条中国丝绸输出到中亚、西亚，最终到达欧洲的道路命名为"丝绸之路"。这个概念在被提出后的很长一段时间里并没有得到重视，直到 20 世纪中后期才真正热了起来。关于这条道路，李希霍芬定义的很明确：第一，它是一条陆路；第二，它是 2 世纪前后才出现的；第三，这条路上主要的贸易商品是丝绸。这是我们今天所要探讨的丝绸之路，并不包括现今被我们泛化的经由海上或是俄罗斯的道路。

丝绸之路是一条怎样的路呢？首先，这是一条非常艰险的道路。从地形图上可以看到，这条路经过了世界上最高的高原——青藏高原的北沿，穿越了世界第二大流动沙漠——塔克拉玛干沙漠，还有群山耸立的帕米尔高原和中亚的干旱地区，直到抵达伏尔加河下游后，才进入相对好走的地区。整个路程中，从今天的新疆到伊朗的路段最为艰险，最大的山脉、沙漠和关隘都在这一地区。所以，这是一条非常艰难的路。

其次，丝绸之路是一条思想、文化、宗教交流的道路。在古代，除了中国的儒家文明之外，大部分文明的思想文化交流都是通过宗教来进行的。古代丝绸之路历史上存在过许多不同的宗教，如佛教、基督教、犹太教、摩尼教、祆教、伊斯兰教等等。这些宗教的发源地虽然都不在丝绸之路上，但都通过丝绸之路传到了中国。

其中，对中国影响最大的外来宗教是佛教。来自印度和中亚等地的高僧，正是通过丝绸之路将佛教带到了中国。早在汉代，佛教就已经传入了中国，建于公元 68 年的白马寺是中国最早的佛寺。建于 6 世纪的壮观的山西蒙山大佛像和辉煌的龙门石窟，都是佛教传入中国并迅速发展的明证。佛教的传播极大地改变了中国人的精神世界，诸如此生来世、地狱天堂、轮回转世的观念本是中国文化中没有的，是佛教带给了我们。不仅有印度僧人东来，也不乏中国僧人西去取经，高僧玄奘法师就是其中的一位。他们走的都是这条丝绸之路。

基督教各教派中最先进入中国的是景教，即聂斯托里派基督教。景教的建立者是叙利亚人，利用古叙利亚文来书写经文，传入唐朝后一度非常繁盛。景教徒们在西安建立了自己的寺院，据说唐明皇就很喜欢景教的音乐。在唐朝的几次灭佛运动中，景教也受到了打击。最后的打击是黄巢起义军占领长安，将所有的景教寺庙都毁了。直到 20 世纪初，当地的农民种地时挖出了一块碑，就是《大秦景教流行中国碑》，讲述了最早的基督教是如何传到中国来的。

犹太教也是通过丝绸之路传入中国的。古代丝绸之路上曾经存在过一个强大的犹太教国家，即 6—10 世纪位于南俄草原的可萨汗国。犹太教在宋代传入中国，其遗迹也在中国存在。在宋代，犹太人就来中国经商，并在开封形成定居点，建立犹太会堂。这些犹太人一开始严格地遵守犹太教教义，后来为了融入中国社会，开始阅读四书五经，参加科举，一些人考中进士，做了高官。近年来开封犹太人研究已经成了学界的热门话题，出版了多部著作。

伊斯兰教传入中国也很早，大概在 7 世纪。传入路线既由陆路又由海路，在中国本土留下了一批阿拉伯风格的建筑，其中最为有名的一座清真寺是泉州的清净寺。

此外，还有摩尼教和拜火教等，也通过丝绸之路传入中国。宋朝最大的一次农民起义——方腊起义就以摩尼教徒为主体。

这些宗教都是通过丝绸之路传到中国，并带来了相应的哲学、科学、艺术，成为中国重要的文化资源。

再次，在艺术方面，丝绸之路也为中国带来了大量新的元素。例如深受唐朝皇室贵族喜爱的回旋舞，还有琵琶、二胡、胡琴等乐器，都是通过丝绸之路传来的。在唐朝的九部乐中，中国传统音乐只占两部，其他都是经丝绸之路从西域传入的。

中国由东向西输出的主要是实用技术，也是经由丝绸之路。中国的四大发明，特别是造纸术和火药，都是通过战争等非正常手段传播出去的。例如造纸术经由怛罗斯战役传播到阿拉伯世界，火器通过蒙古征服传播到西亚。

最后，丝绸之路也传播疾病。例如可怕的黑死病，不少人认为它其实就是鼠疫，发源于蒙古高原和青藏高原，经由丝绸之路和海上路线传播到欧洲，引发了欧洲历史上最惨烈的人口损失。

二 丝绸之路的贸易：商品、运费与风险

从以上的叙述来看，丝绸之路无疑是一条思想、文化、艺术、技术乃至疾病交流之道。但从经济史的角度看，它是不是一条重要的商贸通道，这还需要从这条路上贸易的商品、成本和规模角度予以考察。

中国的丝绸很早就沿着丝绸之路进行长途贩运。早在两千年前，古罗马地理博物学家老普林尼写道："遥远的东方丝国在森林中收获丝制品，经过浸泡等程序的加工，出口到罗马，使得罗马开始崇尚丝制衣服。"他还写道："保守估计，印度、塞雷斯（中国）和阿拉伯半岛每年可以通过贸易从罗马帝国赚取一亿银币的利润，这便是我们罗马帝国的妇女每年用作购买奢侈品的花费。"然而在没有真正的关税和统计制度的古代，很多记载难免有夸张之嫌。较为可靠的记载是 5 世纪罗马帝国崩溃之时，蛮族领袖阿拉里克包围罗马，要求提供的物品中，就有绸料4000 块。据此我们可以判断确实有中国的丝绸运到了罗马，但数量不得而知。

丝绸之路上的主要商品是什么呢？伊朗历史学家阿里·马扎海里在其《丝绸之路：中国波斯文化交流史》一书中认为："中国人在与西亚的贸易中仅仅偏爱唯一的一种西方产品，即作为阿拉伯马之先祖的波斯马。"这种马就是中国古书上说的汗血马，汉朝人说的"天马"，其生物学上的名字叫阿哈尔捷金马（拉丁名 Akhal-teke horses）。由于种种

原因，波斯马不能很好适应中原的水土，因此未能在中国繁衍起来，需要不断地从西域进口。波斯马高大、漂亮、短途冲刺能力强，适用于上层社会的炫耀和赛马活动。在敦煌壁画、唐太宗"昭陵六骏"浮雕、《虢国夫人游春图》中，我们都可以看到这种名贵的波斯马。然而波斯马耐力不强且价格昂贵，对国计民生和军事国防所能起的作用很小。相比之下，蒙古马更吃苦耐劳，能适应严酷的环境和各种不同草料，能够长时间奔跑。成吉思汗的骑兵，就是骑着矮小的蒙古马，把骑着高头大马的中亚、西亚、欧洲人打得落花流水。蒙古马产于蒙古草原，产量很大，价格不高，而且靠近中国内地，容易获得，因此中国人认识到蒙古马的优势后，转而多买蒙古马。到了明代中后期，输入的中亚、西亚良马的数量已经非常有限了。

除了丝绸以外，中国卖给丝绸之路沿线国家的东西还有陶器、瓷器、香料、铁器、铜制品等，这些东西除了少量用作艺术品外，都是民用和军用方面具有很强实用性的东西。因此，阿里·马扎海里提醒人们注意"来自穆斯林一方的使节、商队比来自中国一方的要多得多"。西域乃至更西面的国家和地区需要来自中国的商品，但中国却可以离开西域，不太需要他们的产品。这种贸易是一种单向的、不平衡的贸易，因此难以持久。直到明代，中国和邻国的主要贸易中进口的商品依然以马和香料为主，而出口的东西就更多了，在贸易上处于出超地位。美国学者拉铁摩尔总结道，中国和西域"长期贸易主要是奢侈品的交换，丝（后来又有茶和瓷器）是中国的输出品。金、玉、良马，喀什以西的五金、葡萄干一类的珍味，奴隶、歌女、乐工等都输入中国"。从经济学的角度来看，这些商品的贸易对中国经济发展的意义并不大，而且非常容易受到各种非经济因素的影响。马扎海里也得出结论，认为中国相比世界上其他地区更加富裕、技术发达，中国生产并拥有一切，丝毫不需要与其他地区进行贸易。双方的需求关系决定了丝绸之路不可能成为大规模贸易通道。

从贸易成本来看。成本中最重要的是运输成本，丝绸之路是一条极为艰险的路，所需的运输成本十分昂贵。无论走哪一条通道，一路上尽是高山、大漠、草原、荒野，大多数地方人烟稀少，许多地方甚至人迹罕至。唐代高僧玄奘法师沿着丝绸之路西行，行至莫贺延碛，"长八百余里，古曰沙河，上无飞鸟，下无走兽，复无水草"，"唯望骨聚马粪等渐进"，"四顾茫然，人鸟俱绝。夜则妖魑举火，烂若繁星；昼则惊风拥沙，散如时雨。虽遇如是，心无所惧，但苦水尽，渴不能前。是时四夜五日无一滴沾喉，口腹干燋。几将殒绝，不复能进"。到了梵衍那国，"在雪山中，涂路艰危倍于凌碛之地，凝云飞雪，曾不暂霁，或逢尤甚之处则平途数丈。故宋王称西方之难，增冰峨峨，飞雪千里，即此也"，旅途极尽艰难。元朝丝绸之路重新开通，路况似有改善，但马可·波罗来中国时，仍在罗布泊荒原中走了一个月，连续十几天见不到一个人或一只鸟。元朝初年人周密说："回回国所经道中，有沙碛数千里，不生草木，亦无水泉，尘沙眯目，凡一月方能过此。每以盐和面作大窝，置橐驼口中，仍系其口，勿令噬嗑，使盐面之气沾濡，庶不致饿死……每日略食饵饼，濡之以水。或迷路水竭，太渴，则饮马溺，或压马粪汁而饮之。其国人亦以为如登天之难。"到了明朝后期，葡萄牙传教士鄂本笃从印度果阿沿着丝绸之路到中国，在翻越帕米尔高原时，"由于天气寒冷、空气稀薄，人、马几乎不能呼吸，因此而致死者比比皆是，人们只有靠吃蒜、葱或杏干来抵御"。在与盗贼、火灾、山岭、风雪相争斗后，1603 年 11 月末，这支商队终于到达目的地——喀什噶尔的鸭儿看城，此时距鄂本笃等离开果阿已有一年。

要走这条艰险的道路，必须借助沙漠之舟骆驼。据马可·波罗在罗布泊荒原所见，商人们用骆驼的多，因为骆驼能载重物，而食量小，比较合算。然而，即使是骆驼，其运载能力也十分有限。依照今天亲自随驼队纵穿塔克拉玛干沙漠的考古学家李肖教授的亲身经历，一峰骆驼只能负重 150 千克左右，每天走 30 多千米。马可·波罗还说，商人们将食物和商品装在驴子和骆驼背上，如果这些牲畜在走完这个荒原之前就已精疲力竭、不能再使用的话，他们就会杀而食之。这样算来，运输成本实在太高。按照中国古代的说法，"十里不贩樵（柴），百里不贩米"，超过了一定的距离，运费就要超过商品本身的价值了。在丝绸之路的长途运输中，运费可能超出货物原有价值若干倍。在古罗马时期，确实有一些丝绸被运到了罗马帝国，但价格都十分昂贵。恺撒大帝有一次穿了一件丝绸的袍子去参加公共活动，结果被元老院抨击过于奢侈。昂贵的运费无疑制约了贸易规模的扩大。

不仅如此，丝绸之路还是一条风险之路。前近代时期的世界上，各个国家（或政权）的领土往往没有明确的边界，因此出现许多管辖权不清的地方。不少地区在若干时期中甚至没有国家（或政权）管制，成为政治管控的真空地区。这种情况使得国际贸易成为高风险的事业。特别是前近代时期国际贸易中的商品主要是价格昂贵的奢侈品。这样一来，使得从事国际贸易的商队更加容易成为沿途盗匪垂涎的目标。因此丝绸之路上盗匪横行，洗劫商旅、杀人劫财乃是常情。蒙古帝国时期治安情况有所好转，丝路得以重现繁荣。但是从马可·波罗的记述来看，盗匪依然不少。像著名的商业中心忽里模子城附近，就因有成群的强盗不断袭击、抢劫商旅，所以极其危险。蒙古帝国瓦解后，中亚地区大多数时期处于混乱状态。商人只能结成大团伙，携带武器，雇用卫队，以对付小股盗匪。荷兰人白斯拜克于1560年奉日耳曼皇帝查理五世之命，出任驻奥斯曼帝国使节。他在伊斯坦布尔见到一位曾到中国旅游的土耳其麦沃拉纳教派的伊斯兰传教士。此教士讲了他去中国的经历。他加入了进行丝绸之路贸易的商队。这个商队规模颇大，原因是路上艰难险阻，非结大队不可。他们一直行抵中国嘉峪关后，方才安全。即令如此，风险依然存在。鄂本笃于1603年3月从印度启程前往中国，在拉合尔随同商队出发去喀布尔，这个商队有500人，还携带武器同行，但途中遇到盗匪，多人受重伤，鄂本笃和其他几人逃到了树林里才得以脱险。

此外，丝绸之路是一条国际贸易路线。国际贸易涉及经济政策、语言、法律、风俗习惯以及货币、度量衡、海关制度等诸多不同方面，直到今天也比国内贸易更为困难，风险也更大。至于在近代以前的时期，情况就更为严峻了。由于没有国际法和国际公约一类共同的游戏规则，因此一旦出现商业纠纷，在大多数情况下，就只有靠纠纷发生地的统治者的意志来解决。丝绸之路上存在着形形色色的大小邦国及游牧部落政权，用今天的眼光来看，其中许多可以说就是当时的"流氓国家"。它们往往对过往商旅横征暴敛、雁过拔毛，过往商队不得不忍受它们的勒索。即使是那些"非流氓国家"，商队也往往要向它们的统治者上贡，寻求在其境内经过时能受到保护。这些成本都会反映在商品价格中。

高成本、高风险，又没有太多商品可以购买，决定了丝绸之路不可能是一条"商贸大通道"。但丝绸之路上也还有另一些"贸易"，这些"贸易"不是靠商人，而是靠国家不计成本地来做，比如朝贡贸易就是其中一种。中国与丝路沿途各国（或政权）之间的朝贡贸易是一种官方贸易，是中国中央王朝笼络其他国家（或政权）的一种政治手段。这种贸易完全取决于有关国家（或政权）之间的政治关系，因而不是真正的商业活动。由于朝贡贸易不遵循等价交换的原则，因此也不具有现代意义上的贸易性质。中原朝廷在朝贡贸易中实行"厚往薄来"的政策，实际上是赔本的，使得这种贸易成为中原朝廷的沉重财政负担。所以美国的中国史研究大家费正清说："不能说中国朝廷从朝贡中获得了利润。回赠的皇家礼物通常比那些贡品有价值得多。在中国看来，对于这一贸易的首肯更多的是一种帝国边界的象征和一种使蛮夷们处于某种适当的顺从状态的手段。"

实际上，中国和丝路沿途各国之间的关系，从一开始就是一种政治/军事关系。张骞通西域的目的，主要是寻找同盟者来对抗匈奴，而非发展贸易。东汉采取军事手段，在西域建立了比较有效的行政统治，同样也不是为了做生意，而是为了西部边疆的安定。明朝时期在嘉峪关外设立七个军区，称为"关西七卫"，主要目的也是保卫西北国防。所以，丝绸之路本质上不是一条商贸路线，它的开通是出于政治和军事目的的。

三 丝绸之路的终结

最后，我还要说一说，以往人们在谈论丝绸之路时，往往把它描绘为充满鲜花和歌声的和平友谊之路。然而问题是，丝绸之路的历史都是这样吗？如前所述，丝绸之路沿途充满各式各样的国家和政权，政治状况极不稳定，反复多变。一些强大的地区势力（特别是游牧政权）往往通过这条通道向外扩张，而中国往往是这种扩张的终极目标。因此战争和冲突，一直也是丝绸之路的主旋律。

其中一次著名的冲突发生在公元 8 世纪。阿拉伯帝国（在中国史书中被称为大食国）兴起后，开始大规模向东扩张，到达了今天的乌兹别克斯坦等地。为了消除大食的威胁，天宝十载（751）四月，唐朝安西节度使高仙芝率唐、西域诸国联军三万人从安西出发，翻过葱岭，越过沙漠，经过三个月的长途跋涉之后，到达中亚名城怛罗斯（今哈萨克斯坦江布尔城附近）城下，与阿拉伯人交战。高仙芝攻城五天不克，阿拉伯援军赶到，从背后袭击唐军。配合唐军作战的葛逻禄部兵突然叛变，导致唐军战败，高仙芝率领残兵数千逃回安西。这场战争的一个重要后果是一位原先是造纸工匠的唐军俘虏，他被俘后，将造纸术传到了阿拉伯世界。此后不久，安史之乱爆发，唐军将安西驻军回撤平乱，导致了西域的空虚。与此同时，吐蕃兴起，并进入中亚，阻挡了大食军队的东扩。对此，我国马克思主义史学家范文澜先生认为，"这个新形势，从长远处看，吐蕃阻止武力传教的大食东侵，使汉族文化免于大破坏，又为后来回纥西迁，定居在天山南北作了准备，对中国历史是一个巨大的贡献"。

到了明代，情况变得更加严峻。差不多就在明朝建立的同时，中亚兴起了一个强大的游牧政权——帖木儿帝国。这个帝国的创始人帖木儿（1335—1405），历史上也称为"跛子帖木儿"。他自称是成吉思汗的后裔，并以成吉思汗的继承人自居。帖木儿的势力兴起于中亚的河

中地区，迅速成为中亚最强大的军事力量。他一生南征北战，建立了
从德里到大马士革、从咸海到波斯湾的帖木儿帝国，定都于撒马尔罕。
永乐二年（1404），帖木儿兴兵二十万远征中国，行军途中，于次年
（1405 年 1 月 19 日）在讹答剌城病逝。帖木儿之后，中亚的其他政权
依然在嘉峪关以西不断和明朝发生冲突。中国所面对的严重外来威胁
有不少都来自丝绸之路沿线，因此把丝绸之路的历史都想象为歌舞剧
《丝路花雨》所描绘的那种莺歌燕舞、歌舞升平的和平友好景象，当然
不符合历史。

　　鉴于以上各方面的原因，到了明代中后期，明朝政府重新考虑以往
对丝绸之路沿途地区的政策，采取更为现实的对策，将部署在嘉峪关以
西的七个边防军事单位——关西七卫全部撤入嘉峪关以内。这一行动不
仅表现了明朝将边防线收缩到其力所能及的范围，而且也表现了明朝不
愿意再介入中亚地区的纷争的态度。这一行动标志着在过去两千年中时
通时闭的丝绸之路，终于到了其终结之时。到了清代，丝绸之路贸易在
中国的外贸中所占地位已经无足轻重。因此可以说到了明代后期，丝绸
之路就已完成了其历史使命。

　　其实，丝绸之路的结束，并不是这时期的一个突然行动。事实上，
丝绸之路上的民间商贸早已衰落。由于路途艰难，沿着丝绸之路来做生
意的各国商人经历千辛万苦来到中国这个富庶之乡后，都乐不思蜀，不
想再回去了。元朝人周密说：由于回回商人从中亚到中国"如登天之
难"，因此"今回回皆以中原为家，江南尤多，宜乎不复回首故国也"。
这些外来客商不想从原路返回故土，中国本土商人更不愿沿着这条艰辛
之路去那个危险之地做生意。在此情况下，中国与中亚、西亚之间的贸
易也不可避免地走向衰落。

　　造成丝绸之路贸易衰落的一个重要原因是在中国与丝绸之路各地的
贸易中存在着严重的不平衡。换言之，中亚、西亚地区需要中国产品，
而中国则基本上不需要这些地区的产品。明朝人对这一点知道得很清
楚。嘉靖初年，都御史陈九畴、御史卢问之向嘉靖皇帝提出："番人之

所利于中国者甚多"，而中国不仅未从中获利，反而受害，因此要求明朝政府"闭关绝贡，永不与通"。随着大航海时代的到来，海路取代了陆路的地位，丝绸之路的贸易就更是每况愈下了。

　　因此，我们应当实事求是地看待丝绸之路的历史。历史上的丝绸之路在文化交流方面有重要意义，但在经济上则否。到了近代，随着大规模商贸活动的发展，这条丝路上的贸易更是已经成为过时之物。正如所有历史上存在过的客观事物一样，丝绸之路也是有兴必有衰，乃至最后终结。那种把丝绸之路称为"洲际商贸大通道""永远的通道"的说法，肯定是不符合历史实际的。我们要全面认识历史上丝绸之路的有利和不利因素，为今天的"新丝绸之路"建设提供有益参考。

佛像还是祆神？
——谈谈丝绸之路上宗教的混同形态

荣新江 *

　　我今天希望讲一讲丝绸之路上的一个问题，就是佛像和祆神的问题，也就是对丝绸之路上的宗教我们应该怎么看。因为今天如果我们打开电视，基本上就能看到中东地区各方势力之间的冲突和对立，所以我们的脑子里对此的印象大部分是宗教冲突，基督教、天主教、伊斯兰教的冲突。我们讲的佛教在武力方面是最弱的，看起来没有战斗力，唐朝的少林武僧是特殊的例子，而现在少林寺也开了武术学校。

　　我们今天介绍的先是佛教，然后是祆教，也就是琐罗亚斯德教，之后还有摩尼教、基督教，我估计讲不到伊斯兰教的情形了，那是昝涛老师的专长，以后他会给大家讲。我主要是做前伊斯兰时代的中亚—西

* 荣新江，北京大学历史学系暨中国古代史研究中心教授。

域研究，所以我偏重介绍前伊斯兰时代的一段时间里丝绸之路上宗教的混同形态。

我们讨论的时段和地域大概是汉唐之间的丝绸之路，今天丝绸之路的概念很广，但是基本的丝绸之路概念是从长安到罗马，后来发展出了海上丝绸之路，也是从长安到罗马。我们说一开始李希霍芬给的丝绸之路概念就是从东亚到中亚、南亚、西亚，以丝绸为主的贸易路线，在这之后不仅是贸易，也有宗教文化，乃至各种物产、动植物也通过这条道路广泛交流。其实这条道路非常重要的交流内容就是宗教，现在留下的遗迹中，宗教也占据了相当大的分量，因为宗教受到神灵的保护，是最不容易被毁坏的。大部分时间里，各种宗教的寺庙是比较容易保存下来的，世界各大博物馆里最重要的雕像，基本都是宗教内容的，当然在希腊罗马时代，雕像非常发达，有许多世俗人物的雕像。你在中国的博物馆里看到的东亚的雕像，90% 都是宗教的，当然不算兵马俑，兵马俑有自己的展览地点。

汉唐间宗教传播的最主要的路线是由西向东，这条路上有印度经过中亚到达中国的佛教，有波斯经过中亚到达中国的琐罗亚斯德教、摩尼教、基督教聂斯托里教派，也就是景教。这几种宗教的传播让我们可以把丝绸之路命名为佛教之路、祆教之路、摩尼教之路等，它们的传播是非常丰富多彩的。相反，中国的儒家不是宗教，"儒教"的概念不成立，儒教没有传出去，儒家安土重迁，好好种地就行，父母在不远游；道家或者道教，走一步都要算下吉凶，你看中国古代出土的日书，每一天出行都有吉凶，大部分时候出行都是不吉的，中国没有传教士，没有深入险境去传教的献身精神。后来是耶稣会士把中国儒家当成宗教，变着味道地传到了西欧。其实中国是缺乏宗教的，不像西方，教徒到最危险的地方去传教，一旦被打死，那你就是圣徒了，就在梵蒂冈有灵位了。

其实，中国文化是通过其他的方式向西方传播的。我们有丝绸，我们有印刷术，我们有瓷器，现在全世界的人都离不开这些东西，这都是我们中国提供的，但是我们的宗教没有出去，我们不能讲"儒教之路"，但是有"佛教之路"。

关于佛教进入中国的年代，北大权威学者汤用彤先生把所有佛教进入中国的有关记录经过仔细的清理以后，认为只有《三国志》裴注引《魏略·西戎传》记载的公元前 2 年进入中国的材料是最可靠的。其他的说法有很多，比如说"禁不得祠"，"不得"就是 Buddha，这是日本学者读出来的，其实这是不对的。对于整个佛教史来说，公元前 2 年是非常早的，佛教传入中国是很早的。佛教自有佛教的说法，你不能说他们讲的不是历史，古人信的东西都是他们的现实生活，我们不能按照科学时代的人的观点说这些都是假的，古人就是这么生活的。长安是一个神灵的社会，有很多妖魔鬼怪，它们影响着市民的生活。

关于佛教传入的问题，佛教徒信什么呢？佛教徒信这样的故事：敦煌莫高窟第 323 窟主室的两壁画着两幅佛教史迹画，就是关于佛教历史的重要场面，从张骞通西域到隋文帝请昙延法师来大兴城弘扬佛法，类似卷轴。汉武帝打败匈奴，获得了两个金人像，但是汉武帝不知道这两个像的名号，于是派张骞去大夏问，后来的僧人说这就是佛。图像中，张骞跪着，向汉武帝辞行。史书说他带着一百多人的队伍，拿着旌节，一路走到了西域的城市，图上有两个僧人在等着张骞。这就是唐朝初年佛教僧人认为的中国佛教是怎么来的，因为张骞出使是"凿空"，是中国古代向西开拓最重要的事件，佛教徒就把这件事情和佛教进入中国嫁接在一起。

这仅仅是故事而已，完全不是历史。我们翻开《汉书·西域传》，翻开《史记·大宛列传》，会发现张骞和佛完全没有关系，而且那个时候不仅大夏没有佛像，全世界都没有佛像，佛像的产生时间比这晚得多，张骞在公元前 138 年出使，佛像大约在公元元年前后才开始出现。早期佛教认为佛是只能想象、不能模拟的，没有人敢画出佛的样子。后来佛教传说里，印度某国王想念释迦牟尼，于是派三十二工匠上天，临摹三十二相，回到人间才模拟出佛像。真正的原因是亚历山大东征，把希腊工匠留在阿富汗和巴基斯坦的巴克特里亚地区，大乘佛教在这个地区产生，这两者结合，才在公元元年前后造出了佛像，而且那时候的佛像也不是这样的，第 323 窟的佛像是隋朝初年莫高窟佛像的样子。张骞的这个故事是假故事，但是他带着旌节出使是历史的真实，这张图还是非常珍贵的，但它是佛教的假张骞，不是完全真实的张骞。

李希霍芬说的最早的丝绸之路，也是从张骞出使开始的。实际上中国的自然环境不利于中国人向外沟通，东边的海不像希腊，很快就能找到岸，当然可以到日本，但是更远的地方当时就到不了了；北面是森林、戈壁的寒冷区域；西边是沙漠、高山，塔克拉玛干沙漠、青藏高原、帕米尔高原，把中国整个封闭在里面，所以我们看李约瑟《中国科学技术史》，他就分析中国的地理环境不利于中国向外沟通。但是中国自从张骞打开通往西域的大门之后，就有了很方便的道路，因为几大文明都在这条路上，中国打开道路以后就再也没有关上。虽然有些人站在很狭隘的中国研究立场上说，南宋以后开了海路，陆上丝绸之路就断绝了，其实根本没有断绝，因为他不研究西夏，不研究归义军、于阗。这些小王国怎么生存？其实都在经营丝绸之路，都在做转手贸易。历史上没有人能把丝绸从长安直接运到罗马，从长安直接运到罗马就赚不到钱了，做生意怎么做？不就是倒卖嘛！张骞通西域，对中国历史、中国文明的贡献非常之大，此后就是把西方的很多宗教引入中国。中国过去只认生，不认死，没有轮回观念，佛教进入中国后，这种观念才慢慢形成。

张骞通西域之后，我们就看到，西汉末年已经有佛教徒进入中国，整个塔里木盆地和河西走廊从来没有见过这么早的佛教遗迹，所以我在荷兰的导师、写《佛教征服中国》的许理和教授就说，大概是几个掉队的和尚，从阿富汗的贵霜跑过来的。这些东西都是不完整的，大概如巫鸿说的早期的佛教要素，也就是 Buddist elements，人们不知道教义是什么。直到公元 148 年安世高来到洛阳传教，才真正带来了佛教的经典、僧伽体系、戒律，这才是完整、真正的佛教，早期只知道这是佛，不知道干什么用，所以就放在墓里，那能有什么用？

　　中国的考古非常了不起，在 20 世纪 90 年代发掘了敦煌东边的悬泉置遗址，这里是汉代专门接待外国使者的驿站。这里出土了 2 万多枚木简，记载来往使者,《汉书·西域传》记载的西域诸国在这里都有对应，甚至还有更多的国家。不过我们这里不能具体讲。这里出土了一枚简，是一个请柬，一个弟子请人到"小浮屠里"聚会喝酒，他提到了"小浮屠里"这个地名。"浮屠"就是 Buddha 早期的译名，有这个地名就一定有佛，比如佛塔、佛教徒。这是很重要的材料。这个遗址还出土了其他有纪年的材料，所以我们可以锁定其时间大概在东汉前期。这样，我们就可以理解为什么在江苏、内蒙古、四川都有东汉时期的佛教记录和佛像，原来以为好像是飞过来的一样，只能说成是佛教要素，但是现在我们知道在敦煌有一个发源点了。

　　我们看到四川墓葬里的佛像，其形制基本上是犍陀罗式的，应该是从塔里木盆地的南缘传到四川去的，这个佛像的发源地是犍陀罗，也就是今天的白沙瓦。这个地区就是巴克特里亚，这里有亚历山大东征留下的希腊化王朝，中文史料中叫大夏。大夏王朝到公元前 2 世纪和前 1 世纪之交时被月氏人灭了。现在敦煌主要是汉族聚居区，但汉代时是游牧地区，那里的月氏人被匈奴打到伊犁去了，汉武帝想打匈奴，让张骞去伊犁河流域找月氏夹击匈奴。张骞被匈奴俘虏十年后，逃出来去了伊犁河，他发现月氏迁移到了阿姆河流域，他们从那里南下进入了巴克特里亚，在那里住下来了。

　　月氏原来有 5 个部落，最后最强大的贵霜统一了其他部落，建立了贵霜王朝。贵霜继承了大夏的文化遗产，因为它是游牧民族，没有太高的文化水平，它继承了大夏的语言，是一种东伊朗语；它也继承了大夏工匠的造像，把它的佛教和造像结合起来，就形成了美术史上非常光辉的犍陀罗艺术。如果你把一个犍陀罗的雕像放在希腊，那完全就是希腊神像，和佛教没有关系；但是放在阿富汗、巴基斯坦，这就是佛像。我们看很多宗教造像都是这样，不能仅仅用考古学的分型分式来看，根据考古学的方法，这就是希腊神像，你要从功能上看，这里的像就是佛。

　　法国考古队发掘的哈达遗址，是《大唐西域记》里的醯罗，也就是现在的巴米扬，我们都知道被塔利班炸掉的巴米扬大佛，这里的寺庙出土了很多的佛像，都被法国考古队搬到法国吉美博物馆，如果大家去那里，一定要用脑子想象这些东西仍在阿富汗。这里也出土了很多佛经，其中包括五个陶罐，装的都是佛经。根据佛教的概念，我们现在的世界是一个美好的世界，但是还有"灭法"阶段，佛要死，即"涅槃"，佛法也要消亡，就是"灭法"，法重生了以后再出来。西藏后弘期的经典叫"掘藏"，就是说以后还要挖出来，当时的观念就是要埋藏经典。上述五个陶罐里面都是桦树皮的经典，这是印度的写经方式。陶罐被倒卖到白沙瓦，正好有日本古董商人拍了照片，交给梵文学者定方晟教授看，他判断出这是最早的佉卢文佛经，马上就在法国《亚洲学报》上发文章。其实当时大多数经卷并没打开，所以看不到整体内容。过了几年，英国国家图书馆宣布有人把这几个罐子买了，捐给了英图。英图交给做犍陀罗语研究的权威邵瑞祺（Richard Salomon）教授整理，后来他们开始刊布，有的一部经典出一本书。这些陶罐和有些经书上有题记，写着供养人的名字，供养人可以在贵霜的历史上查到，所以可以断定这些大概是公元30年前后抄写的经典，到目前为止，没有发现比这更早的佛经典籍了。

　　佛教时代有两个大法王，一个是印度的阿育王，他向外弘扬佛法，但是最远只到阿富汗，在坎大哈发现了阿育王石柱铭文。第二个就是贵霜的第四个王——迦腻色伽。贵霜的第一个王是丘就却，然后是阎膏珍，然后是一个无名王，然后是迦腻色伽，他的年代是公元98年到128年前后。他派出了多支传教士，向他的国家之外传教。安世高是安息人，安息东部地区在贵霜帝国的统治之下。从迦腻色伽开始，佛教走出了印度的范围。我们在塔里木盆地发现了贵霜的痕迹，比如印着丘就却头像的钱币。到了迦腻色伽时期，钱上就有了佛像，一面是国王像，一面是佛像，旁边用希腊字母拼写巴克特里亚文的Buddha，还有王的徽记。在塔里木地区出土的最早的写本，是1892年法国探险队在和田获得的犍陀罗语《法句经》。早期的佛教经典往往是语录式的，大家拿着语录做基本的学习。大概在中原的东汉时期，佛教已经进入塔里木地区。

在迦腻色伽接受佛教之前，这里主要流行的是琐罗亚斯德教，因为阿契美尼德王朝曾经长期统治巴克特里亚地区，这一带的语言是伊朗语，他们的文化都是伊朗系统的。这里说的不是今天的伊朗伊斯兰共和国，而是大伊朗的概念，其文化一直影响到塔里木河流域，于阗人就讲东伊朗语。在阿富汗发现了迦腻色伽元年的《罗巴塔克碑》，他在这一年建立了一座神殿，供养的神像名字全部是琐罗亚斯德教的，没有佛教的，所以他应该是即位若干年后才信的佛教。

和田的北面有热瓦克佛塔，我称之为"西域第一塔"，现在去很方便。塔的底下是一层一层的方座，这个塔的模式完全是犍陀罗的，在阿富汗、巴基斯坦可以找到很多这样的塔基。但是这个塔还有一圈墙，墙内外都是浮雕像，当年斯坦因把它挖出来，后来又回填，再后来沙子被吹开，和田文管所的人就给它垫上棉被，然后加上稻草、鹅卵石进行加固。这个像我们已经看不到了，我们只能看考古报告，这些像非常漂亮。

佛教从塔里木盆地进入中国的线路分南北两道。南道就是和田，这是大乘佛教的中心，北道是龟兹，这是小乘佛教的中心。这些佛像本来穿着衣服，有纹饰。北道有图木舒克遗址出土的佛像。再往东一步就到了今天的库车，也就是龟兹本土，这里也有很多出土佛像。这里没有好的石头，所以都是泥塑像。佛像发饰都是犍陀罗样式，画像中也可以看出犍陀罗的衣纹。再下一个城市是焉耆，佛像的基本模式也是犍陀罗的。再下一个是吐鲁番，这里也有很多佛教的像，但是相对比较晚。然而迄今发现的最早的写本是吐鲁番的，是西晋元康六年的写经，叫《诸佛要集经》，这个经也是法句。后来还有一份《金光明经》写卷，其年代一般考证是 430 年。关于琐罗亚斯德教，也就是祆教，我们没有那么多资料，他们的寺庙都被佛教改造了，经典也是。我们不容易找到很好的例证说明祆教，但是这件《金光明经》题记提供了一些信息：有人在太后祠里写佛经，这一定是个佛教寺庙，那么庙在哪里呢？在高昌城东的"胡天南"。"胡天"是什么？是琐罗亚斯德教的寺庙。狭义的"胡"就是西边，"天"就是祆，因为当时还没有"祆"这个字，胡天就是魏晋南北朝时对琐罗亚斯德教的称呼，"祆"这个字是隋唐之际造出来的。这份文献说明，佛教徒对祆教没有什么反感，他们把祆教的寺庙作为本寺方位的参照。而且看起来这两个寺庙距离不远，证明两教寺庙并立而行，没有谁要吞并谁、谁要烧掉谁的情况，这是很好的例子，也是很早期的例子。后来我们发现一些佛教寺庙是琐罗亚斯德教寺庙改造的，如有的吐鲁番寺庙里有供养狗的食物，狗是琐罗亚斯德教的圣物；还有供养胡天。这些应该是琐罗亚斯德教，或者过渡时期的寺庙。

西域很多时候都有这样的情况，如果我们仔细看于阗文的佛典、粟特文摩尼教的佛典、景教经典，它们很多的原始词汇不是佛教的，而是琐罗亚斯德教的。比如说最高的山峰，它们不用佛教的名字，用的是祆教最高峰的名字。就像基督教进入中国以后怎么称呼天主，还是要到先秦诸子里去找对应词。摩尼教进入中国以后，怎么称呼自己的最高神？叫"摩尼光佛"，加的"佛"回到伊朗语境里就是 God，不是 Buddha。后期经典虽然转变到佛教、摩尼教，但是祆教的基本词汇还在，是background，这是有语言学论证的。而且我们可以知道这些佛教徒、摩尼教徒的祖先肯定信过琐罗亚斯德教，不然怎么会有这些词汇呢？

犍陀罗艺术造像进入云冈地区，最早的是昙曜五窟，昙曜是谁？他是从凉州来的。439 年拓跋魏灭掉北凉以后，把所有的工匠、商人、文人带到平城。昙曜很可能是在凉州地区的犍陀罗僧人，他掌握造像技术。按照宿白先生的观点，平城影响了敦煌早期石窟。莫高窟的早期塑像是从哪里来的？有争论。我们看不到莫高窟在前秦时开凿的最早的两个窟，能看到的最早的是北凉时期的，是犍陀罗式的，当然也有中原和其他西域地区的要素。就是说，整个佛教早期的东西，从犍陀罗开始造像的时候，各种因素就已经混进去了，希腊的造像观念、原来的琐罗亚斯德教神灵都已经被糅进佛教里了。

如果我们了解古代印度、伊朗的历史的话，我们会知道有一个"共存时期"。比如说，印欧语系的东支印度伊朗语，在印度一边最早就是吠陀，在伊朗一边最早就是《阿维斯塔》的语言。《阿维斯塔》和吠陀有很多词都是通的，你要学早期伊朗语，就必须学梵文。一些神本来是一个神，比如太阳神，都叫 Mithra，伊朗保留了这个神名，印度就叫 Maitreya，音译梅坦利耶，也就是弥勒。原来他们的名字都一样，后来分离。为什么弥勒穿白衣服？因为他是发光的太阳神。伊朗的太阳神驾着马车，放光，是很漂亮的。很多东西在早期印度伊朗语中是一个东西，后来分化。

琐罗亚斯德教是公元前 6、7 世纪的宗教，进入中国时已经很世俗化了，没有特别严格的寺庙体制，它是世俗化的宗教，而且不是教团传过来，而是信仰它的人"漫"过来的。琐罗亚斯德教的第一轮向东传播已经进入了古代新疆地区，我们今天在阿拉沟等地看到的青铜时代祭祀的盘子，是和中亚、伊朗的东西一样的，都是琐罗亚斯德教的。但是这轮传播应该没有进入到中原内地。我曾想论证秦始皇看到的"十二大人"、霍去病得到的"祭天金人"可能都是琐罗亚斯德教的。我们知道草原民族很早就信奉琐罗亚斯德教，直到蒙古人信仰的大神，也是叫霍尔木兹达，也就是阿胡拉·马兹达。

袄教第二轮进入中国是汉末三国时期由粟特商人带来的。粟特商人大量涌入中国，把控贸易到约 10 世纪。其中最好的证据就是 312 年前后的粟特语古信札，其中 2 号信札是武威的粟特商队首领向撒马尔罕的出资者汇报工作的一封信，说我派人到安阳、洛阳干了什么，结果洛阳的商人遇到匈奴入侵，快饿死了。粟特商人一般是几百人到一个地方，建立殖民地，以此为基地，四出做生意，出去的人再到另一个地方建立殖民地，后续又有商人和家属跟着进来，这样就在丝绸之路上建立了贸易网络，别人插不进去。波斯人也会经商，但是进不去，所以我们在有关陆上丝绸之路的史料里基本上看不到波斯商人的记录。

粟特语古信札里的粟特人名字往往包含有琐罗亚斯德教的神。因为袄教的历法里每一天都有一个神在守护，在哪一天生的，就是哪一个神的"槃陀"（仆人）。比如固原发现的一座墓，主人姓史，名射勿，字槃陀，其实就是把粟特人的名字拆开了。后来也有写作佛神的仆人的名字。现在有《粟特人名》这本书，里面包含所有能找到的粟特人名。从他们的名字演变可以看出，7世纪前粟特人名都是琐罗亚斯德教的，之后既有琐罗亚斯德教的也有佛教的，所以能够看到唐朝初年前后粟特人宗教的变化。

粟特语古信札提到了神职人员，如果出现问题，就要去祆教寺庙里解决问题。他们在敦煌有祆教寺庙的神职人员，因为他们是自治的共同体，每一个聚落都有祆教寺庙，寺庙有救济、司法等各种功能，唐代汉文文献也说他们有什么问题都要去祆寺解决。

商队的首领叫"萨保"。吉田丰教授在1989年就指出汉文中的"萨保"就是粟特人首领，之前许多学者认为"萨保"是梵文词语，其实两者之间没有关系。"萨保"是商队首领，建立聚落以后就成了聚落的首领，这个概念后来就成为"大首领"的意思。玄奘经过盗贼出没的塔什库尔干的时候，他的队伍就和商人组队，而且他还被选为"商主"，就是"萨保"。我写过两篇文章来讲这个问题，我在史君墓被发现之前也坚决站在吉田丰教授一边，但是我用的是另外的论证角度。现在史君墓出来了，有双语墓铭证明"萨保"来自粟特文，就没有什么可以争论的了。其实这是现代人把东西搞混了。

在西安和太原发现了几座萨保等级的墓葬，比如史君墓、安伽墓，这些墓里的石屏、石椁上都有经商的场景，比如有描绘萨保拜访披发的突厥人首领的场景。我们在安伽墓门上看到中间的大鸟、火盆，两边的人面鸟身神，旁边是飞天。单看飞天就是佛教的，巴米扬的佛像背后也有太阳神、大鸟、火盆的壁画，这是进入佛教里的祆教图像，它有佛教的解说。巴米扬的是佛教的，安伽墓的就是祆教的。史君墓里的铭文显示他是来自凉州武威的萨保，他级别高，所以皇帝赐给他土地让他埋在长安。石椁门上的守护神，很像是佛教的，但是在这里，它是祆教的，因为大鸟、祭司这些元素是佛教里没有的，这是祆教徒去世三天后护送他灵魂上路的神，叫斯洛沙。太原虞弘墓石椁底座的正中间，就是火盆和人面鸟身的斯洛沙神，他们都戴着大口罩，因为不能让圣火沾到唾液。

圣火是最神圣的，今天伊朗的亚兹德地区还有神庙，孟买有帕尔西人，这些人是伊斯兰教传入以后跑到印度的，保持着他们原本的宗教，就是琐罗亚斯德教。伊朗琐罗亚斯德教里最主要的元素就是拜火，有很多阿胡拉·马兹达的像，到了粟特以后拜了很多神，这是受到亚历山大东征后希腊艺术的影响。

粟特地区的拜火教徒死后被放到围墙里，往往在小山包上，让狗把人吃了，剩下的骨头转移到瓮棺中，存放到专门的房子里去。粟特的本土没有我们现在史君墓、安伽墓里这么大的展示信仰的地方，所以史君墓石椁有最完整的祆教升天图，是最了不起的。画面上祭司把墓主人夫妇带着商队送上路，走到桥中间，底下的怪兽张着嘴，对面是女神，如果你是善人，女神对你和善地微笑，你就升天了；如果你是恶人，女神就对你狰狞一笑，你就掉下去喂怪兽了。墓主人夫妇顺利通过这里，于是天马就带他们飞升了，旁边是飞天。这些石椁的制造者可能是造惯了佛教塑像的人，他们可能在边角地方放些佛教画面，但主体内容还是琐罗亚斯德教的。

在新疆和中亚地区更有意思。和田有丹丹乌里克遗址，它被斯坦因和后来人挖得很透彻，这里有个很小的寺庙，旁边是大建筑，我们根据斯坦因的编号把文物文献装回去，大体上可以复原各个建筑的功能。一般寺庙中主像一定是佛教的，底下是僧侣，还有以地方传说为主题的画，而这本来是佛教里没有的。所以一个地方建立寺庙时，各种信仰都会融入其中。《大唐西域记》里记载，于阗想造丝绸，于是就娶了中原王朝的公主，把蚕茧放在公主帽子里，过关时没人敢查。壁画里有织机，上面有神，可能是丝绸之神。所以我们不能说寺庙里什么都是佛教的，丝绸的故事也在寺庙里。图片里还有印度的湿婆，这是佛教从印度教里借来的神，它在佛教里不是湿婆，而是摩醯首罗天，是佛教的护法

神。还有一个像波斯王子的形象，西方学者暂时命名为丝绸之神，因为
这是杂神，是佛教经典里没有的。

还有一联三神的形象，斯坦因认为分别是金刚手菩萨、弥勒菩萨、
文殊菩萨，后来做佛教美术史的人认为这是因陀罗、梵天和摩耶·室利
（Maya-Sri）或多产女神，后来搞伊朗宗教的教授认为这都是伊朗神，
是阿胡拉·马兹达、娜娜女神和风神。新疆和中亚地区就是这样，一个
图像出来，你用多个宗教都能解读，都长得差不多。印度教的湿婆，在
于阗文佛典里就是摩醯首罗天。在片治肯特的粟特壁画里，我们找到了
粟特的风神，因为旁边有铭文，知道这是风神，是个三面神，拿三叉
戟，这与丹丹乌里克的摩醯首罗天形象一模一样。但是我们要把神贯穿
到不同的场景里，来确定他们属于何种宗教。

过去的学者老是在史料里打转，说萨保府里有胡祆寺，里面有佛教
的摩醯首罗天，所以祆教萨保也信佛。这怎么可能呢？其实是因为没有
仔细读材料。萨保要给汉族讲解，所以说胡天神（祆神）就像佛教的摩
醯首罗天，并没有说胡天神就是佛教的天神。风神在一些寺庙或墓葬里
会变成主神，比如史君墓就把风神作为主神。这种做法在一些佛教寺庙
中也是有的，有些佛像在某些情况下也会变成主神，比如五台山的文殊
菩萨，敦煌莫高窟第 61 窟的主尊就是文殊菩萨，不是释迦牟尼佛。

粟特人进入中原后，大量改宗佛教，所以敦煌的粟特语佛教经典
很多是从汉语翻译过来的。尽管其中用的是祆教名字，比如管因陀罗叫
阿胡拉·马兹达，用传统宗教的词语来指称佛教的新名词。新疆文物考
古所清理了一座过去探险队发掘过的佛寺，清出了所有壁画，上面是千
佛，下面都是凶神恶煞的形象，这些都是地方神，很多形象都能在琐罗
亚斯德教信仰地区的图像里找到相同形象，比如所谓"骑士神"。如果
一个新来的粟特人进入这样的佛寺，他就会有亲近感，他可以按照他的
方式来拜神，就像我们明清以后的三教合一，不论你信什么教都可以
拜。民间不像长安城里的高僧分得那么清楚，他们有时候见神就拜。整
个寺庙主要内容是佛教的，但是不反对其他民间信仰和宗教信仰。我从

来没有说这些佛寺中的像是祆神，只说他们很像祆神的样子，当他们进入了佛教，就是佛神，只是可能有人把他们当作祆神来拜，这就是所谓"摩醯首罗天"的意思。一直到公元 10 世纪，在莫高窟的佛教壁画里还是可以看到这样的画：画的是祆神，但是整体是佛教画风格。上面没有腰带的是恶神，带着小狗的是善神，西方学者都认为这是娜娜女神，但是她已经变样了，因为到了 10 世纪，已经没有真正的琐罗亚斯德教了。

武则天时期，摩尼教进入中国。到了唐玄宗时期，他发现摩尼教否定现世，于是就禁止汉族信教了，但是胡人不禁。回鹘在安史之乱中帮助唐军收复洛阳，摩尼教僧人说服回鹘可汗带他们去漠北，所以整个回鹘都信仰了摩尼教。840 年回鹘汗国灭亡以后，他们在吐鲁番建立了西州回鹘王国，所以吐鲁番壁画上可以看到三重图，底层是佛教，中间是摩尼教，最外面还是佛教画，我们在柏孜克里克等地就能发现这种图画。摩尼教的书信中，有提到像菩萨的形象，看上去完全是佛教的。最初我们不知道文字内容，以为这是佛教书信，实际上是摩尼教徒给大法师"慕阇"的书信，慕阇在全摩尼教世界中一共有十二个，吐鲁番就有一个。西州回鹘和吐鲁番的摩尼教一直维持到蒙元时期。

景教也是类似的情况。唐太宗让他们在长安建寺，安史之乱以后，因为他们帮助平乱，就建了大秦景教流行中国碑，这是纪功碑，上面有十字架，这是东方基督教的标志。敦煌也有十字架，吐蕃人不反对景教，那里有两个带十字架的藏文经卷。洛阳有一座经幢，中间是十字架，两边配上飞天，飞天和龙门石窟的一模一样，可能制作经幢的工匠就是造龙门石窟的。波恩大学宗教系编写过一本书《十字架与莲花》，就说宗教是你包含我、我包含你的。高昌回鹘也是一样，有摩尼教、景教、佛教、道教。敦煌有讲经的卷子，一个法师说我这个教不是波斯教（景教），也不是摩尼教、哭神（我们还不知道这是什么），而是伟大的释迦牟尼的佛教，这说明其他宗教也是在当地流行的，不然这位法师怎么叫得出它们的名字？

高昌城外出土了景教壁画，描绘的是耶稣骑马进入耶路撒冷的场景。画上的供养人穿的衣服有西式的，也有《仕女图》里的那种服装。所以景教依托道教，摩尼教依托佛教在中国传播，都是互相有所包含。道教和佛教也是你中有我、我中有你，道教说弥撒亚、摩尼等都是老子出关后的化身。西安周至大秦寺的塔，按照苏轼兄弟写的诗判断，肯定是景教的，后来成为了镇妖塔，进入道教系统，最后成为佛教的塔，这是丝绸之路上宗教混同的最好象征。

我最后总结一下，不同的宗教，或者同一个宗教的不同派别，常常有战争和冲突，总给人以水火不容的印象，但是这是错觉。古代世界，各种宗教的流行与分布，我们放在丝绸之路上看，更多是共存。一些研究宗教史的历史学家就说，哪里有宗教，哪里就有文化混同的现象，或者说一种宗教不是纯而又纯的信仰，而是多种信仰的融合，这不仅体现在宗教的形成阶段，也体现在宗教日后的发展过程中。放到丝绸之路的广阔地域来看，从贵霜到蒙古汗国，从迦腻色伽到忽必烈，从撒马尔罕到吐鲁番，时空不断转换，统治阶层对宗教的态度和政策也不尽相同，但是没有哪种宗教能独霸天下，主宰所有人的精神世界。不同的人根据自己的时代和个人境遇信奉宗教，从不同的信仰体系里汲取适合自身的部分，以信仰为精神支柱，在和平或动荡的岁月里坚持自己的信念。我不是不承认宗教有冲突，宗教有很激烈的冲突，但是我今天讲的是宗教的另一个情形，就是相互共存，乃至相互融合。

丝路三题

罗　新[*]

历史枢纽与丝绸之路：阻隔与沟通[1]

"丝绸之路"这个词在德国地理学家李希霍芬的五卷本《中国》中第一次出现并渐渐流行。李希霍芬

* 罗新，北京大学历史学系教授。

1 这一节整理自 2016 年 2 月 28 日罗新教授在北京大学英杰交流中心举办的"丝绸之路：历史与文化"系列公益讲座第一讲。整理人董雨，时为北京大学历史学系博士研究生。罗新教授在开场中肯定了举办公益讲座的重要社会价值。他指出，许多国家都会利用历史来讨论当前的国际国内问题，但其中相当多的历史知识都是荒唐的、错误的，是滥用历史（the abuse of history）。作为一个现代学科，历史学在全球范围内都是相当发达的，如何正确运用历史知识，将发达的历史研究转化成历史知识是一件非常重要的事情。他引用一篇批评印度历史学界的文章说，印度的民族主义如今之所以这么"猖獗"，历史学家是有责任的——他们没有提供足够的、好的历史知识给大众。我们今天面对的大众读者，是之前从来没有的一个高层次的读者群，他们的知识范围、视野层次等与专业研究者的差距越来越小，这就要求专业研究者要与这个读者群及时沟通与互动，以减少那些不正确的历史知识的流传。

曾在中国旅行 7 次，重点是研究中国西北，但他因故没到过新疆。书里的地图中，他称南疆和田这个地区为"丝国""丝城"，地图说明中直接使用了"丝绸之路"一词。美国丝路基金会所办的杂志 *The Silk Road* 曾发表过一篇专文，对"丝绸之路"概念进行知识考古的研究。

　　1904 年 1 月，地理学家麦金德在英国皇家地理学会作了一个演讲报告，主要讨论亚欧非三大洲，并于当年 4 月正式出版。这本书的中译名为《历史的地理枢纽》，已由商务印书馆"汉译名著"丛书作为单行本出版。麦金德把人类历史上人口最多、文明最昌盛的欧亚大陆的边缘区域，与人口比较稀疏的欧亚中心地区进行历史的比对，称后者为"枢纽地带"（pivot area）或"心脏地带"（heartland）。这个枢纽地带或心脏地带基本等同于今天学术界所说的中央欧亚（Central Eurasia），或者是内亚（Inner Asia）。"心脏地带""枢纽地带"作为概念虽然提出较晚，但对国际政治、军事学、战略学等实用应用型学科都产生了深远影响。虽然这个概念今天已淡出人们的视野，但这种思维方式仍然在应用学科中占据主流——地中海地区和西欧历史上的许多震荡，都和心脏地带的影响有关，后者一再地"干扰"了文明世界的历史进程，因此，控制世界的关键就是控制好这个枢纽地域。这是从否定的、破坏力的角度来看待中央欧亚。麦金德此论提出于一战前欧洲文明达到巅峰的背景之下，如果继续扩展西欧文明，西方就要特别关怀中央欧亚，控制这一广大区域。因为"枢纽地带"一词暴露出赤裸裸的利益战略考虑，二战以后就渐渐废弃不用。

　　"丝绸之路"和"心脏地带 / 枢纽地带"描述的是同一片区域，但侧重是不一样的。"丝绸之路"的概念基础是欧亚大陆的地理条件对东亚与西亚、地中海地区人口密集地区交通交流的限制。"心脏地带 / 枢纽地带"则帮助欧洲在历史发展的巅峰时代谨慎地看东方，在这个意义上给出世界历史统一的地理和历史框架。具体来说，"心脏地带 / 枢纽地带"强调东方世界对欧洲文明的威胁，强调不同地区人群间的文化冲突与利益冲突，把东西关系视为对抗关系；而"丝绸之路"强调东西方之间在历史、文化与经济等层面的联系，倾向于视不同地区人群间的经济与文化需求为一种互惠关系。显然，丝绸之路概念的这一属性顺应了近百年来世界历史的大势，因此最受欢迎。

如果过多沉浸在"丝绸之路"具有浪漫色彩的历史想象中，可能会掩盖或淡化历史中常常占主流地位的冲突。我们当然鼓励大家多看好的一面，但这不是历史的全部，甚至不是主要的方面。

当前丝绸之路研究中潜伏着两个危机：一是历史被浪漫化，二是研究对象被模糊化。模糊化是指丝绸之路研究被置换成地区研究，学科对象模糊化使丝绸之路本身变得模糊，学科的方法和意义会变得不明确。丝绸之路史不应该是丝绸之路所经地区的通史。丝绸之路研究的对象，应该是不同地区的人群对彼此沟通的需求、为此所做的努力，以及这种努力的历史成果。离开了长距离交流、异文化接触和复数历史的汇合，就不是丝绸之路研究了。对中央欧亚地区单一区域和单一人群的历史所作的探讨，不应该是丝绸之路研究这个学科的目标。从这个意义上说，丝绸之路研究，是世界史、全球史的微缩版。

既然"丝路"表达了人类冲破地理限制的努力，那么一个永恒的主题就是阻隔与沟通。只谈联系是不完整的，我们讨论阻隔就是为了观察人类如何冲破阻隔。阻隔一方面是自然环境和地理条件造成的，另一方面是人类有意识的设置。不同历史时期这两个条件对东西阻隔所起的作用是不均衡的。历史时期人类不同群体之间的交流所面临的阻隔主要是人为的。

学界曾描绘人类走出非洲的多种迁徙线路图，这些地图的共同点是都没有看到与"丝绸之路"一线相吻合的人类扩散迁徙路线。也就是说，在冰期结束以前，人类无法通过天山和帕米尔高原的阻隔。人类的伟大之处就在于能够突破自然条件的限制。冰期结束，冰盖消失，海平面上升，一些本可以互相联系的人群被隔绝起来，而另一些之前相互难以联系的人群之间，忽然有了联系的可能。"丝绸之路"就是这样出现的。从冰期结束到农业产生，只有短短三五千年，人类迅速在亚洲的东西两端建立起巨大的人口聚落。这些聚落之间出现了联系，"丝绸之路"是其中的一个部分。随着马的驯化和游牧的诞生，草原地带被更加高效地利用。人类克服地理屏障的能力大大提高了。从巴孜雷克墓葬里就出土了两千多年前的中国丝绸。三千年前，塔里木盆地边缘的主要绿洲就有了相当发达的文化和聚落。在殷墟出现了和田玉，说明在张骞之前，"丝绸之路"早已存在。

对东西交流来说，到了特定的历史时期，地理条件的阻隔作用逐渐让位于人类自己制造的障碍。看秦代长城图，我们可以追问：如果秦长城北防匈奴，那么西防什么呢？长城不是横在丝绸之路上吗？可以看出，在东亚大型帝国出现之初，秦已经和西边的"邻邦"处在紧张状态了。

国家的边界一度和高山冰原等天险一起成为阻碍人群之间联系的基本因素，到后来，自然条件不再能够阻挡人类时，国家之间的边界就成为唯一的阻碍因素。国家、部落等各类政治体，既是交流的组织者，也是交流障碍的主要设置者。浪漫化的丝绸之路固然吸引人，也多少表达了历史的某一个面相，不过历史更多是灰色的，甚至是黑暗的。但是人类的本性里有理想、有希望，渴望和别人交流，这就是美好的。

正义与力量

塔什干号称中亚最美的花园城市，有许多林木葱郁、鸟语花香的广场，其中最大、最重要的是帖木儿广场。最重要的广场当然少不了最重要的雕塑，骑着骏马的帖木儿青铜雕像矗立在广场中心，帖木儿大帝左手执缰绳，右手向前伸出，既像在指引方向，又像在检阅山呼海啸的军队与臣民。雕像大理石基座正面的金色铭文，在 Amir Temur 的名字之下，用乌兹别克语、俄语、英语和察合台文各写一行字，内容都是"力量在于正义"（乌兹别克语作 Kuch Adolatdadur）。

"力量在于正义"是对帖木儿的最高礼赞：他之所以能够完成几乎

比肩成吉思汗的伟大征服，是因为他是正义的化身。换句话说，他一生的征服和统治都是正义的事业。中国有许多类似的话，比如"得民心者得天下"，可以理解为，开国帝王们之所以能打下江山，都是因为他们先得了民心。然而，帖木儿的征服大业固然闪耀着值得赞叹的军事艺术，却也充满了鲜血、野蛮与罪恶。无数古城被夷为平地，繁荣的国度惨遭浩劫，千万人民失去自由、流落异乡。有学者说，帖木儿历次征服所造成的死亡人数高达 1700 万，占那时全世界人口的 5%。他对很多地方，比如古老美丽的花剌子模，造成的毁灭比成吉思汗更为彻底。

传统政治体的官方史学都服务于权力，都程度不等地对权力进行神话式包装和史诗式颂扬，差别只在不同时代、不同文化的史学写作各有其传统与格套。帖木儿帝国时期的史学著作对帖木儿事功与个人的记录，是沉浸在波斯－伊斯兰史学传统中的，几乎都是格套式写作。比如，尽管所有史著都不讳言帖木儿身有残疾（奥斯曼史书称他 Aksak Timur，波斯文史书称他 Timur-i lang，英语的 Tamerlane 即来自波斯语，意思是"跛子帖木儿"），却都渲染他是一个伟大的战士，在战场上一骑当千、所向披靡。

Ghiyath al-Din Ali 记载帖木儿征服印度的史书部分完成于帖木儿还在世时，书中说帖木儿自己多次冲锋陷阵，凭借高超的弓矢与剑术摧城拔寨。Nizam al-Din Shami 的名著 *Zafar-Nameh* 是在帖木儿死前就已完成的唯一王朝史，书里记载 1379 年花剌子模之战，花剌子模君主优素福·苏菲（Yusuf Sufi）向城外的帖木儿发出一对一挑战，欲以二人单挑的结果决定战争胜负。"（帖木儿）来到城壕边，命军士高喊：'告诉优素福·苏菲，我来应战了。出来吧，看看至高的神会把胜利赐给谁。'这时优素福·苏菲后悔了，默不敢应。"这类情节虽出自第一手史料，却只能视为戏本传奇。研究者早已指出，这种故事结构及叙述方式，都深受波斯文学传统的影响，很容易让人联想到《列王纪》。

到底是先拥有了压倒性的力量才被颂扬为正义呢，还是因行正义才能获得胜利？对伦理宣教者及手握权力者来说，当然是正义在先；对失去权力者和底层边缘者来说，这个问题就有点复杂了。古之智贤深知这一复杂性，只好归之于天道或命运。寻求历史终极解释的人都会在这里望洋兴叹。《史记》难以解释刘胜项负的深层原因，只好让项羽说"天亡我"。然而，《论语》记子贡说"夫子之言性与天道不可得而闻也"，孔子不说，正是因为说不清。

赵翼《廿二史札记》有"元世祖嗜利黩武"条，说忽必烈"好大喜功，穷兵黩武，至老而不悔""内用聚敛之臣，视民财如土苴，外兴无名之师，戕民命如草芥"。赵翼承认，以"常理"而论，这样的君主必定"丧国亡身"，可是忽必烈却开创了元朝基业。所谓"常理"，就是古今中外伦理宣教者所信奉宣扬的政治理想。史家在理想与现实之间，必须面对现实，终极的"为什么"只好交给无法言说的"天命"。于是赵翼沉痛地说："始知三代以下，国之兴亡，全系天命，非必有道者得天下，无道者失天下也。"有道（正义）未必有力量，无道未必无力量。

对史家来说，把价值判断贯穿在历史解释中是一个令人难以抗拒的诱惑。不过现代人越来越知道该如何阅读权力，这或许是另一个方向的价值介入。在这个意义上，读史者应该明白，至少在某些时候，不是力量出自正义，而是正义出自力量。正如刀尔登在《中国好人》中《得天下者得民心》一篇所说："'得民心者得天下'虽不是一点道理也没有，但有比它更有道理，也更合实情的一句话，便是'得天下者得民心'。"帖木儿真正信奉的是下面这句波斯语格言：Ya takht ya tabut（要么是王座，要么是坟墓）。

帖木儿诅咒

1405 年 2 月的寒风中，69 岁的帖木儿病死在历史名城讹答剌（Otrar）。两个月前他率大军从撒马尔罕出发，计划穿越哈萨克草原，进入蒙古斯坦（Moghulistan），目标是征服明朝。那时帖木儿已经征服了以撒马尔罕为圆心，以两千千米甚至更长距离为半径的一切国度。数十年来所向无敌的帖木儿，当然配得上当明朝的劲敌。然而令后世读史者热切期待的大碰撞并没有发生。大军刚过锡尔河，甫入引发了成吉思汗西征的讹答剌，帖木儿便病倒了，卧床一个多月后，结束了他作为成吉思汗之后最成功的征服者的一生。

帖木儿生前在家乡沙赫里萨布兹（Shahrisabz）为自己准备了陵墓，但泽拉夫尚山上的大雪阻断了交通，所以只好葬在撒马尔罕，和他先已去世的一个爱孙葬在一起，这就是今天的旅游名胜埃米尔陵（Gur-e Amir）。因为帖木儿葬在这里，后来他的两个儿子和两个孙子也都安葬于此，此外还有帖木儿的一个苏菲老师，以及他们各自的子孙，所以堪称家族墓地。经帖木儿的孙子兀鲁伯（Ulugh Beg）增修，陵区有多座宏大精美的建筑。不过与中亚的衰落相一致，到沙俄征服时，陵区建筑群只剩少数几座尚未完全坍塌，陵墓上那个绿松石色的大穹顶也只剩了一半。今日游客看到的光鲜壮丽，都是乌兹别克斯坦独立后重新整修的。

1740年波斯阿夫沙尔王朝的纳迪尔沙（Nader Shah）进军中亚，先征服希瓦汗国，再逼降布哈拉汗国。从撒马尔罕凯旋时，纳迪尔沙保持了每到一地必带走宝物的个人习惯（最广为人知的是他从印度回师时偷走了莫卧儿王朝的孔雀宝座），把帖木儿墓上的黑色大玉石带回波斯。据说那块大玉石来自蒙古斯坦，有人认为是一种墨玉，原产地在和田。还没到呼罗珊，这块大玉石就从车上掉下来摔断了（今天参观者还可以看到那块黑色大玉石的断痕）。纳迪尔沙坚持把一折为二的玉石带回首都马什哈德，可是一到家他的儿子就突然病倒，然后是一系列的不吉祥、不顺利，大臣们只好哀求纳迪尔沙把大玉石归还帖木儿陵。纳迪尔沙也害怕了，让人把玉石送回。之后，他儿子立即痊愈。不过似乎纳迪尔沙被诅咒的命运已难逆转，几年后他遇刺身亡。

大概从此就有了帖木儿诅咒的传说，纳迪尔沙是帖木儿诅咒的第一个牺牲品。但一直要到苏联时期的正式发掘，才使这个诅咒获得更强的生命力，变成中亚历史上最著名的诅咒之一。

　　1941 年 6 月，一小队苏联考古队员对帖木儿陵进行了发掘。据领队之一米哈伊尔·格拉斯莫夫（Mikhail Gerasimov）报告，发掘开始于 6 月 16 日。先打开兀鲁伯之子的墓，然后是帖木儿的两个儿子米兰沙与沙赫鲁的墓，6 月 18 日发掘了兀鲁伯的墓。6 月 19 日，移开帖木儿墓上那个黑色大玉石，次日（20 日）打开帖木儿墓。报告强调了墓室初开时强烈刺鼻的气味，可能是松香、樟脑、麝香、玫瑰、乳香等香料的混合，应该是当初尸体防腐处理的遗留物。除了对遗骨的描述，包括格拉斯莫夫报告在内的所有考古报告里都没有提到墓室和棺壁上写有铭文。

　　然而就在打开帖木儿墓的两天之后，即 1941 年 6 月 22 日夜里，纳粹德国开启巴巴罗萨行动，不宣而战，苏联卫国战争爆发。不用说，这个巧合使古老的帖木儿诅咒焕发生机，立即出现一种说法，称在发掘之前，就有本地的几个老人（后来把他们说成伊斯兰神职人员）前来警告考古队，说若发掘帖木儿墓会有灾难发生。当然这种说法得不到考古队成员证实。战争爆发后，格拉斯莫夫等人把所有遗骨打包带到莫斯科继续研究，复原了帖木儿的身体（宣称帖木儿具备"蒙古人种"体质特征，说他身高一米七三，右腿不能伸直，等等）。

　　然而巧合并未到此为止。1942 年 11 月，帖木儿及其家人的遗骨被送回陵墓重新下葬，并举行了穆斯林式的葬礼。据说不久（实际是 12 月）苏联红军就在斯大林格勒战役中发起反攻，吹响了卫国战争大转折的号角。这使得更多的人开始把帖木儿陵的发掘与二战联系起来。不过，在苏联解体前，流传的说法倾向于把帖木儿视作与希特勒差不多的魔鬼。乌兹别克斯坦独立后，流行的说法则把帖木儿视作不应亵渎的保护神。

　　很早（具体时间难以确定）就出现了一种说法，称考古队打开墓室时，见墓壁上有这样的文字："当我死而复起，举世都将颤抖。"又说考古人员移出遗骨后，见棺内另有文字："倘若开我墓室，会出现比我更恐怖的侵略者。"文字的具体内容有许多不同版本，大意就是诅咒，似乎德国入侵是因为这一发掘。这一诅咒传说不止流行于中亚，但似乎以中亚的版本最为丰富。

值得注意的是，帖木儿诅咒传说中，墓内文字的情节是最没有证据支撑的，可是偏偏这一部分流传最广，最为人津津乐道。巧合加上想象，再添加关键情节，使得帖木儿诅咒格外生动迷人。

元朝的色目人

张　帆[*]

元朝是蒙古族建立的王朝，蒙古人居于统治阶层，被统治民族主要是汉族。此外，当时还有一个重要的群体，就是所谓"色目人"。这次讲座打算对元朝的色目人进行一个总体上的介绍。

一　色目人的概念

色目人并不是一个民族，而是对一个成分混杂群体的概称。"色目"的准确含义是"诸色名目"，意思就是诸多种类、各种各样。《中国大百科全书·中国历史》解释说："色目人是元朝对除蒙古以外的西北各族、西域以至欧洲各族人的概称。"实际上，色目人

* 　张帆，北京大学历史学系教授。

的概念在蒙元时期存在较大的不确定性，上述解释是到元朝中期才逐渐定型的。

要想理解元朝的民族关系和社会结构，必须知道色目人是怎么回事。当时，色目人在所谓"四等人制"（蒙古、色目、汉人、南人）中居于第二等。关于"四等人制"，学术界还存在一定的争议。传统说法将"四等人制"表述为元朝法定的民族等级制度，认为这套制度在当时得到严格执行。但是近年来的研究表明，"四等人制"并不是一套严格的制度，只是后人对当时一些政策、做法的概括。甚至有些学者认为元朝根本不存在所谓"四等人制"，这一概念是杜撰出来的，进而认为蒙元时期并不存在民族歧视、民族压迫。当然这属于过度推论。一般认为蒙元时期的"四等人制"虽然不是那么严格，但是民族歧视和压迫的确存在，并且比较严重。搞清楚色目人概念，对于真正了解元朝的"四等人制"是十分重要的。

我个人认为元代社会可以理解为一种"圈层式"结构，把"四等人"称为"四圈人"更为合适。核心一圈是蒙古人，居于统治地位。蒙古民族在元朝时期还处于形成过程中，内部结构很复杂，我曾经将其细

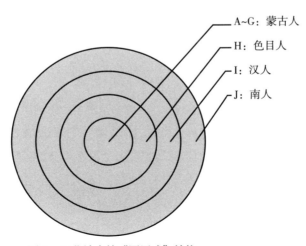

图 1　元代社会的"圈层式"结构

分为七个层次，这里就不展开了。但从"四圈人"角度，蒙古人整体上可以看作一个居于核心的层次。核心以外的第二圈，就是色目人。虽然包括好多种类，但也可以视为一个层次。再外边的第三、第四圈，分别就是汉人和南人。

"四等人"或"四圈人"当中，最混乱的概念是色目人。学术界对其存在一些争论，有的学者甚至对这一概念本身提出质疑。比如日本学者舩田善之在《元朝治下の色目人について》一文中指出，在蒙元时代的非汉语史料中，找不到"色目人"的对应词，这似乎说明"色目人"概念只见于汉语文献。因此，"色目人"以及与其相关的"四等人"划分，可能只是当时汉族认知世界的产物。不过我认为，舩田善之这个说法不一定成立。因为在元朝，有大量的高层文件，包括皇帝下发的圣旨，以及向皇帝汇报工作后形成的决议，都是用蒙古语交流、用蒙古文记录的。为了把这些文件传达给汉人，就需要把蒙古文译为汉文。在翻译过程中出现了所谓"蒙文直译体"，即不追求辞藻华丽，而是基本使用白话，并且大量保留蒙古语的语法特征。这样翻译起来速度比较快，而且比较"原汁原味"，内容不太会走样。今天能够见到许多这一类的汉文译稿，其中"色目"一词出现频率很高。照常理判断，它不可能是翻译时凭空杜撰并添入的，在蒙古文原稿中一定有一个对应的词。

西北师范大学元史专家胡小鹏教授前些年发表《元代"色目人"与二等人制》一文，其中指出，《蒙古秘史》当中有一个汉语音译为"合里·亦儿坚"的词，应当就是"色目人"在蒙古语当中的对应词。在这儿稍微解释一下《蒙古秘史》，这部书是蒙古帝国时期用新创制的蒙古文撰写的本族历史。这样的书在古代非常少，古代大多数情况下，边疆民族文化不太发达，他们的历史往往是汉人用汉文写的。《蒙古秘史》虽然是用蒙古文写成，可是蒙古文原稿已经失传，保留到现在的是汉文译稿，包括音译和意译。其中这个音译为"合里·亦儿坚"的词汇，还原后的读音是 qari irgen，意译是"邦""百姓"，引申为"诸部"。在具体语境中一般用于他称，意思就是其他部族，或外族。当时的蒙古帝国可以分为两个集团：一是作为统治核心的本部落，就是蒙古，或称"国人"；二是居于外围，来自征服、招降、主动投奔等渠道的其他部落，就是合里·亦儿坚。后者其实就是元朝最早的"色目人"。随着蒙古征服范围的扩大，色目人的范围不断扩展，从草原延伸到西域，后来甚至把汉人等也包括进去。胡教授由此概括说："元代多民族政策的本质是蒙古人（国人）/非蒙古人（合里）的二等人制，主要源自古老的漠北传统，并没有法律的明文规定。"

我十分同意胡教授的上述观点，不过还想在他的基础上作些补充。在他的讨论中，色目人是一个与蒙古人相对应的概念，蒙古人以外就是色目人。但实际上还可能有另外一种视角。忽必烈建立元朝后，统治重心转到汉族社会，被统治者绝大部分是汉人。这时候制定的各项政策，通常都主要针对汉人。可社会上不仅有汉人，还有很多外来的其他族群。相对于汉人来说，这些族群就成了"色目人"，近似于今天所说的少数民族。只不过在元朝，"少数民族"居于核心地位，汉人处于外围。再加区分，"少数民族"当中，蒙古人比较特殊，是真正的统治民族，经常需要单独对待。那么，从这个广义"色目人"概念中把蒙古人区分出来以后，剩下的就是狭义"色目人"了。

因此，按照胡小鹏教授的观点，元代"四等人制"可以简化概括为"二等人制"，具体表现为蒙古人/色目人的二元结构。我的补充则是，"二等人制"也可能表现为色目人（或北人，包括蒙古人）/汉人（或南人，与"北人"相对，原则上概指汉族社会）的二元结构。

前辈学者蒙思明在《元代社会阶级制度》一书中指出："色目人之用以代表西域及欧洲各等种族者，乃由习惯之运用，非由法文之规定。"这个说法也很对。"色目人"并不是一个法定概念，不是国家政策强行划分的，而是在社会生活中自然、逐渐地形成的。由于这一原因，导致这一概念在不同时期、不同场合覆盖的范围可能不完全一样，对此需要特别注意。具体来说，对"色目人"概念，在元代大致有以下三种不同的理解。第一种，指蒙古人以外的人，包括汉人（这里的"汉人"是广义概念，概指汉族。下同）在内。这种理解大概主要见于早期。第二种，指汉人以外的人，包括蒙古人在内。第三种，指介于蒙古人和汉人之间的人。第三种也就是今天的理解。这个理解当然并不错，但要注意它是在元代中期才基本定型的，并不是所有提到"色目人"的场合都能这么理解。

照第三种理解，也就是今天的理解，色目人既不是蒙古人，也不是汉人。这些人应当具备三个因素。第一，对于元朝前期的汉人来说属于外来族群；第二，文化上和汉人具有明显差异；第三，又不是蒙古人。这三个因素可以把一些疑似的族群排除出去。比如早已入居中原的契丹人、女真人，对于元朝前期的汉人来说已经不属于外来族群，就不能算是色目人。又如高丽人，当时属于外来族群，但文化与汉人相当接近，因此也不被看作色目人。结果，入居中原的契丹人、女真人和高丽人在广义上都被纳入"汉人"的范畴。

不过，上述认识是我们今天分析归纳的。由于色目人在元朝不是法定概念，使用有些混乱，有时候连官府也"当局者迷"，搞不清谁是、谁不是色目人。例如有一个发生在1315—1316年的连续盗窃案件，案犯名叫张不花，这个人姓是汉姓，名字是蒙古名，族属却是女真人。地方官府不确定他是否可以算色目人。如果不算，就要在杖刑外附加刺字之刑；如果算，就仅执行杖刑。为此一直请示到中央，刑部给了结论，认定张不花不算色目人，理由是"况兼有姓，难同色目"。今天来看，结论没有问题，理由有点问题。色目人大部分没有汉姓，可有些是有的。比如西夏人，在元朝被看作色目人，应该没有什么疑义，但他们当中很多人是有汉姓的，如姓李、姓高、姓杨之类。如果一旦"有姓"就"难同色目"，那到很多西夏人的场合就套不上了。之所以出现这种混乱情况，就是因为色目人并非法定概念。

二　色目人的分类

以上讲了色目人概念的复杂性。下面还是谈严格意义上的色目人，就是上面所说色目人概念的第三种理解，也就是与《中国大百科全书·中国历史》相对应的理解。

"四等人制"中排名第二的色目人，作为一个大的群体，其中到底包括多少种人，或者说包括多少个族群呢？其实很难有准确的分类。元末明初人陶宗仪的《南村辍耕录》记载色目人分31种。不过这个说法争议很大，并没有被普遍接受。清朝乾嘉时期的史学大师钱大昕在他编纂的《元史氏族表》中把色目人分为23种，但也只是一家之言。有些族群的边界很难确定。基本能确定的，规模大小有很大差别，一些大的族群又可以向下划分出更小的集团，似乎也可以看作不同的族群。又有一些看上去名字不同的族群，其实可能属于同名异译，是一回事。这样一些复杂因素纠缠在一起，导致"色目人"包含的族群数量，迄今并无定论。

可是，情况虽然混乱，总还是可以作一个简略的分类。像我这样的历史老师，给学生讲色目人的时候，总要讲讲色目人大概包括哪些族群（或地方）的人吧。该怎么讲呢？我一般这样讲：色目人就其主体而言，包括十个部分。分别是：①乃蛮人、②汪古人、③西夏人、④吐蕃人、⑤畏兀儿人、⑥哈剌鲁和阿儿浑人、⑦花剌子模人、⑧波斯人、⑨阿拉伯人、⑩康里、钦察和阿速人。这十部分人加起来，保守估计也得占元代色目人的95%以上。剩下一些人数较少的族群，可以暂时忽略。

下面对这十部分人分别解释一下。

①乃蛮人——乃蛮人活动于蒙古高原西部，是离蒙古人最近的"色目人"。他们与蒙古一样属于草原游牧民族，但在来源上有区别。蒙古崛起前夕，漠北草原上的游牧民族可以分成两大部分，一部分是从呼伦贝尔等东部草原迁到草原中心地带的室韦、鞑靼后裔，另一部分是以前占据草原中心地带的突厥、回鹘后裔。蒙古属于前者，乃蛮属于后者。当然这两部分人也很难截然分开，不过乃蛮人因为位置靠西，和蒙古等东边迁来的部族融合程度比较低，保留了明显的突厥－回鹘特色，文明程度也明显比蒙古人要高。《蒙古秘史》中提到乃蛮人很看不起蒙古

人，认为蒙古人不讲卫生。乃蛮人在 1204 年被成吉思汗打败，成为第一支被蒙古征服的色目人，也是唯一一支在蒙古帝国建立以前就被征服的色目人。后来，乃蛮人逐渐脱离色目人的范围，成为蒙古人的一部分。元朝前期的官方文件明确把乃蛮人归入色目人范围，但是到元朝后期，一些乃蛮人的碑传资料将族属写成"蒙古乃蛮氏"，这说明他们的身份已经上升为蒙古人了。今天内蒙古有奈曼旗，这个旗的名称就来自古代的乃蛮。

②汪古人——汪古人原是西突厥的一支，从今天新疆地区迁徙到漠南草原。蒙古人从漠北进攻金朝时，为金朝守卫边疆的正是汪古人。他们投降了蒙古，其首领娶了成吉思汗的一个女儿。以后该家族被元朝世代封为赵王。

③西夏人——西夏王国的遗民。也被称为"唐兀人"，这是蒙古人的叫法。

④吐蕃人——藏族的祖先，活动于青藏高原。这里在宋代处于分裂状态，没有统一政权，宗教势力起主导作用，被蒙古统治者用招抚和军事威胁相结合的方式纳入统治范围。吐蕃人在元朝大多是以僧侣的身份活动，参加世俗事务相对较少。

⑤畏兀儿人——畏兀儿今天翻译成维吾尔，出自回鹘。一度称雄草原的回鹘汗国灭亡以后，一部分人迁徙到以高昌（今新疆吐鲁番）为中心的地区，蒙元时期称他们为畏兀儿人。畏兀儿长期处于半独立状态，臣服于西辽。后来西辽被蒙古灭亡，畏兀儿人就归顺蒙古，他们的首领也被成吉思汗招为女婿。畏兀儿文化比较先进，成吉思汗时期创制蒙古文字，借用了畏兀儿文字母。与此相关，畏兀儿人比较受到蒙古人重用。

⑥哈剌鲁和阿儿浑人——这是两个毗邻的部族，都出自西突厥。哈剌鲁人就是唐代的葛逻禄，活动于巴尔喀什湖以南，阿儿浑人位置更西一些，活动于巴尔喀什湖西南。两个部族的活动范围基本都在今天哈萨克斯坦境内，历史上称为"七河地区"，因这一带有七条河流入巴尔喀

什湖而得名。

⑦花剌子模人——12 世纪后期，中亚、西亚地区出现一个强大的国家花剌子模，13 世纪前期被成吉思汗西征灭掉。花剌子模的核心统治区在中亚，包括今天的乌兹别克斯坦、土库曼斯坦两国全部，以及阿富汗、哈萨克斯坦、塔吉克斯坦、吉尔吉斯斯坦四国的一部分。此外它也占领了西亚大片地区，基本覆盖今天的伊朗。这里所说的花剌子模人，指花剌子模国中亚地区，亦即其核心统治区的居民，包括古代花剌子模、粟特、大月氏等民族的后裔，也渗入了突厥人的成分。

⑧波斯人——伊朗地区的主体民族，历史悠久。被蒙古征服前夕，处于花剌子模统治之下。

⑨阿拉伯人——阿拉伯半岛和北非的主体民族。蒙古征服的阿拉伯人主要限于两河流域。

⑩康里、钦察和阿速人——这是三个毗邻的游牧部族，从东向西依次分布在咸海、里海以北直至顿河下游的草原上。它们的族源十分古老，但后来逐渐突厥化。以骁勇善战著称，被蒙古征服后，大批人被编入军队，到东方作战和镇戍。

上面十部分人构成了元朝色目人的主体。应当注意，元朝色目人的构成方式和蒙古人不同。蒙古人像洋葱一样，是一圈套一圈组成的，大致有七圈（这个问题，有机会另讲）；色目人则像拼图，是一块加一块组成的，主要就是上面十大板块。当然严格地说，十大板块里有些又由若干稍小的板块组合而成。比如第六板块包括哈剌鲁人、阿儿浑人两小块，第十板块包括康里人、钦察人、阿速人三小块。将其合并为一大板块来讲，是因为它们地域临近，文化也基本相同，合并讲比较省事。另外要说明的是，除去上面十板块或十部分，元朝色目人还包括其他一些人群，如斡罗思（即俄罗斯）人、乞失迷儿（克什米尔）人、尼波罗（尼泊尔）人、术忽（犹太）人，以及南亚、西亚、欧洲其他诸国人等。这些人群规模都很小，但因为地域、文化等差别，很难将其组合到上面某一板块当中去，只能单独看待。总之可以说，元朝色目人由一系列或大或小的板块组成，大的板块可以划分出十个，其余零碎的小板块很难给出精确数量。

讲到这儿可能有人会问：你的十大板块怎么没有回回人？的确，回回人作为元朝色目人的重要组成部分，大家耳熟能详。但回回人这个概念比较复杂，与上面的十大板块性质不同。第一，上面的十大板块都是族群或地域概念（比如乃蛮人、畏兀儿人是族群概念，西夏人、花剌子模人是地域概念），而回回人更多的是文化概念。第二，十大板块中各种人的称谓，都是原来就有的，或者说在当地就这么叫，含义比较稳定。可回回人不是这样，原来没有这个称谓，是到了中原才逐渐出现的，含义前后有不小变化。因此，严格来说不能将回回人与上面十大板块里的各种人等量齐观，而应当把回回人视作十大板块的补充概念。色目人主要由上面所说的十大板块组成，其中第七、八、九三个板块，也就是花剌子模人、波斯人、阿拉伯人，在元朝被统称为回回人。难道不能把这三个板块直接合并为一个板块看待吗？不太适宜合并，因为它们在族群上不是一回事，文化上除宗教外有明显差别（比如语言不同），各自的地域也都相对大而独立。讲色目人的构成，还是先把它们区分开比较稳妥。

其实"回回"这个叫法，是汉族社会长期以来对回鹘（或回纥）的简称。而回鹘（或回纥）在元朝并非文化概念，是一个大地域概念，通常泛指西域。我们知道，回鹘（回纥）曾在突厥之后统治漠北草原，后来政权瓦解，逐渐西迁。上面说的色目人第五板块畏兀儿人，就是他们一支主要的后裔，招牌用的也是同一块（畏兀儿、回鹘、回纥，是同一个单词 Uyghur 的异译）。但畏兀儿以西，从新疆西部到中亚地区的居民，和回鹘关系就越来越小。元初的汉文文献不了解情况，把畏兀儿以西的地方包括花剌子模等也都称作回鹘或回纥，又简称为回回。因此上面提到的色目人第五到第十共六个板块，都曾经被称为回鹘（回纥）或回回。与此同时，第五板块畏兀儿人，第六板块哈剌鲁和阿儿浑人，第十板块康里、钦察和阿速人，因其族群意识比较固定，或内迁成员相对集中（比如单独编组军队从征）等原因，也以各自族名见于记载，逐渐与回鹘（回纥）或回回的大概念脱钩。只有第七到第九板块，即花剌子模人、波斯人、阿拉伯人，仍然被称为回回人（回鹘、回纥旧称逐渐不再使用），伊斯兰教信仰成为其主要标志，"回回"也从大地域概念基本转变为文化概念。

脱离了广义回回概念的几个板块，其中的哈剌鲁人和阿儿浑人也信仰伊斯兰教。他们基本上处于游牧社会，部落组织和族群认同比较强，来到元朝的大部分人都被编入军队集中管理，因此继续使用原来的族名。这应当算作一种特殊情况。到元朝灭亡后，留在内地的哈剌鲁、阿儿浑人，凡保持伊斯兰教信仰的，大概就逐渐成为回族的一部分了。畏兀儿人尽管是现在维吾尔族的祖先，但在元朝还没有接受伊斯兰教信仰，因此他们和回回区分比较清楚。康里、钦察和阿速人，情况与畏兀儿人接近，当时也还没有伊斯兰化。

从人种角度看，古代中亚地区的居民大多属于印欧人种。后来突厥、回鹘从蒙古高原西迁，在中亚与当地居民逐渐融合。尽管中亚出现了突厥化趋势，但突厥化主要表现在语言等因素上，人种方面还是早先居民的基因保存较多。西亚当然就更是印欧人种了。因此，元朝色目人当中那些比较靠西的板块，从第五到第十，也就是元初文献中广义上的回鹘（回纥）或回回，大都具有高鼻、深目、多须的相貌特征，与汉人、蒙古人长相差别较大。比如元初有个叫姚枢的北方学者，因为一度留着大胡子，就曾被误认为"回纥"。当时是 1235 年，蒙古进攻南宋，姚枢随军前往，负责招降汉族知识分子，中间保护了一个名叫赵复的理学家。赵复看到姚枢帐篷里摆放着书籍和古琴，大吃一惊说："回纥人也有这爱好？"这就是因为姚枢的大胡子产生了误会。元末一位别号"鲁钝生"的读书人，"状貌奇古，人以为伟兀氏"。伟兀氏就是畏兀儿人，"状貌奇古"大概也是指高鼻、深目、多须之类。当然并非所有色目人都如此，像西夏人、吐蕃人，应该就与汉人和蒙古人的相貌差别小一些。

三　色目人的业绩和去向

　　色目人在元朝十分活跃，他们的活动使得元朝历史更加丰富多彩。要是没有色目人，元朝历史可能将会呈现出很不一样的面貌。色目人到底为元朝干了哪些事情，可以分六个方面来介绍。

　　在政治方面，色目人是蒙古统治者的得力助手。蒙古族在元朝还处于早期发展阶段，自身文化水平有限，对周边发达文明的吸纳能力也相对不足。色目人各族群的历史则普遍比蒙古人悠久，文化积累比较深厚，而且其中很大一部分具有定居农业社会的生活和管理经验。在蒙古统治者眼里，色目人是外来族群，在汉地没有势力基础，使用起来更加放心。因此，色目人在元朝政坛的地位十分显赫，承担了大量的重要工作。很多原则上应该由蒙古人担任的关键岗位，如果一时没有合适人选，就会用色目人顶替，汉人一般没有这样的机会。这方面的代表人物，比如元世祖忽必烈时的两位宰相，回回人阿合马和吐蕃人桑哥，均凭借理财能力深受信任，权倾朝野，以至盛极而衰，死于非命。另外两位宰相，畏兀儿人廉希宪和康里人不忽木，都有较高汉文化水平，与汉人相处融洽，获得"贤相"美誉。回回人赛典赤赡思丁是伊斯兰教先知穆罕默德的后代，担任云南行省第一任长官，政绩卓著，口碑极佳。元朝后期权臣钦察人燕铁木儿，利用掌握兵权的机会发动政变拥立新君，官拜太师，封太平王，其子甚至说"天下本我家天下也"。

　　在军事方面，色目人当中出了不少名将。畏兀儿人阿里海牙在元灭南宋战争中担任方面军统帅，攻占了湖北西部和湖南、广西。西夏王族李恒率军攻取江西，协同指挥崖山之战，后来在征伐安南（今越南）时战死。元末家住河南的乃蛮人察罕帖木儿组织地方武装镇压反元起义，在几乎平定中原时遇刺身亡。照当时一些人的说法，如果他没有早死，朱元璋不一定能统一全国。康里、钦察、阿速等色目部族以骁勇善战著称，被单独编组军队，南征北讨，为蒙古统治者立下了卓著战功。

在宗教方面，色目人为这一时期带来了多元宗教繁荣的局面。元朝皇室信仰藏传佛教，尊吐蕃萨迦派僧侣为"帝师"。首任帝师八思巴曾奉忽必烈之命创制旨在"译写一切文字"的八思巴字，被定为元朝的"国字"。伊斯兰教、基督教、印度教、犹太教的传播，无一不是色目人推动的。

在文学艺术方面，畏兀儿人贯云石、回回人萨都剌、汪古人马祖常、哈剌鲁人乃贤的文学创作，回回人高克恭的绘画，康里人崾崾的书法，与元朝汉族文人的一流作品相比毫不逊色。相当一部分色目人在汉文化领域有深厚造诣，对此史学大师陈垣先生专门写过一本《元西域人华化考》进行讨论。

在科技方面，回回人札马鲁丁在元朝前期主管回回司天台，引进了阿拉伯的天文观测仪器以及天文、地理学知识。尼波罗人阿尼哥是当时著名的工艺制造专家和建筑学家，北京白塔寺的白塔就是由他主持建造的。畏兀儿人鲁明善著有农书《农桑衣食撮要》。

在中西交流方面，色目人更是发挥着关键作用。他们绝大多数原来都生活在汉地的西北方向，与历史上的丝绸之路关系紧密，曾经长期在丝绸之路沿线活动，并且沿着丝绸之路东迁。进入元朝后，色目人在中西经济、文化交流活动中继续充当媒介角色。比如从南宋投降元朝的回回人蒲寿庚（他是南宋时从海路来华的阿拉伯商人后代，属于早期"色目人"），曾经长时间主管东南地区的海外贸易。回回商人也一直是元朝中西商贸活动的主要承担者。意大利旅行家马可·波罗是古代中西交通史上最著名的人物，他在元朝也属于色目人范畴。居住在元大都的畏兀儿人列班·扫马信奉景教（景教是基督教的东方分支），前往耶路撒冷朝圣，被当地教会派遣去欧洲访问，增进了罗马教廷和英、法等国对元朝的了解。

以上所总结元朝色目人在各方面的表现和业绩，是很不完全的，只是一些主要方面的主要人物而已。

等到元朝灭亡，"色目人"的概念也很快随之消失了。那么这些人到哪儿去了呢？大致可以分为三个部分。第一，草原上的色目人融入蒙古族。这里面主要包括（1）漠北草原的乃蛮人从元朝后期起逐步融入蒙古；（2）漠南草原的汪古人在元朝灭亡后融入蒙古；（3）扈卫元朝宫廷北逃的色目侍卫亲军以后也融入蒙古。第二，留在汉地的，一部分发展为回族。其中主要是元朝的回回人，也包括哈剌鲁、阿儿浑等部族中的伊斯兰教信徒。第三，留在汉地的其他色目人逐步融入汉族。

马可·波罗与丝绸之路漫谈

今天，我和大家一起分享研读《马可·波罗行纪》的一些感想，打算讲四个部分：第一部分介绍马可·波罗其人；第二部分简要谈谈马可·波罗来东方的行程和主要见闻；第三部分谈谈《马可·波罗行纪》中记述的丝绸之路，尤其是与丝绸生产、贸易相关的部分；第四部分谈谈马可·波罗和他的《行纪》的影响。

一 马可·波罗其人

关于马可·波罗的长相，后人可以找到很多不同的图像。图 1 是 19 世纪后期，在热那亚的市政厅用马赛克镶嵌的方式画的一幅马可·波罗像。由于当时

图 1　马可·波罗画像　　　　　图 2　忽必烈画像

不可能留下照片，人们不知道马可·波罗长什么样，这幅画只是人们的推测。画中的马可·波罗手中拿着他的著作。《马可·波罗行纪》是我们对这本书的习惯称呼。实际上这本书有很多抄本和印刷本，名字也不完全一样。最早的《马可·波罗行纪》被称为《关于世界的记述》或《寰宇记》（*Le Devisement du Monde*）；在他的家乡意大利，这本书被叫作《百万》（*Il Milione*）。他本人最通行的名字是马可·波罗（Marco Polo）。不过在一些抄本里，他的名字和姓氏最后面的元音不写出来，变成了 Marc Pol。

　　现在我们说马可·波罗是意大利人。不过在他生活的年代，意大利并不是一个统一的国家，只是一个地理概念。他实际上是威尼斯共和国人。威尼斯尽管只是一个城市国家，但在当时的欧亚贸易中扮演着非常重要的角色。与威尼斯形成激烈竞争的就是上文提到的马可·波罗画像所在的那个城市——热那亚。马可·波罗正是被热那亚人俘虏后，在监狱中写成了自己的《行纪》。马可·波罗的生卒年是 1254—1324 年，他的生年是推算出来的，因为马可·波罗活了七十岁。

　　马可·波罗最崇拜的人是元世祖忽必烈。图 2 这张画像可以说比较真实地反映了忽必烈本人的长相，因为这是当时的元朝宫廷画家为忽必烈画的。从元朝流传下来了一组元朝皇帝、皇后的画像，这些画像一直留存在北京故宫，后来被运送到台湾。读《行纪》时我们可以感受到，马可·波罗本人对忽必烈是非常崇拜的。

首先我们一起了解一下马可·波罗来东方的大背景，那就是蒙古帝国的建立。

蒙古帝国在成立之初对外发动了一系列的战争，其中有三次大规模的西征，极大地改变了欧亚内陆的政治格局。第一次在 1219—1223 年间，由成吉思汗亲自率领，进攻花剌子模国，主要在今天的中亚河中地区。第二次由成吉思汗的孙子拔都率领，在 1235—1242 年间，进攻钦察、斡罗斯（俄罗斯）以及东欧诸国，包括波兰和匈牙利。在 1234 年蒙古刚刚灭亡了金朝，这场战争紧随其后。第三次西征由成吉思汗的孙子，拖雷的儿子旭烈兀统帅，在 1253—1260 年间，进攻伊朗北部的木剌夷国和阿拔斯哈里发王朝。在占领阿拔斯哈里发王朝首都巴格达的过程中，伊斯兰宗教与世俗领袖哈里发被旭烈兀的军队活捉。关于哈里发的死法，《马可·波罗行纪》记载说，哈里发被关进一个装满各种金银财宝，却没有任何食物的宝库里，最后活活饿死了。第三次西征中蒙古甚至攻占了叙利亚的大马士革，但在向巴勒斯坦进军的过程中，被埃及的马穆鲁克军队成功截击，没能继续西进。三次西征建立起了一个地域空前辽阔的蒙古帝国，为当时那些敢于冒险的商人提供了一个相对安全的环境。只要大蒙古国的内部没有非常激烈的战争，商人们是完全可以从欧洲直接到远东来做生意的。

在这样的大背景下，马可·波罗和他的父亲、叔叔来到了东方。事实上，像他们这样的意大利商人家庭，在当时来中国的欧洲人中并不是非常罕见的。当时来元代中国的欧洲人不少。

其次是马可·波罗的生平经历。马可·波罗出生在威尼斯的一个商人世家。威尼斯自身的自然资源是非常少的，只能以发展对外贸易作为经济支柱。他的父亲尼柯罗·波罗、叔叔马菲奥·波罗一直在君士坦丁堡、地中海、黑海北岸以及中亚一带从事国际贸易，兄弟二人频繁奔走于各地。家中还有一个商人，尼柯罗·波罗的哥哥，也叫马可·波罗，在黑海边上建立了一个固定商栈。所以他们家族既有"行商"又有"坐商"。由于蒙古各汗国内部的战争，兄弟二人到了中亚地区的布哈拉（今天乌兹别克斯坦的一个非常重要的城市）。在这里他们遇到了一位从伊朗出发前往元朝的使者。于是这两位富有冒险精神的意大利商人就跟着这位使者从布哈拉城出发，于 1265 年到达中国，并得到了大汗忽必烈的召见。他们返回欧洲时，忽必烈交给这兄弟俩两个重要的使命：一是请教皇派遣 100 位品学兼优的教士来中国传教，二是请波罗兄弟去耶路撒冷埋葬耶稣的圣墓，把那里长明灯上的圣油带回来。回到欧洲后，老教皇已经死了，为了获得新教皇给忽必烈的回信，他俩迟迟不能成行返回中国。直到 1271 年，两人才带着 17 岁的马可·波罗启程返回中国，于 1275 年在上都向忽必烈汗复命。实际上，他们没能带回 100 位品学兼优的传教士，仅带来的两位修道士还因为战争和自然环境的恶劣而中途离去。尽管使命没有完成，三人依然留下来并且在中国长期定居。

马可·波罗后来自述说，由于他聪明谨慎，懂得几种语言文字，所以很受大汗宠爱。波罗一家在中国住了 17 年，在这个过程中，马可·波罗经常到各地经商和出使。大家如果读《马可·波罗行纪》会发现，他在中国的旅行主要有两条路线，一条向西南，一条向东南。南京大学的陈得芝教授根据元史的情况和《行纪》的记载，对马可·波罗的路线进行了推测。大概在 1280—1281 年间，马可·波罗曾奉命出使云南。在 1282—1287 年间他在扬州任职，并在杭州检查地方的税收，所以《马可·波罗行纪》中有很多关于杭州地区纳税情况的记载，详细到具体数字。在 1287—1289 年间，他受命出使印度，这次出使在《行纪》中留下了明确的纪年。1290—1291 年间，他从印度返回中国，这次是从海路返回的。

从印度回来后，他遇到了返回欧洲的一个非常重要的契机。当时蒙古伊利汗国阿鲁浑汗的皇后卜鲁罕去世。卜鲁罕临死前留下遗言，如果阿鲁浑要续娶的话，一定要娶她本氏族的姑娘。于是阿鲁浑就派了三位使臣来元朝求婚。忽必烈选了一位叫阔阔真的蒙古少女出嫁，去继承卜鲁罕的宫帐。送亲使团本来想走陆路去伊朗，由于战争此路不通，只好走海路。恰在此时，马可·波罗经海路从印度返回，他了解这条路的情况。于是波罗一家便以护送阔阔真为理由，得到了回乡的许可。在《行纪》中，马可·波罗称由于忽必烈太喜欢他，之前一直不让他走，直到这时由于有了特殊的需要才允许马可·波罗回去。

　　根据后人推算，约在 1291 年 1 月，马可·波罗和自己的父亲、叔叔一起从泉州港出发离开中国。当年 4 月，抵达马六甲海峡南侧的苏门答腊。由于季风原因，他们在这里停留了五个月，直到 9 月才离开。1293 年的 2、3 月间，船队到了伊朗的霍尔木兹港，约 4 月间，他们在大不里士附近拜见了伊利汗国的新任君主乞合都汗。这时候原国王阿鲁浑汗已经死了，阔阔真就嫁给了阿鲁浑的儿子。1295 年，波罗一家从伊朗出发，经小亚细亚等地回到了威尼斯。

　　为什么说马可·波罗和丝绸之路有联系？因为马可·波罗将两条主要的线路——陆上丝绸之路和海上丝绸之路都走过了。陆上丝绸之路方面，马可·波罗来中国时先后经过了地中海东岸、土耳其南部、伊朗北部，由大不里士城一直来到伊朗南部的霍尔木兹。起初马可·波罗等人是想从霍尔木兹走海路来中国的，后来看到了霍尔木兹的船就放弃了这个打算。因为海湾地区的船都是线缝船，将椰子树皮中的纤维制成绳索，把木板缝起来造船，这样的船在远洋航行中很可能会被大风大浪摧毁。波罗一家认为这样走太危险，于是就选择了陆路。他们横穿伊朗东部地区、中亚地区、帕米尔高原，进入到今天的新疆南部，然后走丝绸之路的南道，经喀什、和田、且末、若羌，穿越罗布泊沙漠，进入河西走廊，最后经宁夏、内蒙古南部直到元朝的上都。上都在现在的内蒙古正蓝旗。我们可以看到，他来中国的路线和丝绸之路是大体重合的。在中国他主要走过两条路线。一条去西南地区，由大都（今北京）经过华北、陕西、四川、云南直到缅甸；另一条从大都出发，沿大运河往南，最后到福建。当时的福建有世界上最大的港口——泉州港，马可·波罗不管是出使印度，还是陪蒙古女子阔阔真远嫁伊朗，都是从泉州出发的。他从泉州走海上丝绸之路，经过南海、马六甲海峡、印度和斯里兰卡之间的保克海峡、印度西部的"香料海岸"，在霍尔木兹上岸到大不里士，然后穿过土耳其到黑海南岸的特拉布宗，这也是一个重要的港口。他从这儿上船，经地中海返回家乡威尼斯。这是他的大体行程。

回到家乡不久，约1296年，马可·波罗参加了威尼斯对热那亚的海战，战败被俘，被关进了热那亚的监狱。在狱中，他和狱友——比萨城（Pisa）的骑士文学作家鲁思梯谦（Rustichello）合作。马可·波罗有素材，有丰富的东方生活经验，鲁思梯谦有写作技巧，后者把他所口述的经历笔录成书。1298年，书稿基本完成。同年夏天，威尼斯和热那亚议和，马可·波罗获释返回家乡。这个过程甚是巧合，仿佛冥冥中自有天定，马可·波罗入狱就是为了能够写书。

此后，马可·波罗可能根据自己在东方时写的札记对《行纪》作了补充。例如，在记述"行在城"（杭州）之前，马可·波罗说他曾"数次来到这座城市，留心城中的事情，把自己的见闻一一作了记录。这里的描述就是从笔记中摘录下来的"。作为一个有心人，马可·波罗在中国旅行的过程中做了若干笔记，这些笔记对他写这本书发挥了巨大作用。

1324年，病中的马可·波罗请来一位教士和一位公证律师，立下了分割财产的遗嘱，除了把一些财产赠给教会、医院、亲友之外，他指定妻子和三个女儿为他的财产继承人，让鞑靼人奴仆彼得（Pietro）获得自由。其中相当一部分遗产赠给了和他关系密切的圣洛伦佐大教堂，他的遗体也埋在了这座教堂。这座教堂后来曾经重建，很多坟墓都消失了，所以马可·波罗的坟墓到现在也没有发现。

在14世纪，关于马可·波罗的记载还是比较多的，但现在的学术界对于他本人还是有些误解。例如有的意大利学者认为马可·波罗是个文盲，不会写字，理由是遗嘱上没有马可·波罗的签名。实际上在那个时代，不会写字的威尼斯商人是非常罕见的，因为需要记账，况且马可·波罗在《行纪》里明确说自己在旅行中做了笔记。之所以遗嘱上没有签名，是因为当时在场的人里面有公证律师，根据威尼斯的法律，如果在立遗嘱的时候有公证律师在场，就不需要签名。

1324 年 1 月 8 日，70 岁的马可·波罗走到了人生的终点。在他临终前，他的朋友要求他为了灵魂可以上天国，放弃他的书中那些令人难以置信的说法。在当时欧洲人的观念中，亚洲是贫穷、落后、黑暗的，马可·波罗却展现了一个非常强大、富庶的帝国，这让很多欧洲人难以置信。但马可·波罗对此的回答是："我所说的，还不及我见到的一半。"

人们对马可·波罗的遗产做过清点和记录。他的遗物中有一些比较罕见的东方物品，如鞑靼工艺的被褥、来自契丹的合金制品、中国天德地区（Tenduc，今内蒙古呼和浩特一带）生产的锦缎与佛教念珠、一条鞑靼武士的银腰带、装饰着黄金和珍珠的鞑靼妇女的冠帽，还有一面大汗颁发的黄金牌符（这里的鞑靼指的是蒙古地区，"契丹"指的是华北地区，元朝蒙古人把华北地区叫契丹，把南方叫蛮子）。妇女的冠帽是如何到马可·波罗手中的？有人据此编出了一些浪漫的故事。在这些东方物品中，作为身份证明的金牌尤其值得注意，因为只有非常重要的使臣才能佩戴大汗授予的金牌。马可·波罗在《行纪》中多次提到，忽必烈汗和伊利汗国的乞合都汗曾把金牌发给波罗一家。这种金牌目前在中国只发现了一面，而且是黄金和白银的合金，上面用八思巴字蒙古文写了较长的一段话："凭着长生天的气力，大汗的名字是神圣的，凡是不尊敬的人论罪处死。"在 19 世纪以前，关于蒙古帝国牌符上的文字只有马可·波罗有记载，且与牌符实物中所写的基本一致。如果没有真正持有过这样的牌符，是不可能知道上面写的是什么的，这说明马可·波罗确实来过中国。

再次，还有值得注意的一点，马可·波罗并不是元代到中国的唯一的欧洲人。关于当时欧洲人来中国的记载不少。例如，1294 年，天主教教士孟特·戈维诺来华传教，被教廷任命为大都大主教，约在 1328 年去世。他在大都兴建教堂两所，收养幼童 150 人，施洗约 6000 人。其助手曾在泉州设立分教区。1338 年，大都天主教徒 16 人抵达教廷觐见教皇（这时的教廷在法国南部的阿维尼翁），呈上元顺帝书信，请任命新主教。教皇派马黎诺里率领使团回访，以骏马一匹作为礼物。这个使团最后成功到达了中国，元朝史料记为“拂郎国贡异马”。但教皇特使马黎诺里未留在中国，后来又从海路返回。

这个时候，也有一些中国人到了欧洲，最著名的是大都人列班·扫马。他是景教（基督教聂斯托里派）教徒，他的修行地可能在北京房山。约 1275 年，他从中国启程赴耶路撒冷朝圣；1287 年受伊利汗委派率团出使欧洲，会见了法国国王菲利普四世和英国国王爱德华一世，觐见教皇尼古拉斯四世，后卒于报达（今巴格达）。可以说，他是古代走得最远的一位中国人。

当时，有意大利商人长途贩运来到中国，把瓷器、丝绸等名贵商品销往欧洲。由于那时的中国社会比较安定，经济也比较富足，有欧洲人选择在中国定居，死后葬在中国。一个重要证据是热那亚商人易利奥尼（Domenico Ilioni）和他的家庭。他的女儿卡特琳娜（Caterina）1342 年卒于扬州，墓碑用拉丁文书写，碑上镌刻圣母圣婴像和圣女卡特琳纳（St. Caterina）殉教图。两年后，易利奥尼的儿子安东尼奥（Antonius）去世，也葬在扬州。墓碑上除拉丁铭文外，还有末世审判图。在这两座墓碑发现地附近人们找到了天主教“圣井”的石井栏。这说明当时扬州城内不仅有易利奥

图 3　易利奥尼之子安东尼奥的墓碑

尼一家，可能还有一个意大利商人的聚居区，维持着天主教信仰和丧葬习俗。图 3 是热那亚男子安东尼奥的墓碑，上面有圣像和拉丁文。马可·波罗其实只是当时来中国的众多欧洲人中的一个，最大的不同在于，他留下了一本传于后世的《行纪》。

最后说一下马可·波罗的身份。在四等人制度下，元朝的臣民被分为蒙古人（漠北草原各部，包括蒙古部以及较早被成吉思汗征服的草原游牧部族）、色目人（西北、西域各族，包括西夏人、畏兀儿人、吐蕃人、钦察人、康里人等）、汉人（原金朝统治区以及四川、云南等地的居民）、南人（原南宋，即淮河以南、四川、云南以东地区的居民）四个等级。马可·波罗在元朝的身份应属于色目人中的上层，可以接触到忽必烈和元朝宫廷。

二 马可·波罗的行程和主要见闻

《马可·波罗行纪》结构整齐清晰，大体分为四部分。

第一部分简单记载了马可·波罗的家世、到中国来的原因，以及马可·波罗与父亲、叔叔从威尼斯到元朝的夏季都城上都（今内蒙古锡林郭勒盟正蓝旗境内）的沿途见闻。其中很多路段都属于著名的丝绸之路。

第二部分记载了蒙古大汗忽必烈的相貌、家庭、都城、宫殿、起居、节庆、游猎、战争，以及元朝的政府部门、驿站交通、经济商贸、社会事务、民族关系等情况。接着写马可·波罗在中国大地的旅行。主要介绍了两条路线：一是西南行，自大都经河北、山西、陕西、四川、云南到缅甸等地；二是从大都沿大运河到杭州，然后继续向东南，到福建泉州等地。在马可·波罗的时代，联通北京和杭州的大运河刚刚重新开通，而且元朝还出台规定，只要能走水路的使臣就不要使用陆路，以减少驿站的消耗。

第三部分记载了中国以外的地区，包括日本、越南、东南亚、东部印度、南部印度、西亚、东北非等地。《马可·波罗行纪》是欧洲第一部记载日本的书，他将日本写成了黄金之国，房子的屋顶都是黄金做的，极大地激发了欧洲人对探索日本的兴趣。

第四部分主要用叙事手法，记载了蒙古宗王之间的战争。还记载了亚欧大陆严寒的北方地带（多涉及今俄罗斯北部）。他将这里称为"黑暗的北方"，因为当地纬度高，部分地区有极夜现象。这一部分的写作正是为他做笔录的骑士文学作家鲁思梯谦所擅长的。

总的来说，《行纪》一书内容非常丰富，涉及山川形胜、物产、气候、商贸、居民、社会生活、宗教信仰、风俗习惯等。此外政治事件、制度法规、奇闻逸事也时时见诸笔端。《马可·波罗行纪》堪称13—14世纪西亚、中亚、东亚、南亚、东北非洲社会的百科全书，几乎提及当时亚欧大陆居民所知的全部地理世界，因而被称为《关于世界的记述》（*The Description of the World*），也翻译为《寰宇记》。

《马可·波罗行纪》中有不少珍贵的记载，这些记载与东方史料相互对照，从侧面验证了《行纪》的真实性。

例如《马可·波罗行纪》有两章记载，东鞑靼君主（即伊利汗国）阿鲁浑（Argon）在妻子卜鲁罕（Bolgana）去世后，派遣三位使者前往元廷请婚。三位使者的名字依次是：Oulatai、Apusca、Coja。在波斯文史料里，只有最后一位使者——火者（Coja）的名字见诸记载。《行纪》成书数百年后，杨志玖教授在《永乐大典》中发现了一段相关材料："至元二十七年八月十七日，尚书阿难答、都事别不花等奏：平章沙不丁上言：'今年三月奉旨，遣兀鲁𫚖、阿必失呵、火者，取道马八儿，往阿鲁浑大王位下。同行一百六十人，内九十人已支分例，余七十人，闻是诸官所赠遗及买得者，乞不给分例口粮。'奉旨：勿与之。"其中所提到的三位使者的名字和马可·波罗的记载一模一样。且《永乐大典》在记载这三位使者时，并没有提到这个使团的使命，只有通过马可·波罗的记载，我们才知道这个使团是送亲的。这是马可·波罗的独家记载与中国史料可以相互对照的例子。

　　再如，马可·波罗提到在他每次出使回来后，忽必烈都会非常有兴致地听他原原本本地讲述旅行情况。所以马可·波罗十分注意记下所见所闻的各种奇闻逸事，在他回朝时就能够向大汗讲述这些见闻以满足圣意。忽必烈是否真有这样的习惯呢？在南京大学陈得芝教授的论文《马可·波罗补注数则》中披露了这样的情况：著名文士虞集"大德初至京师，客授藁城董公之馆，因得见世祖皇帝禁近旧人。间言：中统、至元间，方有事于四方，每大、小使者之出，比还奏毕，必从容问所过丰凶、险易，民情习俗，有无人才、治迹。或久之，因事召见，犹问之也。是以人人得尽其言，当以此观人而得之。由是凡以使行者，莫敢不究心省察，以待顾问"（见虞集《道园类稿》卷19《司执中西游漫稿序》）。这条史料证明，马可·波罗关于出使的叙述是真实的，他曾奉命出使并对所历各地的民情风俗做了观察记录，以备向大汗报告。或可推测，马可·波罗本人曾是忽必烈的一名近侍，所以能对宫廷诸事了解得比较真切。

　　再如，马可·波罗还记载了一个大汗经常打猎的湖泊，名叫察罕脑儿（Tchagan nor），意为"白色的湖泊"。《行纪》记载其中"有大宫一所，属于大汗。周围有湖川甚多，内有天鹅，故大汗极愿居此。其地亦有种种禽鸟不少，周围平原颇有白鹤、鹧鸪、野鸡等禽，所以君主极愿居此以求畋猎之乐，在此驯养鹰隼、海青，是即其乐为之艺也"。当地的鹤很多，"此地有鹤五种，一种躯甚大，身黑如乌。第二种全白，其翼甚美，其圆眼上呈金色，此鹤为诸类中之最大者。第三种与我辈地方所产者同。第四种较小，耳旁有长羽甚美，下垂作红黑色。第五种甚大，全身灰色，头呈红黑色"。这个地方就是今天河北沽源县的囫囵淖。此地确实有很多天鹅、灰鹤，现在被当地人改名为天鹅湖。在这点上马可·波罗的记载也是准确的。

　　再如，马可·波罗提到忽必烈打猎喜欢用豹子："大汗豢有豹子，以供行猎捕取野兽之用……汗每周亲往视笼中之禽（此处指海青鹰隼），有时骑一马，置一豹于鞍后。若见欲捕之兽，则遣豹往取，取得之后，

图 4　刘贯道《世祖出猎图》局部

以供笼中禽鸟之食。汗盖以此为乐也。"这确实是忽必烈的一种独特的打猎方式。图 4 是元朝宫廷画家刘贯道画的《世祖出猎图》局部，表现的是陪伴忽必烈打猎的几名侍从。其中最下方的侍从马鞍后面坐着一头猎豹，从侍从的长相看他不是汉人，而是专门从西亚、中亚地区找来的驯豹师。还有驯豹师左上方的人手中的那只鹰，是最名贵的白色海东青。与当时的画作相对照，可见马可·波罗的记载是完全准确的。

再如，马可·波罗记载了一座假山："离皇宫不远的北面距大围墙约一箭远的地方，有一座人造丘陵，高达百步，周围约有一哩，山顶是平的，上面栽满了四季常青的树木。大汗听说某处有好看的树，就命人把它连根挖出，不论树的大小，都移来种到这座山上。有些树大，就用大象驮来。于是，世界上最美丽的树都会聚到这里。大汗又命人把琉璃矿石铺到山上，石头的颜色碧绿。这样一来，不仅树绿，整座山都是绿的。因此有人称这座山为绿山，的确名不虚传。小山顶上有一座大殿，大殿内外都是绿色，山、树、大殿这一切景致浑然一体，构成一幅爽心悦目的奇景。凡是见过此景的人，都感到欢欣愉悦。"这座叫"绿山"的山是什么山呢？它就是现在北海公园里面的琼华岛。在以往的汉文史料里从来没有提到过这座叫"绿山"的山。然而 20 世纪 90 年代，新发现的蒙古文史料提到了它。忽必烈汗颁布于 1268 年的圣旨中，最后三行提到，这道圣旨是在一个叫 Köke aɣula（青色的山）的地方写的，这里的"青山"就是马可·波罗所指的绿山。

几百年后，我们不断在东方的史料里找到对马可·波罗记载的证明，而且都是当时的史料，这都说明了马可·波罗记载的准确性。如今有人质疑马可·波罗及其《行纪》的真实性，甚至认为马可·波罗从没到过中国，这显然是站不住脚的。

三 马可·波罗记述的丝绸之路

马可·波罗关于丝绸之路的记载很多，但当时在丝绸之路上运输贩卖的丝绸并不是全由中国生产的。随着植桑、养蚕、缲丝的技术传到外国，用丝进行纺织的技术已经被其他国家所掌握。在丝绸之路上，有一些非常名贵的丝织品并不是中国生产的。下面我举一些例子，引文的内容都来自冯承钧先生翻译的《马可·波罗行纪》。

例如，《行纪》第20章《突厥蛮州》中说道："突厥蛮州（Turcomanie，今天的土耳其）之人，凡有三种。一种是崇拜摩诃末之突厥蛮，别二种人是阿美尼亚人及希腊人，与突厥蛮杂居城堡中，为商贾或工匠。盖彼等制造世界最精美之毛毡，兼制极美极富之各色丝绸，所制甚多。又制其他布匹亦夥。"

还有今天的格鲁吉亚。第22章《谷儿只及其诸王》中讲道："其地多城堡，产丝甚富，制种种金锦丝绸，极丽。前此所言滨山之海，名称岐剌失兰（Gelachelan）（今伊朗北部的里海），广约七百哩（milles），与他海相距有十二日程。额弗剌特大河注入此海。别有数河亦然。海之周围皆山，近来不久，有吉那哇（热那亚）商人运船置此海中，以供航行。有丝名曰岐里（ghellé），即从此来。"

另外，毛夕里国（Mosul，伊拉克北部的摩苏尔）也盛产丝绸："此地之一切金锦同丝绸名曰毛夕里纱（musselines）。有许多名曰毛夕里商（Mossolins）之商人，从此国输出香料、布匹、金锦丝绸无算。"

伊拉克首都巴格达生产的丝绸在当时很有名："报达城纺织丝绸金锦，种类甚多，是为纳石失（nasich）（金线和蚕丝混合织成的一种非常名贵的织金锦）、紫锦（cramoisi）同不少别种奇丽织物。此城乃是其地最贵最大之城。"

还有大不里士城："帖必力思之人，实以工商为业。缘其制作种种金丝织物，方法各别，价高而奇丽也。"

对于中国国内的丝织品生产情况，马可·波罗也有记载。例如对华北地区的记述："由此州（天德州）东向骑行七日，则抵契丹（Cathay）之地。此七日中，见有城堡不少，居民崇拜摩诃末，然亦有偶像教徒及聂思脱里派之基督教徒。以商工为业，制造金锦，其名曰纳石失（nasich）、毛里新（molisins）、纳克（naques），并织其他种种绸绢，盖如我国之有种种丝织毛织等物，此辈亦有金锦同种种绸绢也。"在当时从天德州（今内蒙古呼和浩特附近）到河北宣化一带住了很多来自中亚地区的工匠，他们最重要的任务就是织造以纳石失为代表的金锦。

马可·波罗还讲到了大都城丝织业的繁荣："百物输入之众，有如川流之不息。仅丝一项，每日入城者计有千车。用此丝制作不少金锦绸绢，及其他数种物品。附近之地无有亚麻质良于丝者，固有若干地域出产棉麻，然其数不足，而其价不及丝之多而贱，且亚麻及棉之质亦不如丝也。"还有涿州、太原、京兆府（今陕西西安）、成都府、叙州（今四川宜宾）、强格里城（今山东德州）、南京城（今河南开封）、扬州等等，都是产丝重地。

马可·波罗尤其提到行在城（今浙江杭州）："行在全境产丝甚饶，而商贾由他州输入之数尤难胜计。"

这些丝绸在生产出来以后，如何通过商路运输到中国以外的地区呢？《马可·波罗行纪》中明确提到了海上的路线。他提到了一个叫马里八儿国的地方，这里并不产丝绸，但经营转运业务："船舶自极东来者，载铜以代沙石。运售之货有金锦、绸缎、金银、丁香及其他细货香料，售后就地购买所欲之物而归。"这里就是现在印度西海岸的卡里卡特，是海上丝绸之路一个非常重要的港口。还有忽鲁模思，就是今天的霍尔木兹，这里同样依靠中转贸易："城有港，商人以海舶运载香料、宝石、皮毛、丝绸、金锦与夫象牙暨其他货物数种，自印度来此，售于他商，转贩世界各地。此城商业极其繁盛，盖为国之都城。"还有一个地方是海上丝绸之路的最西端，小亚细亚半岛上的剌牙思（Laias），属于今天的土耳其："其国海岸有一城，名剌牙思，商业茂盛，内地所有香料、丝绸、黄金及其他货物，皆辐辏于此。物搁齐亚（威尼斯）、吉那哇（热那亚）与夫其他各国之商人，皆来此售卖其国出产，而购其所需之物。凡商人或他种人之欲赴内地者，皆自此城发足。"

　　除了海上丝绸之路，当时的欧亚大陆上还活跃着陆上丝绸之路。佛罗伦萨商人裴哥罗梯（Pegolotti）在14世纪前期写的《经商指南》（*La pratica di mercatura*）中详细记述过这条线路：从塔纳（今俄罗斯亚速海岸边的亚速城）坐牛车到斤塔儿罕（今里海北岸阿斯特拉罕附近），然后走水路到萨莱（今阿斯特拉罕附近谢里特连诺耶镇），从萨莱取捷径，向北行到讹答剌（在今哈萨克斯坦锡尔河中游右岸），从那里用驴子驮运货物走45天可到阿力麻里（在今新疆霍城县，当时的察合台汗国首都），再骑驴行70天至甘州。从塔那到中国共需270多天。裴哥罗梯说："这条路无论白天黑夜都很安全。"

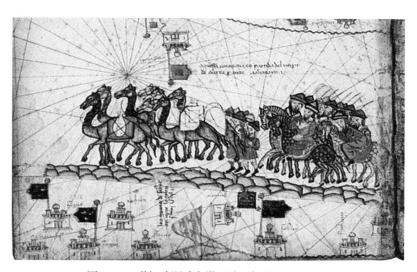

图5　14世纪欧洲《卡塔兰地图》中的商队形象

四　马可·波罗及《行纪》的影响

马可·波罗在狱中撰写了《行纪》后，这本书很快以抄本的形式在欧洲流传开了。当时欧洲还没有印刷技术，只能靠手抄。《行纪》的原始文本现在已无法找到，而从原本抄录、翻译的写本则很多。15 世纪中叶欧洲发明印刷术后，出现了大量《马可·波罗行纪》的印刷本。1938 年有学者做过统计，该书至少有 143 种抄本和早期印本。

下面这个本子是大家很容易看到的一种。1307 年法国骑士蒂博·德·瑟波瓦（Thibaud de Chépoix）来威尼斯，马可·波罗把一本《行纪》的手抄本赠送给他。蒂博死后，其长子约翰将原本献给封建主伐洛瓦（Charles de Valois）伯爵，并抄写数本赠送友人。这批抄本现存五部，分藏于法国、瑞士、英国的图书馆。19 世纪，法国一个叫颇节（M.G.Pauthier）的大学者将这一系统的抄本校勘出版，20 世纪一位名叫沙海昂（Antoine Henry Joseph Charignon）的加入中国国籍的法国工程师将这本书改写成了现代法文，再由中国著名翻译家冯承钧先生将其译成中文。这是目前最好的，也是最方便大家阅读的《马可·波罗行纪》。

在欧洲，1320 年，意大利多明我会修道士皮皮诺（F. Pipino）根据威尼斯方言的抄本，把《马可·波罗行纪》译为拉丁文，据说这个译本曾得到马可·波罗本人的认可。上面这两个都不是最古老的本子，最古老的抄本名为《关于世界的记述》或《寰宇记》（*Le Devisement du Monde*），现藏于法国国家图书馆，这是被学术界认为最接近马可·波罗原本的一个抄本，语言是法语和意大利语的混合。

《马可·波罗行纪》问世后，一些地理学者和航海家相信它的真实性。在约绘制于 1375 年的《卡塔兰地图》上，欧洲的制图学家第一次比较清晰地绘出了中国的轮廓。该图沿用《马可·波罗行纪》的称呼，将中国叫作"大汗之地"，在中国的北部写有"契丹"（Cathay）字样，并标出了甘州（Cansio）、汗八里等城市。南方虽然没有出现"蛮子"

这一地名，但绘出了行在、福州、永昌（Vociam）、金齿（Zardandan）等地。绘图者关于中国的地理知识，主要来自马可·波罗的著作。

热那亚航海家哥伦布（C. Colombo，约1451—1509）曾反复阅读《马可·波罗行纪》，坚信东方无比富裕，远航东方可获得巨大财富。在《行纪》拉丁文印刷本上，哥伦布留下了很多阅读批注。1492年，哥伦布第一次远航，要寻找的地方就是马可·波罗笔下的契丹、蛮子、日本、印度等"黄金之国"。当年10月，他的船队到达美洲，哥伦布自认为到了亚洲，把古巴的部分地区看成契丹的一个省。1503年哥伦布最后一次在美洲海域航行，他写道："5月13日，我们到达了蛮子省（Mangi），这是契丹的一部分。"其实那是古巴以南的海岛。哥伦布至死都认为自己到了亚洲。

随着16世纪大航海时代的来临，人类的地理知识不断增加。欧洲学界对《马可·波罗行纪》越发重视。20世纪的几个在中亚和中国进行探险的大旅行家，如斯文·赫定（Sven Hedin）、斯坦因（A. Stein）都是马可·波罗的忠实读者。如斯坦因来中国探险时身边总是携带两本书，一本是玄奘《大唐西域记》，一本是《马可·波罗行纪》。

现在距马可·波罗离开中国已近732年。随着人类活动空间的拓宽和地理、历史知识的丰富，《马可·波罗行纪》的记述得到越来越多的印证。正如英国学者约翰·拉纳（John Larner）所说：《行记》中的一

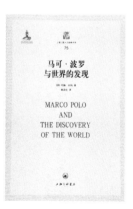

图6　　关于马可·波罗的三种参考书

切依然鲜活不已，而且在某种意义上它们就是当代的。"

最后向大家推荐几本书。现在中国读者所能读到的《马可·波罗行纪》的最好译本，是由冯承钧先生所译，1936 年由上海的商务印书馆印行了第一版，这个译本很多出版社都在刊印。我向少年朋友们推荐我写的《马可·波罗眼中的中国》，这是一本普及性质的通俗读物。如果对中国学者关于马可·波罗的研究感兴趣，可以读杨志玖先生的《马可·波罗在中国》，此书是对马可·波罗，尤其是《行纪》中有关中国记述的全面研究，是权威之作。若希望进一步阅读，尤其是对学术史感兴趣的朋友，可以看一本刚刚出版的翻译著作《马可·波罗与世界的发现》，作者就是刚刚提到的约翰·拉纳，这是英国一位研究中世纪史，尤其是研究文艺复兴和地理大发现的非常权威的学者。

对于这场讲座，我个人最初的动机就是听完讲座后大家能去阅读《马可·波罗行纪》这本书。我在阅读《行纪》的过程中有很多收获，相信它也不会让大家失望。

丝路考古工地与唐诗创作现场

朱玉麒 *

引言　丝绸之路与"一带一路"概念的形成

这个题目来源于我在北大开设的课程"唐诗与唐史"中的一讲。我给历史学系的同学普及唐诗的知识，引导他们认识古代文学作品不仅是中文系的专利，也是历史学可以用作史料的重要内容；而对于中文系的同学而言，从历史的角度关照这些诗歌内容，也可以形成更为广阔的视野。

但是，仅仅诗、史之间互为参证还不够，不同的学科交叉也应成为文史研究的途径和方法。以考古学而言，至少是现代考古学建立以来所发掘的文物、文

* 　朱玉麒，北京大学历史学系教授。

献，应该引起我们从事文学和历史研究者的关注。

2015 年我第一次开这门课时，正值"一带一路"倡议的提出，所以我的考古学方法在这一讲便选择了"海上"和"陆上"丝绸之路的两个考古工地为引子，将考古挖掘的文物串起来，带大家回到唐朝、回到唐人诗歌创作的现场。因此，我的课上，会用"唐诗是怎样炼成的"这样的标题；有一次作为公益讲演，还用了"丝绸之路上的诗和远方"的标题。所以，做这一讲时，我会在开始普及一下"丝绸之路与'一带一路'概念的形成"的常识。

1. 丝绸与丝绸之路的概念

丝绸之路是沟通东西方世界的交通路线，它是从中国的洛阳和西安出发，经河西走廊进入新疆，从南北两个方向绕过塔克拉玛干沙漠进入中亚，并从中亚到达南亚、西亚、波斯湾、非洲和欧洲的道路。丝绸就是用蚕丝织造的纺织品，是中国的特产。1926 年，中国的考古学家李济和袁复礼在山西夏县西阴村的遗址发掘中，就发现了距今五六千年前的蚕茧实物。

将沟通东西方世界的交通道路用丝绸来命名，是西方人的发明。据说，西方世界是在罗马帝国东征波斯帝国的伊朗高原上，在公元前 53 年的卡尔莱战役中认识来自中国的丝绸的。克拉苏率领的罗马军队在与安息王朝的波斯人作战时，波斯人在烈日当空的时候展出了耀眼的旗子，使得罗马人无法睁眼，被波斯人的回马枪所杀退。

这个柔软的武器，就是"赛里斯"——"丝"的中国语音经过波斯和罗马的多重传递之后的发音。十年之后，恺撒就任罗马终身独裁官，丝绸作为战利品被上贡，它作为华丽而舒适的衣着原料的功能被发现，逐渐成为罗马帝国上下风靡的奢侈品。

波斯不是丝绸的原产地，于是那个出产"赛里斯"的更为遥远的东方国家，也因之被命名为"赛里斯"，这就是中国。所以，中国在被西方人称为"China"之前，曾经被称为"Seres"。

神奇的丝绸如何形成，对于罗马人来说，一直是谜一样的存在。丝绸初传罗马时，罗马帝国最伟大的诗人维吉尔（Publius Vergilius Maro，通称 Virgil，公元前 70—前 19 年）曾经在《田园诗》中畅想道：

> 赛里斯人从
>
> 他们那里的树叶上采下
>
> 非常纤细的金羊毛

西方世界一直到 550 年前后才得到蚕种并开始发展养蚕技术，从而掌握了丝绸织造的秘密。所以，对于丝绸的迷思贯穿古今，它和后起的陶瓷、茶叶，始终是中国向世界输出的大宗贸易品。

将亚欧大陆上东西方的古老交通路线命名为"丝绸之路"，正是西方人对于丝绸的物质性及其高贵品性的双重依恋所致。1877 年，德国地理学家李希霍芬（Ferdinand von Richthofen，1833—1905）首次在《中国》一书中使用了"丝绸之路"（die Seidenstrasse）这个概念，用来指称中国北方的贸易通道；1910 年，另一位德国考古学家、地理学家阿尔巴特·赫尔曼（Albert Herrmann）出版《中国与叙利亚之间的古代丝绸之路》一书，沿用其名，把这条路向西延伸到了地中海和小亚细亚。最新的研究标明"丝绸之路"这个概念在李希霍芬之前就已经出现了，[1]不过是李希霍芬为"丝绸之路"给出了一个精确定义，把这一概念用一个术语固定下来，并推动"丝绸之路"一词输入德语以外的其他语言，仍然功不可没。

2. 丝路概念从陆上到海上

李希霍芬的丝绸之路概念不仅用于亚欧非古老大陆上的陆上道路

1　Matthias Mertens，"Did Richthofen Really Coin the 'the Silk Road'？"（马提亚斯·默滕斯：《"丝绸之路"一词确为李希霍芬首创吗？》）*The Silk Road*，17 (2019)：1–9。蒋小莉中译本见《西域文史》第 15 辑，科学出版社，2020，第 245—259 页。

（由绿洲丝路扩展到草原丝路），后来的研究者还将这个名称扩展到了东西方之间的海上贸易道路。所谓的海上丝绸之路，也被定义为经过中国南方各个港口如扬州、泉州、广州等乘船西行到达东南亚、印度、阿拉伯甚至更远地区的线路。

东西方之间的海上贸易在大航海时代之前就存在着，造船业的发达和对季风（中国人称为信风）的掌握，使得穿越阿拉伯海、印度洋和中国海之间的风帆往来不绝，海上贸易因为运输成本低、数量大，而使海上丝绸之路后来居上，成为东西方交流主要通道。一般的观念认为，宋元以后海上丝绸之路超越陆上道路而发达起来，事实上，根据我们下面的分析，海上丝路的兴盛，远在宋元之前。

3. “一带一路”是古代丝路走向世界的延续

2013 年，“一带一路”的倡议提出，陆续得到沿线诸国的响应。从历史角度来观察，它其实也正是古代中国陆上与海上丝绸之路走向世界的延续。“一带一路”是个缩略语，对应的英文是 the Belt and Road，或者 B&R，而它的全称是“丝绸之路经济带和 21 世纪海上丝绸之路”（the Silk Road Economic Belt and the 21st-Century Maritime Silk Road）。我们今天在百度上搜索“一带一路”的示意图，它和古代丝绸之路的两条线路走向差不多是完全吻合的。

丝绸之路上有“唐诗”吗？答案是肯定的。我们先从丝绸之路的海上考古说起。

一　今朝天色好，能饮一杯无？——“黑石号”与长沙窑中的唐诗

1. 水下考古与“黑石号”

考古就是对古代社会遗存品的发现和研究。考古学是一门研究如何寻找和获取古代人类社会的实物遗存，以及如何依据这些遗存来研究人类历史的学科。简单一点说，就是通过过去遗留的实物来研究人类以往

的历史。这样的学问中，即使遗存品只是古代社会的一个碎片，也较文字传递的历史更为具象。

现代学科意义上的考古学，很早就在陆上丝绸之路一展身手。挖掘丝路沿线的墓葬、城址、烽火台，都对缀合丝路文明的时空提供了丰富的资料。

海上丝绸之路晚起，关于海上丝绸之路的研究，因为受到考古工具的局限，也晚于陆上丝路。海丝考古，沉船打捞是其大宗，这是水下考古的工作。而水下考古最先要解决的问题，是如何让考古工作者长时间待在水里。19 世纪 30 年代，医疗技术中氧气面罩的发明，促进了潜水面罩的问世，才解决了这个问题。

但是又遇到另外一个问题。潜入海水的深度在 10 米以内，水压与大气压（1.03kg/m²）差不多是相等的。然而每增加 10 米，水压就增加 1 个大气压。如果所呼吸的空气压力高于一般的气压，则人体血液和组织中的氮会高度浓缩；如果压力急速减低，人体器官和血管中的氮会产生毒性作用，致潜水者于死地。2015 年由任贤齐自导自演的《落跑吧爱情》这样一部小清新的电影，其中一个使故事发生转折、爱情得到发展的桥段，就是主人公阿武在澎湖湾潜水时，水肺失灵，造成氮中毒。

所谓"水肺"是 1943 年由法国海军军官杰克·艾佛·古斯塔（Jacques-Yves Cousteau）发明的。"水肺"的法文是 Scaphandre Autonome，英文 Self-Contained Underwater Breathing Apparatus，缩写为 SCUBA，全称为：自携式水下呼吸装置。它解决了 10 米以下的高水压问题，潜水员可以凭借水肺呼吸，深入 50—60 米的水域中自由活动；与别的设备配套下潜，呼吸特别配置的人工混合气体，甚至可以下潜到 500 多米的深水区。这个军事发明，自然也为水下考古带来了福音，20 世纪 60 年代，水下考古在海外开展起来。中国则是在 20 世纪 80 年代进入到水下考古的行列中，环中国海的沉船勘查与打捞，使得海上丝绸之路的研究跨入新时期。

今天我们要分享的，是在印度尼西亚附近海域打捞的一艘唐朝时期的沉船。

1998 年，德国商人提尔曼·华特方（Tilman Walterfang）获得印度尼西亚政府授权，带领"海底探险"（Seabed Explorations）打捞公司在勿里洞岛海域一块黑色大礁岩附近打捞一艘沉船，他们以当地人所称的黑礁石命名这艘沉船为"Batu Hitam"，中文则译作"黑石号"。船只沉没在水下 17 米深处，所以若非前面所说的"水肺"发明，考古工作者是无法潜泳到这个深度来作业的。

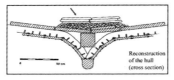

图 1　"黑石号"复原图（左）及印尼勿里洞岛海域沉船处示意图

"黑石号"于 1998 年 9 月开始打捞，第二年 6 月完成，2000 年，开始对打捞文物进行整理。

经过整理研究，基本确定这是一艘阿拉伯的商船（船板和船板之间采用椰壳纤维编织的绳索进行缝制，接缝处灌以植物胶及石灰填料，这种缝合帆船技术，至今在阿拉伯地区仍有保留），一种说法是这艘船从中国东南的海港出发，经由东南亚前往西亚或北非，它沿着大陆边缘进入南海航行，在季风引导下，行船至苏门答腊西南方格拉萨海峡时，不幸在印尼海域触礁沉没，这个地点，距离勿里洞岛不到 2

海里（图1）——丝路贸易中这种临近陆地而沉没的事故，好像不止一次。1745年9月12日，瑞典商船"哥德堡号"满载数百吨中国商品航行归来，在哥德堡外海距离港口还有900米的时候，触礁沉没，也是一个让人扼腕的海丝故事。

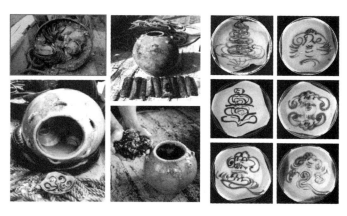

图2 "黑石号"沉船打捞现场（左）及出土碗具一组

"黑石号"上的货物，仅陶瓷品就达到67000多件，而其中98%是中国制造，包括长沙窑、越窑、邢窑、巩县窑瓷器，还包括少量的金银器和铜镜等。年代最晚的货物，是一只铭文为"宝历二年七月十六日"的长沙窑瓷碗。这只瓷碗的碗心图案接近阿拉伯文的"安拉"，因此是来自阿拉伯世界预订的外销瓷，宝历二年（826）是唐敬宗年号。结合其他器物考证，沉船的年代被确认为9世纪上半叶，因此被认为是"中国唐朝与西南亚之间海上贸易的第一个考古学证据"。

"黑石号"的沉船及其货物，整体由新加坡以3200万美元全部买下，出资方是我们北大人都熟悉的新加坡首富邱德拔遗产基金会。这批文物的53000余件最后入藏新加坡亚洲文明博物馆，博物馆专门开辟了"邱德拔厅"，永久展示这批"黑石号"出水文物精品。

2."黑石号"上的长沙窑

　　这批文物先后在世界各地展出，在中国大陆的第一次以"黑石号"为名的展览，是 2014 年在长沙博物馆的"海上丝绸之路的明珠——黑石号沉船唐代长沙窑瓷器展"。前面说过，"黑石号"出水的 67000 多件瓷器，印尼政府保留了 8000 余件，其他零散地出现在市场上，因此湖南省博物馆、长沙铜官窑博物馆等机构征集到了将近 300 件。

　　为什么湖南的博物馆那么积极呢？因为如前所说，"黑石号"的67000 多件陶瓷品中，按照器型分类，可以确定属于长沙窑的瓷器多达56550 多件。所以，《长沙晚报》的评论标题是《千年沉船再启长沙窑传奇》，因为"黑石号"的打捞，造成了"墙里开花墙外香"的局面，唐代长沙窑再度成为热门话题。

图 3　"黑石号"出土的带有宝历年号（左）和石渚题记的碗具

　　除了"宝历二年"的时代定点之外，"黑石号"上另一个瓷碗"湖南道草市石渚盂子有明（名）樊家记"的铭文，也直接把长沙窑所在地之一的石渚推送到了我们眼前（图 3）。在唐代诗人李群玉的诗歌中，专门有一首《石渚》的五律，提及了当地的陶瓷业：

　　　　古岸陶为器，高林尽一焚。焰红湘浦口，烟浊洞庭云。
　　　　迴野煤飞乱，遥空爆响闻。地形穿凿势，恐到祝融坟。

　　这首作品反映中国古代手工业的发展情况，在唐诗中，是和李白《秋浦歌》"炉火照天地"等量齐观的珍贵史料。不过，现在看起来，李群玉还是一个生态环境学者，这首诗是少有的指责制陶业带来生态破坏的作品。从"黑石号"的巨量装载来看，长沙窑不仅需要应付周边地区的日用需求，还有着"海量"的海外订单，而且"来样加工"，其中不乏骆驼大象、胡人戏狮的图案，以及阿拉伯文书写的"真主至大"字样。中晚唐时期南方经济发展的走向，确实不是我们过去以"安史之乱"的政治标准可以来衡量的。从长沙窑在东南亚、西亚和东非出土地的示意图来看，深居中国腹地的长沙，已经与海上丝绸之路联网。所以，以古鉴今，看待今天的"一带一路"倡议，也并非只是一般意义上认识的与起点西安、泉州和沿线地区相关的事，而是各地都有份的大事。

　　长沙窑的产地，在今长沙市望城区，过去称作望城县，这个地名我们不应该陌生，因为我们时代的楷模雷锋就是望城县人。他出生的地方现在被称为雷锋镇，而发现长沙窑的地方，是望城县的另外一个镇，湘江岸边的铜官镇，长沙窑也因此被称为"铜官窑"。1956 年，考古工作者和瓷器专家发现了长沙窑遗址，并进行了十多次调查、挖掘。现在所知的铜官窑遗址面积达 30 万平方米，从铜官镇至石渚湖，沿湘江东岸十里河滨，发现有唐代烧窑遗址 19 处。1988 年长沙窑遗址被国务院公布为第三批全国重点文物保护单位。

　　长沙窑最大的特点是"釉下多彩"，或者说是"一器多彩"，即在同一个瓷器上的釉下绘制多种颜色，被认为是中国彩瓷的发源地。其中的铜红釉色尤为首创。看"黑石号"的瓷器，这种釉下彩技术已经可以娴熟地为订货商烧制具有西亚（如椰枣）和阿拉伯文化特色的精美图案了。

3. 长沙窑上的唐诗

　　"黑石号"还让我们看到长沙窑另外一个重要的特点，就是工匠在器物上的文字书写。这不仅是指上面所说的"有明（名）樊家记"这样的广告用语、"宝历二年"的时间标识和"茶盏子"之类的功能刻画，而且还指诗歌（图4）。

　　这样的展品在"黑石号"中，目前看到有四件：

　　（1）孤雁南天远，寒风切切惊。妾思江外客，早晚到边停。

　　（2）今岁今宵尽，明年明日开。寒随今夜走，春至主人来。

　　（3）日日思前路，朝□别主人。行□□□□，处处鸟啼新。

　　（4）春雨春池□，春时春草生。□□□春酒，□□□□□。

　　上面的作品都出现在瓷碗上，是能够读得出完整意思且符合唐代格律规范的五言绝句。

图4　"黑石号"出土的唐诗碗具

　　第一首作品是一个女子思念远征的丈夫：北雁南飞，天气转冷，湘江外的心上人，不知何时才能到达遥远的边关。"早晚"就是何时，是中古汉语的常用词汇，"边停"应该是"边庭"或者"边亭"的误写。诗歌反映了唐代男子因从军而与妻子离别的常态。

　　第二首作品是除夕咏怀，庆贺旧年将尽、新年即至、寒去春来的欣然情怀。

　　最后两首残缺了，但是不要紧，之前在铜官窑遗址的挖掘中，写有这样的诗歌的瓷器也有很多出土，后两首诗歌就有完整的文字出现在其他瓷壶上：

日日思前路，朝朝别主人。行行山水上，处处鸟啼新。

春水春池满，春时春草生。春人饮春酒，春鸟啭春声。

所以这第三首作品，写的是一个行役在外的男子每日在异地与陌生的人和景相遇的状况。第四首作品则用 8 个"春"字表达出对春天到来的欢呼。第三首的"上"、第四首的"水"字，与"黑石号"上残存的字似乎有所不同，可以看到工匠书写的时候凭借记诵而信手书写歌谣的特点。

对于长沙窑瓷器上的唐诗作品，当我们从"黑石号"回到它的生产地铜官镇的考古工地上时，你会发现那不是个别的现象。仅仅在 1983 年出土的 7000 余件瓷器中，有文字的就有 248 件。经过研究人员的整理和统计，剔除重复，目前能够知道的长沙窑瓷器上的诗歌有 103 首，题记 98 则。[1] 更重要的是，这些诗歌作品大多不为康熙年间编定的《全唐诗》所收录，因此萧湘先生曾经用"唐诗的弃儿"来命名这一批长沙窑上的诗歌。[2]

长沙窑上的诗歌是唐代人写的唐诗，这是毫无疑问的，和杜牧的《张好好诗》、敦煌文书里的唐诗写本可以等量齐观，因此显得特别珍贵。而且从作品的浅显明了、文字的时常更替、书法的稚拙且常常出现别字等情况来看，它可能是民间工匠对记诵在心的作品所作的即兴书写，它体现了唐代社会底层对于诗歌的一种热情，也是唐代诗歌的社会基础的活生生的表现。

1　李辉柄主编《长沙窑·综述卷》，湖南美术出版社，2004，第 71、101—105 页。本文所引长沙窑诗歌，均本此书。

2　萧湘：《唐诗的弃儿》，中国文联出版公司，2000 年。

就内容而言，长沙窑唐诗大部分写的是普通百姓生活中的日常
感受。

如励志劝学的作品：

> 天地平如水，王道自然开。家中无学子，官从何处来。
> 白玉非为宝，千金我不须。意念千张纸，心存万卷书。
> 男儿大丈夫，何用本乡居。明月家家有，黄金何处无。
> 上有千年鸟，下有百年人。丈夫具纸笔，一世不求人。

如前引征夫离家远行、思妇空房独守的两地相思：

> 无事来江外，求归不得归。眼看黄叶落，谁为送寒衣。
> 夜夜携长剑，朝朝望楚楼。可怜孤夜月，偏照客心愁。
> 忽忆边庭事，狂夫未得归。有书无寄处，空羡雁南飞。
> 君去远秦川，无心恋管弦。空房对明月，心在白云边。
> 一别行千里，来时未有期。月中三十日，无夜不相思。
> 有意非今日，怜君没量时。比来憔瘦尽，心事阿谁知。

男欢女爱方面的作品，也有相当数量：

> 君生我未生，我生君与老。君恨我生迟，我恨君生早。
> 君弄从君弄，拟弄恐君嗔。空房闲日久，政要解愁人。
> 夜浅何须唤，房门先自开。知他人睡着，奴自禁声来。

第一首作品表达了相爱的男女因为悬殊的年龄而不能厮守的苦恼。
这首作品在长沙窑的瓷壶上出现多次，甚至赢得了当代诗人的共鸣，将
其续写成了一首传唱的歌词：

君生我未生，我生君已老。君恨我生迟，我恨君生早。

君生我未生，我生君已老。恨不生同时，日日与君好。

我生君未生，君生我已老。我离君天涯，君隔我海角。

我生君未生，君生我已老。化蝶去寻花，夜夜栖芳草。

不仅如此，网页上还贴出了这首诗的英文文本：

I was not when you were born

You were old when I was born

You regret that I was late born

I regret that you were early born

I was not when you were born

You were old when I was born

I wished to have been born together

We could enjoy our time together

You were not when I was born

I was old when you were born

I was so far away from you

You were so distant from me

You were not when I was born

I was old when you were born

I'd become a flower-seeking butterfly

And sleep on the fragrant grass every night.

　　后面的两首作品，则已经属于私密的性爱情话，这在唐诗的流传过程中，当然是会被摒弃的。恰恰是考古工地上原生态文物的未经筛选，得以让我们看到唐人情诗中最为隐秘的日常表白。

　　有些作品，是日常生活的为人之道，也被用诗歌的方式写下来：

> 客来莫直入，直入主人嗔。打门三五下，自有出来人。
> 来时为作客，去后不身陈。无物将为信，流语赠主人。
> 频频来作客，扰乱主人多。未有黄金赠，空留一量靴。
> 东家种桃李，一半向西邻。幸有余光在，因何不与人。

长沙窑中大量的壶，可能是用来盛酒用的，因此，写酒的诗歌，也有相当数量：

> 终日如醉泥，看东不辨西。为存酒家令，心里不曾迷。
> 去岁无田种，今春乏酒财。恐他花鸟哭，佯醉卧池台。
> 主人不相识，独坐对林全。莫慢愁酤酒，怀中自有钱。

这些作品在形式上普遍的特点，是短小精悍，[1]无疑是受到了长沙窑瓷器作品可以书写的空间的制约，当然也与五言绝句容易记诵的特点有关。

在诗作的艺术表现上，它们也大量地体现出民间诗歌作品的特色。如叠字重复、谐音、顶针、拆字组合等。

叠字重复：如前举"春水春池满"一首，20 个字里重复了 8 个"春"字，这不是一般惜字如金的诗人敢于尝试的。这种写法，现在能够找到的最早例证，是梁元帝萧绎的《春日》，但他的诗歌的源头，还在于对当时民间歌谣的模仿。类似的诗歌还有：

> 岁岁长为客，年年不在家。见他桃李树，思忆后园花。
> 去去关山远，行行湖地深。早知今日苦，多与画师金。

1　103 首长沙窑瓷器诗作，计五言 94 首、六言 2 首、七言 7 首。李辉柄主编《长沙窑·综述卷》，第 71 页。

谐音：

> 闻流不见水，有石复无山。金瓶成碎玉，挂在树枝间。
> 道别即须分，何劳说苦新。牵牛石上过，不见有啼恨。

顶针：

> 从来不相识，相识便成亲。相识满天下，知心能几人。
> 故岁迎新岁，新天接旧天。元和十六载，长庆一千年。

拆字组合的如：

> 单乔亦是乔，着木亦成桥。除却乔边木，着女便成娇。
> 天明日月舙，立月巳三龙。言身一寸谢，千里重金钟。
> 夕夕多长夜，一一二更初。田心思远路（客），门口问征
> （贞）夫。

类似这种文字游戏的作品，还有所谓的联边体：

> 远送还通达，逍遥近道边。遇逢遐迩过，进退遰遛连。

4. 唐诗创作现场的阶层互动

虽然长沙窑诗歌显示出质朴、清新的民间创作特点，这些非文人诗作与唐代文人群体间的互动影响，还是非常明显。唐诗在不同阶层之间的交流现象，在收入《全唐诗》之后很难分辨出来。它也揭示了唐诗创作和传播、接收之间的一个动态场景，是我们强调考古工地"现场感"最不能被替代的地方。

最有名的作品是下面的两首：

> 二月春丰酒，红泥小火炉。今朝天色好，能饮一杯无。
> 八月新风酒，红泥小火炉。晚来天色好，能饮一杯无。

一望可知，两首作品脱胎于白居易《问刘十九》：

> 绿蚁新醅酒，红泥小火炉。晚来天欲雪，能饮一杯无。

但是中间发生了改动，第一句的"绿蚁新醅酒"和第三句的"晚来天欲雪"被替换了。第一句，白居易描写农家所酿新酒，发酵了的米粒如绿色蚂蚁一般漂浮于酒面，但用文字表达后，不太容易被文化程度不高的工匠所接受，于是就用他们理解得了的、唐诗习以为常的"新丰酒"作了替换。这个词语的频率，在喜欢写酒的唐代诗歌里比比皆是。譬如李白的《杨叛儿》：

> 君歌杨叛儿，妾劝新丰酒。

譬如王维的《少年行》：

> 新丰美酒斗十千，咸阳游侠多少年。

又譬如李商隐的《风雨》：

> 心断新丰酒，消愁斗几千。

等等。

　　"新丰酒"的作品，有些可能还是当时流行歌曲的曲词，所以这个词就成为耳熟能详的关于酒的美名。他们貌似理解了"新丰酒"的概念，殊不知他们还是没有理解。他们念得朗朗上口的"新丰酒"，来自汉高祖刘邦时代的一个典故：

> 太上皇不乐关中，思慕乡里。高祖徙丰沛屠儿、酤酒煮饼商人，立为新丰。(《三辅旧事》)[1]

上文的意思是汉高祖刘邦定鼎关中后，将父亲刘太公也接来长安，但是刘太公不喜欢关中的生活，于是高祖就将老家丰邑、沛县地方的屠夫、卖酒做饼的商人迁来关中，设立了新的丰邑，所以称作"新丰"，这里酿造的酒便成为"新丰酒"。新丰镇在西安市临潼区东北，今称新丰街道。

工匠们确实没有这么好的历史背景，所以这个"新丰酒"就被理解成了"春天丰收的酒""新风吹来时候的酒"，[2]加上了"二月""八月"的修饰，后边也无法"晚来天欲雪"了，便改成了应景的"今朝天色好""晚来天色好"——在他们拥有的知识水平上，这首诗歌被按照时令的逻辑进行了"再创作"。

白居易诗歌在长沙窑的碗盏上，还出现过：

> 忽忆前科第□□，此时鸡鹤鼙□□，群春霄索吹还□，鸡在庭前鹤□□。

诗歌的右侧，还题有类似于诗题"元相公"的字样，其实这是白居易《寄陆补阙，前年同登科》诗作：

---

1 《三辅旧事》已佚，转引自萧统编，李善注《文选》卷10，上海古籍出版社，1986，第457页。
2 长沙窑诗歌里的另外一首："自入新峯市，唯闻旧酒香。抱琴酤一醉，终日卧垂杨。""新峯"也是"新丰"之误，足证民间认识与典故语境之间的不对称。

忽忆前年科第后，此时鸡鹤暂同群。秋风惆怅须吹散，鸡在
庭前鹤在云。

"陆补阙"是白居易的科举同年，但是在唐代诗歌史上，"元白"并称是
众所皆知的文学常识，民间书手或许就受了这个记忆的影响，而将诗歌
认作了白居易题赠元稹的作品。元稹的名字当然也不好记，就用了晚唐
以来称呼官员的"相公"来代称了。[1]

白居易的《与元九书》曾经自诩说："自长安抵江西三四千里，凡
乡校、佛寺、逆旅、行舟之中，往往有题仆诗者，士庶、僧徒、孀妇、
处女之口，每每有咏仆诗者，此诚雕篆之戏，不足为多。"现在从长沙
窑上这些似是而非、似非而是的诗歌来看，白居易诗作被当时社会各界
喜欢的程度，确实就是如此。

此外，在"黑石号"上发现的那首"今岁今宵尽，明年明日开。
寒随今夜走，春至主人来"，在《全唐诗》中也有收录，是开元年间
的士人史青《应诏赋得除夜》的五言律诗的前半（一作王谞诗），原
诗是：

今岁今宵尽，明年明日催。寒随一夜去，春逐五更来。
气色空中改，容颜暗里回。风光人不觉，已着后园梅。

而在我曾经研究的唐代前期诗人张说的作品里，也有一首《钦州守
岁》的绝句：

故岁今宵尽，新年明旦来。愁心随斗柄，东北望春回。

---

1 《道山清话》："陈莹中云：岭南之人见逐客，不问官高卑，皆呼为相公，想是见相公常来也。"
《丛书集成初编》第 2785 册，中华书局，1985，第 12 页。

从写作的时间顺序来排比，张说作品的这种表达方式，被开元年间的史青或者王谌所继承，并且用文字的重复增加了回环往复的阅读感染力，最后又在民间传唱的过程中被通俗化地作了改编。

下面的这首作品，也具有向优秀诗人学习的特点：

> 破镜不重照，落花难上支。行到水穷处，坐看云起时。

这似乎是两个联句的拼合，二三句之间"失粘"，前一联出处不详，后一联是王维《终南别业》中的佳句，也有说法是王维借用了前人的诗句。[1] 看来这是传唱甚广的对句，所以在长沙窑上会被凑成一篇。

另外有一首六言诗：

> 鸟飞平无近远，人随流水东西。白云千里万里，明月前溪后溪。

这首作品是中唐诗人刘长卿的六言《谪仙怨·苕溪酬梁耿别后见寄》中间的两联，全诗是：

> 清川永路何极，落日孤舟解携。鸟向平芜远近，人随流水东西。
>
> 白云千里万里，明月前溪后溪。惆怅长沙谪去，江潭春草萋萋。

民间诗作学习唐代著名诗人的作品，以及诗人作品在民间的传唱，通过长沙窑瓷器上的唐诗得到了很好的体现。这是之前很少见

1　李肇《国史补》卷上："维有诗名，然好取人文章嘉句，'行到水穷处，坐看云起时'，《英华集》中诗也。"李肇等：《唐国史补　因话录》，上海古籍出版社，1979，第16—17页。

到的。

　　同样，唐代文人从民间接受生活的养分，抒发普通民众的心声，也正是他们的作品能够更上层楼的基础。这种情感养分，也可以从长沙窑诗作的对比中得到呈现。如前引民间诗作里征夫、思妇的离别之苦，有"夜夜携长剑，朝朝望戍楼""一别行千里，来时未有期"的表述，我们看高适的《燕歌行》："铁衣远戍辛勤久，玉箸应啼别离后。少妇城南欲断肠，征人蓟北空回首。"看李白的《关山月》："戍客望边色，思归多苦颜。高楼当此夜，叹息未应闲。"岂不就是这种民间普通男女情思的体现？只是高适、李白的表达，更加具有文字锤炼的特点，因此被唐诗的选本所辑录而流传。那些感情表达较为浅显的民间歌曲，则湮没了。

　　"黑石号"的出水和长沙窑的出土，让我们看到了千年以前唐诗风貌在中国南方的日常生态，看到了诗歌在民间社会的传诵、流传和接受的场景。

二　何必高楼上，清影夜徘徊——吐鲁番文书中的文学史料

1. 吐鲁番的墓葬考古与文书

　　中国西北陆上丝绸之路的考古，由来已久。其中敦煌、吐鲁番因为新材料的发现，而形成一个世纪以来"敦煌吐鲁番学"的国际显学，引领百年风骚。因为干旱而使得埋藏千年的纸质文书得以保存，成为未经后世编辑的历史文献原貌的遗存，是敦煌、吐鲁番留给后世最重要的文化遗产，比起长沙窑，文字的信息量更为丰富。不过，陆上丝绸之路起初的考古现场，并不像海丝的水下考古那么具有考古学的含金量。

　　1900 年 6 月 22 日，王道士因为偶然的机会，发现了藏经洞，敦煌莫高窟第 17 窟从此载入史册，这个时间点也被当作敦煌学的起始时间。根据学者的研究，第 17 窟中珍藏的 5 万余件文献的主体，原是莫

高窟三界寺的藏经和资产，在邻近的丝路南道于阗王国遭到黑汗王朝的攻击时，因为担心敦煌可能紧接着被洗劫，在 1002 年以后不久，三界寺将这批物品封存洞中，此后随着当事者的离开，藏经洞的秘密被长期遗忘。

藏经洞大量写本文书的发现为印刷术出现以前中国中古时期的历史文化提供了文本。有关敦煌文学文献的研究，也在一个多世纪里产生了重要的文学史研究成果，尤其是对民间通俗文学作品的研究，丰富了我们对中古时期文体发生、文学表现的认识。

相比而言，因为敦煌、吐鲁番文献的共同点，使得吐鲁番文献的许多价值在过去往往被敦煌的盛名所掩盖。就吐鲁番而言，大量文书出自墓葬中的葬具，如纸鞋、纸帽等被裁剪后的形制，因而破碎不成体系。但是，吐鲁番的文书却又表现出更多的社会性、世俗性和偶然性，而具有了社会史研究的"碎片"效应。在纸张稀缺的吐鲁番，一件出自墓葬的吐鲁番文书可能是在当时社会的交往中作为文字的载体而行用于官府，若干年之后因失去档案保存的价值而被废弃；它背面的空白之处又被重复使用；直到没有可以下笔的空白时，它被作为垃圾，剪碎成鞋面、鞋底，粘起来套在死者的脚上作最后的废物利用。干旱的环境使吐鲁番文书穿越千年的时光隧道，无意识中被保存下来，其在当时社会传承的过程就具有了举证的随机性和客观性。因此它所体现的历史不再是新史学诟病的传统史家主观性的编撰，也不再只是对历史过程作出结论性的静态叙述；它凸显的是吐鲁番社会进程中某个真实的、流动着的历史细节（图 5）。

如果要将吐鲁番文书获得的墓葬考古分出阶段的话，按照时间顺序，根据文献收藏的地点，可以分为三个阶段。

第一个阶段，吐鲁番的考古经历了早年列强的盗掘。与敦煌藏经洞文书的散落一样，这一阶段致使吐鲁番文书散藏于德国、英国、俄国、土耳其、美国、日本等地。资料的零散与公布滞后，使许多领域的研究也没有完全展开。这个时期，中国学者参与的吐鲁番考古活动，只有黄

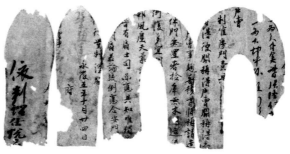

图5　火焰山下的吐鲁番中古时期墓葬（左）及剪作纸鞋的出土文书

文弼先生参加了1927—1930年的中国西北科学考查团，曾经在吐鲁番做过调查和挖掘工作，后来撰写了《高昌陶集》《高昌砖集》《吐鲁番考古记》等专著。散藏于世界各地，是吐鲁番文书发现第一阶段的收藏状态。

第二个阶段，新中国成立后，从1959年到1975年，进行过13次吐鲁番墓葬发掘。其中2000多件文书的整理工作，由中国文物研究所、新疆维吾尔自治区博物馆、武汉大学历史系三家合作，最终的成果是由文物出版社出版的图文本《吐鲁番出土文书》四大册。第二阶段的吐鲁番文书主要收藏在新疆维吾尔自治区博物馆。

第三个阶段，1978年以后，特别是新世纪的吐鲁番考古，开始在一些新的地点如木纳尔、巴达木、洋海墓地发现古代写本文书。《吐鲁番柏孜克里克石窟出土汉文佛教典籍》和《新获吐鲁番出土文献》是这一时期文书整理的重要代表。第三阶段的吐鲁番文书主要收藏在吐鲁番博物馆。

利用废弃的世俗文书作为丧葬用具这一吐鲁番盆地的独特风俗，必将使文书随着新的考古发掘而不断浮现；同时，吐鲁番盆地独特的地理位置使其在东西文化中左右逢源，保留的文书也体现出文明的多样性和历史的连续性等特点。文书发现的"可持续性"和"多样性"，应该会在出土文献领域后来居上。

2. 吐鲁番文书中的古诗

　　属于汉文化传播与接受中最有意义的精神层面——吐鲁番地区中古文学的探讨，因为资料的相对稀缺，研究成果远远少于敦煌文学。

　　根据我个人的整理研究，中古时期出土文书中的吐鲁番文学史料，只有 60 多件。[1] 而在吐鲁番的文书没有被挖掘出来之前，吐鲁番将近五百年的中古时期（高昌郡—高昌国—西州时期，327—803年）的文学发展情况，在传世文献中更是难以得到印证。所谓的《高昌童谣》是唯一在正史中可以寻找到的中古时期吐鲁番在文学上的表现：

　　　　高昌兵马如霜雪，汉家兵马如日月。日月照霜雪，回手自消灭。[2]

　　《高昌童谣》出现在王国崩溃前的高昌城，未必是高昌儿童的创作，而极有可能是攻城的唐朝军队惑乱、瓦解高昌军民的一种手段。但它被传唱并引起国王麹文泰的恐慌，无疑体现了高昌民众对于汉文文学的广泛传播与接受。这首童谣也被后来的《全唐诗》所收入。

　　此外，近年从北宋晏殊《类要》引《大业略记》的记载中，发现了麹伯雅的《圣明来献乐歌》：

　　　　千冬逢暄春，万夜睹朝日。生年遇明君，欢欣百忧毕。

这是大业六年（610）他参加隋炀帝于东都洛阳举行的元宵灯会时撰写

1　朱玉麒：《吐鲁番文书中的汉文文学资料叙录》，《吐鲁番学研究》2009 年第 2 期，第 89—98 页；收入氏著《瀚海零缣：西域文献研究一集》，中华书局，2019，第 114—130 页。

2　《旧唐书》卷 198 载："（贞观十四年，麹文泰）及闻王师临碛口，惶骇计无所出，发病而死。其子智盛嗣立。……先是，其国童谣云：'高昌兵马如霜雪，汉家兵马如日月。日月照霜雪，回手自消灭。'文泰使人捕其初唱者，不能得。"（中华书局，1975，第 5294—5296 页）

的，也是有关吐鲁番在传世文献中独一无二的文学史料。不过，根据学者的研究，这首作品抄袭自鲍照的《中兴歌》（453）：

　　千冬逢一春，万夜视朝日。生年值中兴，欢起百忧毕。[1]

　　麴氏佚诗模仿南朝诗歌的表现，揭示了南朝文学风尚在高昌的影响。

　　然而，想要在传世材料中取得更多文学研究的素材，从而恢复中古时期吐鲁番文学发展的面貌，无疑是极为困难的。

　　但是，"地不爱宝"，所以"天无绝人之路"！就目前所能掌握的吐鲁番出土文书资料而言，一个丰富而多样的吐鲁番中古汉文文学的历史面貌已经跃然纸上。

　　我们在吐鲁番的考古工地上发现过什么样的文学资料呢？

　　一批经典文学作品——指流行于世的前代和当世的文人作品——在文书上出现了。譬如说，在中古时期业已成为经典的《诗经》抄本，与在敦煌藏经洞的文书一样，有较多的发现。2006 年 10 月，在鄯善县洋海 4 号墓地，发现了北凉缘禾二年（433）赵货墓，其中的布面纸鞋，拆开后一只上抄的是《论语》，另一只上抄写的是《毛诗·大雅》的内容。

　　又譬如在吐鲁番 2006 年的征集文书中，在一份《唐西州典某牒为吕仙怀勾征案》的背面，我们看到一件每个字写三遍的习字残片：

1 帘 帘 帘 钩 钩 钩 未 未 未 落 落 落 斜
2 斜斜栋栋栋桂桂桂犹犹犹开开开
3 何何何何必必必高高高楼楼楼上

1　相关论述，参见王素《新发现麴伯雅佚诗的撰写时地及其意义》，《西域研究》2003 年第 2 期，第 10—13 页。

4 上上清清清景景景夜夜夜徘徘

5 徘徊□□□岑岑德德德润润润咏

6 咏咏鱼□□□□□影影影侵侵侵

7 波波 [

8 带带水水 [

9 东自自自可 [

10 用用上上上龙 [

11 夜夜故故故人人 [

12 来来来访访 [[1]

把重复的字去掉，我们发现一首古诗：

□帘钩未落，斜栋桂犹开。何必高楼上，清景夜徘徊。

这首五言诗的后面，紧接着的是一个可以视为名字的"岑德润"三字，因此怀疑他就是这首诗的作者。检索传世典籍，可知岑德润是隋朝的诗人，在《先秦汉魏晋南北朝诗·隋诗》中与他名下为数不多的诗歌进行对照，我们发现文书中在他名字后面的残片上，原来因残缺而不相连缀的"波""带水""东自""用上"等文字有了意义，它们才是岑德润的《咏鱼》诗的残存文字。现将全诗录出，缺文据《先秦汉魏晋南北朝诗·隋诗》补：

[剑]影侵波 [合]，[珠光]带水 [新。莲]东自可 [戏，安]用上龙 [津]。

---

1 荣新江等主编《新获吐鲁番出土文献》，中华书局，2008，第 356 页。

前面这首诗歌，没有出现在传世的文学典籍中，在内容上，很明显与岑德润的诗歌一样，也是一首咏物诗。虽然作品的第一个字佚失难补，但并不妨碍我们对全诗吟咏内容的判断——它是一首咏月诗，我们将其拟定为"南朝或隋·佚名《咏月》诗"。所以，这是一片录有佚名五言咏月诗、隋岑德润五言咏鱼诗共两首及不能缀合之古诗残字的习字残片，应该是一个唐代西州（唐朝在吐鲁番地方设立的州名）儿童练习生字用的作业本。

提供了一首佚诗，还不是"古诗习字"价值的全部。这两首诗组成的习字残片本身，还给我们理解吐鲁番在西州时期的文学构成提供了第一手的资料，甚至对理解唐前期的文学和文化发展脉络，也是重要的佐证。

其一，这是迄今在敦煌、吐鲁番出土文献中发现的第一件用古诗作为习字范本的文书。从敦煌、吐鲁番发现的文书中，习字用的范本除了少数杂字难以判断外，多是《急就章》《千字文》《开蒙要训》之类官定的蒙学教材，但是用古诗作为习字用帖反复临写，却充分表明了一个时代新的风尚，那就是对诗歌的爱好，成为童蒙学习的日常形态。此外，每个字写三遍的传统也让我们理解汉字学习的重复是教育史上早已形成的规律（有时没写好，或者写得高兴，重复四遍，如"何"字，也是正常的习字心理表现）。

其二，也是更为重要的，是"古诗习字"的诗歌内容，使我们对唐初诗歌崇尚的风格及其发展过程得到更细致的观察，使我们认识到文学艺术的"南朝化"风格遍及边州，而吐鲁番文化与中原文化一脉相承的特点也因之凸显。

以上两件是新出土的吐鲁番文书。往前追溯，我们也发现了更多的经典文学作品。如在斯坦因从吐鲁番拿走、现藏英国国家图书馆的西域文书中，就有这样的文字残片：

图 6　吐鲁番文书中的古诗习字（左）和玄宗诗残片

前缺

］□新（？）

］□两京春去［

］□（？）草可怜［

后缺[1]

同一年出版的《台东区立书道博物馆中村不折旧藏禹域墨书集成》，也在题名为《月令》的第 130 号文书中出现了一片残页：

］□□芳□影天津霸岸

］□乐不知虚

］□曙色

后缺[2]

1　沙知、吴芳思：《斯坦因第三次中亚考古所获汉文文献（非佛经部分）》，上海辞书出版社，2005，第 154 页。

2　矶部彰编集《台东区立书道博物馆中村不折旧藏禹域墨书集成》中册，东京：文部科学省科学研究费特定领域研究（东亚出版文化研究）总括班，2005，第 284 页。

　　而这两个残片经过笔迹、纸张和文字的勘合，发现抄写的竟然都是同一首唐玄宗诗《初入秦川路逢寒食》的组成部分：

　　　　洛 川芳 树 影天津，霸岸垂杨窣地新。直为经过行 处 乐，不知虚度两京春。

　　　　去年余闰今春 早 ，曙色和风着花草。可怜寒食已清明……

　　同一首诗歌分藏英国和日本两地，本身也是早期吐鲁番文书流散的"伤心史"。它的发现，自然更具有文学史的意义。第一是诗歌作为范本而接受，就像前面的《咏月》《咏鱼》诗作一样，《初入秦川路逢寒食》证明了在唐代西州确实流传着作为习字或者诗歌练习的唐诗范本。

　　第二，还可以看到唐代诗歌在当时的流传情况，即非文学因素对诗歌传播的左右。到目前为止，我们尚未发现其他唐代著名诗人的作品在吐鲁番出现，这当然是可以用偶然性来做解释，但是与唐玄宗相关的作品在吐鲁番的出现却并非个别现象。围绕唐玄宗而存在的吐鲁番文书，毫无疑问是作为帝王的至高权力在文学方面起到了作用。所以唐玄宗诗歌的流传，是政治的原因，是国家的文化软实力（soft power）在边州地区的表现。

　　虽然我们说没有看到著名诗人的诗作在吐鲁番文书里出现，但在第二个阶段的吐鲁番墓葬考古挖掘中，我们发现了唐代边塞诗的作者岑参。在 1973 年挖掘的阿斯塔那 506 号墓葬中，挖出过一个纸棺，是天宝十三至十四载（754—755）交河郡长行坊的马料账。这是难得的大账，这里没有唐诗，但是"岑判官"出现了：

　　　　_____坊帖岑判官马柒匹，共食青麦叁斗伍胜。付健儿陈金。[1]

---

1 《唐天宝十四载某馆申十三载三至十二月侵食当馆马料账历状》，唐长孺主编《吐鲁番出土文书》图录本肆，文物出版社，1996，第 507 页。

这是交河郡某馆申报侵食马料的状，其中有天宝十三载（754）十月下旬岑判官及随从马匹食青麦叁斛伍胜的记录：

> 郡坊帖马陆匹，迎 岑 判 官，八月廿四日食麦肆斛伍胜。付马子张 什 件。
>
> 郡坊迎 封大夫□马肆拾匹，八月廿七日食麦贰硕。付马子兹秀□、押官杨俊卿。[1]

这是《交河郡长行坊支贮马料文卷》，是天宝十四载（755）八月迎候岑判官、封大夫的马料账，封大夫是御史大夫、北庭都护、持节充伊西节度等使封常清，岑判官是岑参，是封常清幕府的判官。

岑参是唐代边塞诗派的代表诗人，也是唐代到过西域的少数诗人之一。马料账里出现了岑参，至少证明他确曾在西域大地上艰辛走过，因此他写的《白雪歌送武判官归京》等一系列西域诗能够如此脍炙人口，与他在边塞切身的体验是相关的。

3. 读书郎的诗歌创作现场

此外，一些属于民间文学的诗歌作品，在文书中出现了。如 1967 年发掘的阿斯塔那第 363 号墓葬中，也发现了一份长达 5.2 米的长卷，是唐中宗景龙四年（710）私塾学生卜天寿抄写的孔氏本郑氏注《论语》，从《为政第二》"哀公问曰章"到《公冶长第五》，凡 177 行，其中部分有朱笔圈点涂改，后面有"景龙四年三月一日私学生卜天寿"字样，此后还有"西州高昌县宁昌乡 风里 义学生 卜天寿年十二"字样，显然是 12 岁的学郎卜天寿抄写的经书作业。

这份作业也很重要，因为东汉经学家郑玄的《论语》注本，在宋

---

1 《唐天宝十四载交河郡某馆具上载帖马食喼历上郡长行坊状》，唐长孺主编《吐鲁番出土文书》图录本肆，文物出版社，1996，第 425 页。

代以后就散佚了。而这份作业记录了将近 1/5 的篇幅，是儒家经典史上的大事。

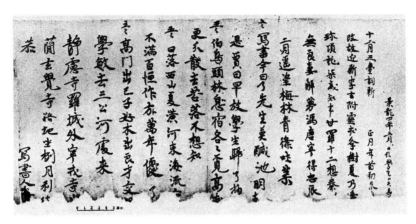

图 7　吐鲁番文书中的学郎诗（局部）

然而更重要的，是卜天寿在抄写完《公冶长第五》之后，纸张余白，他又继续书写了自己平日诵读的《十二月新三台词》及一些五言诗与杂写（图 7）：

1　十二月三台词新　　正月年首初春□□

2　改故迎新李玄附灵求李树夏乃 逢 □

3　珎项讬柒岁知事甘罗十二想秦□

4　无良妻解梦冯唐宁得忠辰

5　二月遥望梅林青条吐叶

6　五 = 写书今日了先生莫酼池明 朝

7　是贾日早放学生归了抄

8　五 = 伯鸟头林息宿各 = 觅高 支 □

9　更分散去苦落不想知

10　五 = 日落西山夏潢河东海流 人 □

11 不满百恒作方万年优了

12 五＝高门出己子好木出良才交□

13 学敏去三公河处来

14 静虑寺罗城外宁戎寺

15 简玄觉寺路地坐捌月利

16 恭　　　　写书人○○

17 他道侧书易　我道侧 书 □

18 侧书众侧读　众须侧眼□

19 学开觉寺学　景龙四年五月

20 冬问非今日维须迹年多

21 看阡简水万合始城河

22 西州高昌县宁昌乡　凤里　义学生　卜天寿年十二　状
具 ［下残］

23 右件身以来未经历任

24 天地玄黄宇宙洪荒日月盈　辰宿列张寒来暑往

25 牒件通今月中旬临书状如前谨牒 [1]

这是一些很精彩的学郎诗。在余白处的信手涂鸦，是学郎的习惯性行为，他们为自己在空白的地方写诗的行为还专门宣言："书后有残纸，不可到时归。虽然无手笔，且作五言诗。"（**P.3192**）这些诗歌，实际上还都是抄录他们所熟知的励志童谣、通俗诗作或者浅显的文人诗歌，加上吟诵时即情即景的适度修改，与长沙窑瓷器上的作品有着相似之处。六言《十二月新三台词》的后面，卜天寿抄录了五言《写书今日了》《伯鸟头林息》《日落西山夏》《高门出己子》《他道侧书易》五首，里面错别字连篇，可见和前面的《论语》有不同之处，《论语》有范本抄写，诗歌则是凭借记忆随手写来。譬如《写书今日了》：

1 《唐景龙四年（710）卜天寿抄〈十二月新三台词〉及诸五言诗》，唐长孺主编《吐鲁番出土文书》图录本叁，文物出版社，1996，第583页。

　　　　写书今日了，先生莫咸池。明朝是贾日，早放学生归。

学者已经指出这首作品只是敦煌文书中的《今日写书了》（P.692）和《竹林清郁郁》（P.2622）的翻版。长沙窑也有同样的诗歌出土：

　　　　竹林青郁郁，鸿雁北向飞。今日是假日，早放学郎归。

　　卜天寿在这里的"贡献"，只是即景作了想当然的改造，并根据自己的学识造成了文字的形音讹误。如"嫌迟"误作"咸池"，显然是有过《千字文》临习基础的卜天寿熟记"海咸河淡""昆池碣石"的四言句，而用"咸池"填补了还未曾详熟或者就根本还没有学过的"嫌迟"二字。这首诗歌的抄写揭示的中古时代童蒙教材由浅入深的特点和《千字文》使用的稳定性，都非常明显。

　　又如《高门出己子》：

　　　　高门出己子，好木出良才。交□学敏去，三公河处来。

诗歌里也是别字很多。"己子"可能是"杞梓"，"学敏"当然是"学问"，"河"当作"何"。这是一首宣扬"读书做官论"的"励志"诗作。相似的内容，也在长沙窑中出现过，即：

　　　　天地平如水，王道自然开。家中无学子，官从何处来。

诗歌的格调一样，但是随着传唱，改变了很多内容，譬如前两句的比兴手法，就更换了兴起的场景。后面的"三公"，在这里也直截了当称作了"官"。

　　在以上的揭示中，我们可以看到这样的现象：即使是边州，人们对于诗歌的爱好，因受到时代的影响，已蔚然成风，因此诗歌成为学习的重要范本。而《高昌童谣》之所以能够成为唐代击败高昌国的攻心战术武器，就是因为这种朗诵诗歌的爱好，早就"从娃娃抓起"，养成了习惯。学郎诗的普遍存在，使得儿童在改作、书写过程中，对于汉语声律与诗歌的理解也在逐渐增长。唐诗成为文学高峰的群众基础，在边地学郎的临习和涂鸦中，可见一斑。

结论 考古工地上的唐诗与社会

1907 年，伯希和走进藏经洞，被丰富的敦煌文书所震撼，在王道士限定的数量中，他挑选了大量非佛教的文书。其中就有唐人写诗的精美长卷，其中有一首五言诗（P.3597）：

> 春日春风动，春来春草生。春人饮春酒，春鸟弄春声。[1]

这样的内容，也出现在日本收藏的敦煌文书上：

> 春日春风动，春山春水流。春人饮春酒，春棒打春牛。[2]

现在我们知道，这样的诗歌也被烧制在了一具具日常使用碗盏壶碟上，从湘江岸边，到印度尼西亚海域的黑石礁边，它们已经静静地平躺了 1200 多年：

> 春雨春池满，春时春草生。春人饮春酒，春鸟啭春声。

---

1 徐俊：《敦煌诗集残卷辑考》，中华书局，2000，第 285 页。
2 徐俊：《敦煌诗集残卷辑考》，第 937 页。

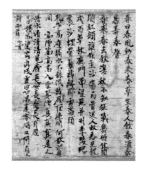

图8　敦煌文书和“黑石号”及铜官镇窑址上唐代的“春天”

　　与前面在铜官镇和吐鲁番考古工地的展示一样，我们从来不知道唐诗的“春天”被如此渲染，不知道唐诗在当时的传播与接收有如此广泛的社会基础，不知道成为中国韵文高峰的唐诗在登上顶峰前有着从学郎诗到文人诗的漫长创作历程。

　　无论是长沙窑的瓷器，还是吐鲁番的文书，提供给我们的未必是在艺术上最杰出的唐代好诗。鲁迅说：“我以为一切好诗，到唐朝已被做完。”同样，我们可以说：最优秀的唐诗，也在《全唐诗》汇集殆尽，今后再有发现，也很难有所谓“孤篇盖全唐”的作品。那么，长沙窑和吐鲁番考古出土可以提供的仅仅是唐诗数量的增加吗？

　　当然不是！当我们的文学史不再是历朝历代经典作品的呈现，而是文学的创作、传播、接受、影响的过程的揭示的话，并且是一个时代文学作品经典形成的文化史再现的话，长沙窑和吐鲁番文书中的唐诗，就会复活诗歌创作的场景，让我们看到未经选择和编辑的史料，看到诗歌在当时社会的流动情况。

　　所以，是考古使唐诗和唐史回到现场，有了动态过程的情景再现，使文学的创作、传播与接受研究成为可能。

发现阿斯塔那古墓

李肖　杨烨旻 *

　　丝绸之路从西安经河西走廊到达敦煌后，向西沿着塔里木盆地分成南道和北道，经过喀什，往北翻越阿赖山到达乌兹别克斯坦，往西翻越帕米尔高原经过红其拉甫到达巴基斯坦、印度等南亚地区；经过瓦罕走廊到达阿富汗、伊朗等西亚地区进而抵达地中海沿岸。另外，丝绸之路的辅道从敦煌北上抵达哈密绿洲，经过吐鲁番盆地进入阿拉沟，沿天山腹地通过伊犁河谷抵达哈萨克大草原，由此向西至乌拉尔山脉，南折至黑海沿岸，我们把这条道路称之为丝路北道或草原丝绸之路。吐鲁番正好处在丝绸之路的十字路口上，和敦煌一样，很久以来便是东西方文明交流的交通要道。

　　吐鲁番和敦煌构成了我国的一个著名的学科——

* 李肖，中国人民大学国学院教授；杨烨旻，上海博物馆教育部。

敦煌吐鲁番学，但是在国际上它的叫法恰恰相反，叫吐鲁番敦煌学。国内称作敦煌吐鲁番学是因为敦煌毕竟是以华夏文明为主的地方，而吐鲁番则为边疆地区，是一个多种文明交流的地区；但是对国外学者来说，从丝绸之路以及受西方文明影响的程度看，吐鲁番比敦煌更具重要性。另外，之所以称为敦煌学是因为在它的藏经洞里出土了大量的文书典籍，弥补了中国正史的不足；而吐鲁番经过多年的发掘，包括以前外国探险家掠走的东西，出土文书的数量已经远远地超过了敦煌，且文书内容反映了古代中原和西域社会生活的各个方面，实际上比敦煌更加丰富，正因为如此，国家把敦煌学和吐鲁番学放到一个学会里，首任会长为季羡林先生。

吐鲁番盆地位于东天山的南坡，地势低洼，降水稀少，夏季最高气温能到零上五十多度，冬季最低气温则会低至零下二十多度，由于周围水系提供的冰川融雪水量很少，降雨也稀少，一年的降水量才十几毫米，但是蒸发量是三千多毫米，所以非常干燥，形成所谓的极端气候，故此当地的气候特点就是干、热、冷。这种极端的气候环境，使埋葬后的遗物迅速脱水干燥，非常有利于包括人类的遗骸在内的有机质遗物的保存，诸如纺织品、毛皮制品、纸张、木材、食品等，大都能够较为完整地保存下来，使吐鲁番成为一个真正的露天博物馆。

自汉武帝开始，为了制约匈奴，中原朝廷开始向西域发展。根据当时的史料记载，叫"断其右臂"，希望通过联络西域诸国势力来夹击匈奴势力，由此便有了张骞凿空西域、开通丝绸之路的壮举。由于吐鲁番地处从蒙古高原西部进入西域的锁钥重地，特别是当罗布泊地区的楼兰国倒向汉朝之后，这里便成为匈奴进入塔里木盆地的唯一通道，战略位置对汉匈双方都极其重要，故汉军和匈奴在这里发生了多次争夺和冲突，史称"五争车师"。最终结果是匈奴势力退出吐鲁番盆地，汉朝势力隔绝了匈奴在塔里木盆地的影响。"五争车师"后，汉朝以吐鲁番盆地为中心，将广泛分布于北至东天山北麓，南至库鲁克塔格山区，西至沙湾县一带，包括乌鲁木齐、昌吉地区的姑师国（游牧—农耕部落联盟）依据地理位置顺势分解成山北六国（今木垒、奇台、吉木萨尔、阜康、昌吉、呼图壁、玛纳斯一带）、车师前国（吐鲁番盆地）和车师后国（今乌鲁木齐、米泉一带）等八个小国。吐鲁番盆地的火焰山一带属于车师前国，其国都位于交河城。利用这一时机，西汉政府始置西域都护，并护丝路南北两道。因北道近匈奴，为防范袭扰，又设置戊己校尉在车师前国境内屯田，据《汉书·西域传下》记载，戊己校尉刀护曾遣"司马丞韩玄领诸壁，右曲候任尚领诸垒"，建有拱卫屯田的壁垒群。

　　这样一来，吐鲁番盆地就形成了两个政治中心：一个是以车师前国都城——交河城为据点的当地土著人政治中心；另一个是以高昌屯田驻军为核心的中原移民政治中心。吐鲁番盆地的历史在很长一段时间里是围绕着这两个中心来展开的。

　　东汉末年一直到魏晋时期，中原大乱，很多中原的士族大家纷纷往西迁移，先迁到河西走廊敦煌一带，再从敦煌迁至吐鲁番盆地。十六国

图1　交河故城　黄斌摄

图2　高昌故城　黄斌摄

北朝时期，北方割据政权为了便于管理在此设立了高昌郡，但是由于内地的战乱和割据政权更迭频繁，致使郡太守世袭化、久任化，最终完成了由高昌郡向高昌国的质变。

高昌国纵深只有百十千米，其都城高昌城距基本上处于敌对状态的车师国的都城——交河城约四十千米。盆地周围强邻环伺，既有游牧于天山峡谷的草原行国，也有和车师国同文同种的焉耆国，在这种情况下，一个以中原文明为主体的移民国家能够在西域存在百年，一是因为其优越的文化，二是因为高明的外交手段。

《北史·高昌传》记载："昔汉武遣兵西讨，师旅顿弊，其中尤困者因住焉。地势高敞，人庶昌盛，因名高昌。"但据王素先生考证，认为"高昌"并不是史书所表达的意思，而是因为最早建立高昌壁、高昌垒、高昌郡的人是从敦煌郡敦煌县高昌里迁过来的，所以引用高昌这个地名，成为后来的高昌国。[1]

1　王素：《高昌史稿·统治篇》，文物出版社，1998，第72页。

　　高昌城是丝绸之路新疆段面积最大、保存较好的一座古城。现存的高昌故城实际上是高昌回鹘汗国的都城，也称为亦都护城。通过百年来中外学者的研究，证实在那一历史时期，地处丝路要道的高昌城内，除了世俗居民、往来商旅外，还有大量的佛教、拜火教、摩尼教和景教（基督教聂斯托里派）僧侣以及这些宗教的寺院。

　　高昌城毁于元末明初伊斯兰化后的蒙古军事贵族的宗教圣战，此后，这里变成了单一信仰伊斯兰教的地区。由于当地人们的改宗，当年佛教徒生活的地方成为不洁之地，逐渐荒废，这就是高昌故城、交河故城和柏孜克里克千佛洞等前伊斯兰时代遗迹一直存留至今的原因。

　　高昌城在回鹘文献里即所谓"可汗堡"，现存遗迹共有三重城墙。最内一层为宫城，中间为内城，也是高昌国至唐西州时期高昌城的城墙。外城范围最大，年代比较晚，应是高昌回鹘汗国时期扩建国都时的遗迹。100 年前德国探险家格伦威德尔和勒柯克调查高昌故城时，通过考古发掘证明当时高昌城里有很多宗教建筑，如景教的教堂、摩尼教和

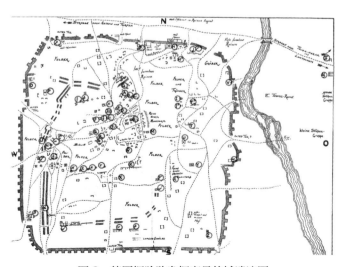

图 3　德国探险队发掘高昌故城遗迹图

佛教的寺院等，并且绘制有非常详细的高昌故城遗迹分布图。[1]

　　通过对高昌故城的考古调查，使人们得以了解历史上丝绸之路带来的东西方文化交流。正因为高昌城的存在，才会出现延续几百年的城市墓地——阿斯塔那墓地。

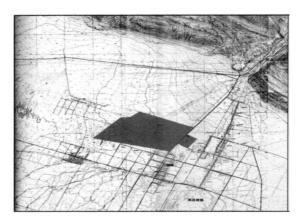

图 4　阿斯塔那墓地一区、二区

图 5　台藏塔　张永兵摄

　　古代西域曾经有过三十六国，但是到目前为止，这三十六国的王陵无一被发现，即使在高昌，不仅是阿斯塔那墓地，而且像哈拉和卓那么高规格的墓地里面也没有发现王陵。

　　今天的阿斯塔那墓地以县乡公路为界分成了一区和二区，这条路向北在胜金口与 312 国道汇合，向东可达甘肃，向西可达霍尔果斯口岸。在阿斯塔那墓地一区东侧还有同时代的哈拉和卓墓地，从考古发掘的情况看，当时职位最高的贵

1　（德）阿尔伯特·格伦威德尔：《高昌故城及其周边地区的考古工作报告（1902—1903 年冬季）》，文物出版社，2015。

族都葬在哈拉和卓。此外这里还有台藏塔，这一佛教建筑位于高昌城和阿斯塔那墓地之间，地处高昌城与外界联系的交通要道上，故当时城里的人去世后葬于阿斯塔那—哈拉和卓墓地时可能在此做法事；出入高昌城的行旅也可能会在此进香来祈求平安。

阿斯塔那墓地是高昌城的公共墓地，埋葬的人多为聚族而葬。在这里出土了大量欧亚大陆不同文明的遗物，为研究承载这些文明之间交流的丝绸之路提供了重要的线索。

古代高昌居民相信人死以后会生活在另外一个世界，便尽其所能地在墓葬里放置随葬品，这些种类繁多的随葬品，使我们得以管窥古人的物质生活和精神生活。

阿斯塔那墓地发现的时间不长，发现的过程很有戏剧性。据记载，这块墓地大概是在 17 世纪被发现，最初是附近的孩子在戈壁滩上放羊，不小心掉进墓室，从墓室爬出后回家告诉了父母，并向官府报告。当时清朝政府认为古代先人的墓室不可惊扰。但是随着外国探险家的到来，开始了对这些墓葬的盗掘。如今，国家用最尖端的设备将整个区域都保护起来，所以基本控制住了墓地被盗的情况。

图 6　阿斯塔那古墓群　张永兵摄

　　古代高昌的丧葬习俗跟中原地区不太一样，可能是吐鲁番绿洲自古以来缺少树木的原因，这里埋葬时不置棺椁，而是将墓主人换上新衣，放置在墓室内事先挖好的生土平台上，身下铺一张苇席。如还有妻妾等人合葬，就按照死亡时间的顺序一一安葬，这样，身下的苇席也就按顺序叠压，由此可以判断出埋葬的先后。

　　当时的人在埋葬的时候还有个习惯，在死人的背后压一枚钱币，或在口内含一枚钱币。这些钱币要么是萨珊波斯的银币，要么是拜占庭金币的复制品，或者是高昌王国本地铸造的"高昌吉利"铜钱。（图7、图8）之所以随葬金币和银币，是因为吐鲁番是位于丝绸之路上的一个商贸中心，是我国历史上唯一一个以萨珊波斯银币和拜占庭金币作为法定货币的地区。高昌国作为一个孤悬西域的割据政权，一直是以境外萨珊波斯或拜占庭的货币为流通货币，"高昌吉利"铜钱虽是高昌国本国铸造的钱币，但从出土发现的情况推测不是流通货币。其一，此钱币质量大，一枚相当于开元通宝两枚到三枚的重量；其二，凡是发现的钱币都没有被使用过的痕迹，品相非常好，所以是纪念币的可能性较大，并不是真正流通的钱币。

图7　随葬的拜占庭金币仿制品　张永兵摄　　图8　"高昌吉利"铜钱　张永兵摄

　　在墓室的正壁上一般都会有一幅墓主庄园生活图，图中的庄园显现出鲜明的高昌特色。如这一幅墓主人庄园生活图的右上角绘有桑树，因为古代人要养蚕，要织丝绸，所以要种大量的桑树来喂蚕；右下角是葡萄地，葡萄是吐鲁番的特产，在古代主要是用来酿酒，或晾晒制干；紧邻这两块地的是农田，用来种植麦、粟等粮食作物。紧邻墓主人左侧的一组图，推测应为酿造葡萄酒的流程，先把葡萄压成汁，滴在罐子里，然后蒸馏、发酵，最后酿成酒（图9）。

图9　墓室壁画　张永兵摄

　　这座墓葬内埋葬着男主人和他的妻子们，从埋葬顺序来看，应该是墓主的妻子先丈夫而去，之后墓主又娶了第二位夫人，没多久，墓主去世，于是他的席子就压在第一位夫人上边，第二位夫人去世后，她的席子就压在墓主上边（图10）。墓室顶上用木楔固定有一幅伏羲女娲图绢画，画面中男人拿着曲尺、墨斗，意味着男主外；女人则拿着剪刀，负责做衣服，意味着女主内。人首蛇身相交，上边是太阳，下边是月亮，放在墓顶（图11）。

　　在两汉到魏晋时期，中原墓地里边可能也有张挂伏羲女娲绢画的习俗，但是由于内地天气很潮湿，这些东西都未能保存下来，这也是吐鲁番作为天然博物馆而出名的原因。在阿斯塔那墓地里发现了沮渠北凉统治高昌时期，高昌太守沮渠封戴的墓葬，出土有石质的"大凉承平十三年（455）凉都高昌太守沮渠封戴墓表"（图12）。

图 10　墓室里的男女墓主人　李肖摄

图 11　伏羲女娲图　张永兵摄

图 12　沮渠封戴墓表　张永兵摄

　　高昌的一般百姓享受不到这么高的规格，只有一块墓志，用砖头或土坯制成（图13）。另外，墓中出土的镇墓兽最初并不属于中原文化，是楚文化的代表，但是在秦统一中国之后，这种习俗就慢慢变成整个中华民族的习俗，魏晋以后生活在吐鲁番的人也是按照这个习俗把镇墓兽放在墓葬里（图14）。

图13　延寿十四年（公元637年）白□奴墓表
张永兵摄

图14　镇墓兽　张永兵摄

　　在丝绸之路上，货币并不是主要的东西，大宗贸易基本上是以物易物，货币只是作为一个辅助工具。阿斯塔那古墓群很多墓主人在下葬时都佩戴眼罩，这个习俗也不是中原人的习俗，而是西亚叙利亚、伊拉克一带民族的习俗。眼罩其实就是和现在的眼镜、风镜一个作用，西亚地区风沙很大，所以需要这些东西，以至于在他们死后也要把它戴上（图15）。

图15　眼罩　张永兵摄

　　墓葬（特别是吐鲁番、阿斯塔那、高昌城、哈拉和卓墓地）里随葬的这些器物都是明器，专门供死人使用的东西。这些器物包括三足的陶盆、陶蒸和随葬的遗物书（图16、图17）。

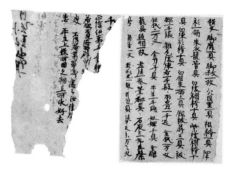

图16　三足彩陶盆　张永兵摄　　　　图17　遗物书　张永兵摄

　　早期遗物书里记录的比较真实，但是到了后期，便开始夸大其词，例如"锦衣千张，银钱两万枚，金刀千具，牛羊千头，奴婢十具"。在吐鲁番，人们习惯在政府公文的背面写遗物书。这是因为在吐鲁番，政府会把用过的文件定期卖给百姓，于是百姓就拿这些东西给死人做衣服、帽子、鞋子、靴子，甚至还有纸糊的棺材。这些东西在考古学家眼里简直就是无价之宝，因为通过这些文书能够发现很多中国二十四史里所没有记载的东西。

　　墓葬内还出土了木笔，在吐鲁番以西的地区，包括西亚、中亚地区，人们在古代甚至直到现代，都是用木笔写字，而吐鲁番地处西域，所以也是用木笔书写，这恰恰说明了丝绸之路的文化交流情况（图18）。

　　新疆吐鲁番是一个中原民族跟西域民族混杂的地方，所以当时的社会情况也能通过墓葬反映出来。墓葬内的胡俑，是当地少数民族形象的一种，分为文士俑和武士俑，他们都穿着铠甲。需要强调的是，中原地区无论是长安还是洛阳，这个时期有大量的三彩器，称为"唐三彩"，但是我们根据到现在为止的情况看，唐三彩没有经过陆路传到西方，因为在新疆吐鲁番没有发现三彩器，唐三彩传到埃及、传到西方走的是海路，应该是通过海上丝绸之路传播，所以在吐鲁番只有泥马，没有三彩马（图19）。

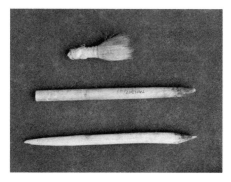

图18　木笔　张永兵摄

图19　彩绘泥马俑　张永兵摄

　　随葬品中有一幅很有名的"弈棋图"，是一幅绢画，描绘了唐代的仕女下围棋的场景，从仕女的装扮来看，应为盛唐时期（图20）。通过这些可以看出，当时唐代的文明已经高度发达，可以想象在吐鲁番出现如此精致的绢画，那中原地区绢画的精美程度可想而知。

　　丝绸之路名称的由来主要是因为有大宗的丝绸贸易，当时吐鲁番也有自产的丝绸，叫高昌锦。关于高昌锦有很多不同的解释，比较切合实际的一种说法是，高昌锦的风格属于源自萨珊波斯的粟特风格，因为当时在整个西亚、中亚地区，波斯文明最为优秀，大家都喜欢波斯风格的东西，高昌锦理应顺应潮流，模仿此类风格。

图20　弈棋图　张永兵摄

图21　狮子坐佛锦　张永兵摄

图22　野猪纹织锦　张永兵摄

一百多年来在吐鲁番只发现了一块高昌锦，称为"狮子坐佛锦"，它的题材跟佛像有关，锦上绘制一排坐佛，有背光，中间是粟特的连珠纹，旁边是蹲着的狮子，因此称为"狮子坐佛锦"（图21）。这些锦来自死人的敷面，通过这一点就可以看出，锦在古代来非常珍贵。锦上的颜色图案不是染上去的，而是织上去的，用不同颜色的丝线织成各式花纹，所以它很名贵。

在另一块敷面上，描绘着典型的波斯纹样，外面是连珠纹，里面是野猪的头。之所以有野猪的形象是因为不管是波斯人还是粟特人都信仰拜火教，而在拜火教里，野猪是以守护神的形象出现的，可以趋利避害，于是就把它织在锦上（图22）。

墓葬内发现有"共命鸟"的形象，它是女人的胸衣上的一个图案。共命鸟是一个身子两个脑袋的鸟，它取材于佛教经典里的一个故事。当时在印度的森林里面有一种鸟，一个身子两个脑袋，这两只鸟就这样共同生活着。有一天，一只脑袋睡着了，另一只脑袋发现有很好吃的果子，它想不用叫醒另一只脑袋，反正吃到肚子里营养是大家的，就径自把果子吃了，另外一只脑袋醒来后很不高兴，就一直耿耿于怀。结果有一天它就趁这个脑袋睡着的时候吃了很多有毒的果子，进行报复，因为都吃在同一个肚子里，最后两个脑袋都死了，谁也没逃脱死的命运。佛教传入以后把共命鸟绣在女性内衣上面，寓意作为夫妻，要家庭和睦，一荣俱荣，一损俱损（图 23）。

图 23　共命鸟织锦　张永兵摄

除此之外，墓葬内还出土有唐代的尺子、漆盒、玻璃器、木器的耳杯等。众所周知，吐鲁番的葡萄很甜，葡萄干也好吃，所以古人随葬的时候也会把葡萄干放进墓葬里。除了葡萄干，墓葬里还发现了梨子干、点心、饺子、棉花、棉籽、小麦、糜子、菜籽等。

在吐鲁番的墓葬内出土的金器包括金币、金首饰等。金币仿制拜占庭金币，是用金箔在真正的拜占庭金币上打压出来，所以它只有一面（图 24）。这种仿制的金币在吐鲁番出土了很多，但奇怪的是在吐鲁番没有发现真的拜占庭金币，而在山西、河北、宁夏等地倒是出土了很多真品，这是很有意思的一个现象。

除了这种金币，还有"高昌吉利"钱、开元通宝、萨珊波斯银币。通过这些货币我们可以发现丝绸之路的贸易交流很频繁。比如说在萨珊波斯时期曾经有一位布伦女王，这个女王实际上是个傀儡，从被人扶上位到倒台只有两年的时间，但即使仅有两年时间，她铸造的银币在吐鲁番都有发现，可以看出当年贸易的频繁程度（图 25）。

回顾之前提到的台藏塔，它实际上是为死去的人祈福、做法事，而修了这个塔。当时外国探险家斯坦因来的时候，听说塔里有一个巨大的佛像，但如今已经找不到佛像的痕迹，只剩下周围的佛龛，还有残留的

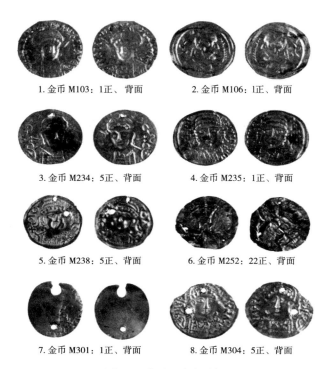

1. 金币 M103：1正、背面   2. 金币 M106：1正、背面

3. 金币 M234：5正、背面   4. 金币 M235：1正、背面

5. 金币 M238：5正、背面   6. 金币 M252：22正、背面

7. 金币 M301：1正、背面   8. 金币 M304：5正、背面

图 24　金币　张永兵摄

6 银币 05TBM303：8正、背面

图 25　萨珊波斯布伦女王银币　张永兵摄

一点壁画。在台藏塔的墙缝里，发现了一些文书。这些文书就是所谓的唐代历日文书，也就是唐代的日历（图26）。

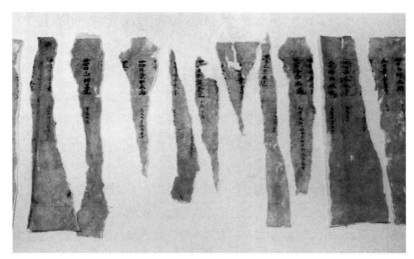

图 26　唐代历日文书　张永兵摄

　　唐代的日历都是由官方亲自颁发的，每年新年以后颁布给各地，各地收到后先颁到州里，州里边派人抄写，抄完再颁给县里。唐历之所以重要，是因为这是中国仅存的唐历的原件，解决了很多学术界困惑已久的问题。

　　通过这件历日文书我们可以知晓，在唐朝，全国人民每天过着整齐划一的生活。按照唐历规定，婚丧嫁娶、出差旅行、搬家盖房都要在规定的吉日里进行，一旦错过这天，就要等下一个合适的日子。吐鲁番出土的墓志显示有的人去世当天就入土，有的人要隔几天才埋葬。之前学者们理不出由头，通过历日文书才搞明白这桩学术公案。如果一个人去世之日正值政府许可的埋葬日，他就可以在当天埋；有的人去世时距政府许可的埋葬日还有几天，那他就得等到那个时间才能入土。这就解决了为什么死亡日期和埋葬日期不一致的问题。唐代日历揭示了唐朝人民整齐划一的生活，所以唐历被评为国家的珍贵古籍。

　　高昌地处西域，那里的中原人民跟大量的西域土著居民混居在一起，而土著居民有着丰富的宗教信仰，有的人信景教，就是古代基督教的聂斯托里派；有的人信拜火教；还有的人信摩尼教。他们去世后因为宗教信仰和族属原因，并没有葬入以中原移民为主的阿斯塔那墓地，而是埋在高昌城东的另一处墓地，属于今天巴达木村的范围。这里墓葬的形制、时代和阿斯塔那一致，但是根据出土墓志揭示的信息，这里的墓主人不是古代中原人的后代，而是古代粟特人、印度人及西域其他绿洲城邦国家的居民。这些人的墓葬形制和埋葬方式跟阿斯塔那墓地的中原移民后裔几无差异，但还是保留了一些本民族的文化特色。

　　根据史书记载，在高昌城东有胡天南太后祠，胡天是西域土著居民信仰的概称，南太后祠是他们祭祀胡天的场所。南太后祠遗址虽然未找到，但埋葬西域土著居民的巴达木墓地能够间接地证明史书记载的高昌城东胡天南太后祠的事实。巴达木墓地位于高昌城东，距阿斯塔那墓地很远，说明当时高昌城的土著居民有自己专有的墓葬区。包括中亚粟特人在内的西域土著居民长期生活在高昌城，在接受中原文化的同时，还保有本民族的文化特征。比如前文提到的张挂于墓葬顶部的伏羲女娲图，是中原丧葬文化的组成部分，巴达木墓地的胡人墓葬在接受中原文化时也接受了伏羲女娲是其始祖的理念，但由于这些胡人的形象特征大异于中原人，服饰也不尽相同，所以这个墓地出土的伏羲女娲图中的人物形象已变成具有高加索人种特征的胡人形象；服装亦不是中原人的对襟衣服，而是翻领的胡服（图27）。

图27　胡人形象"伏羲女娲"图　张永兵摄

　　由此可以看出古代高昌民族文化的融合情况，虽是胡人，也接受了中原文化，但仍保留有自己的信仰。

　　粟特人原本居住在今天中亚阿姆河、锡尔河流域地区，是古代波斯的移民，没有形成统一的国家，而是分散成众多大小不等的绿洲城邦国家，史称"昭武九姓"。粟特人是一个重商民族，丝绸之路从中原到西亚基本上依赖粟特商人的运作。他们的习俗是小孩一出生，嘴巴都要抹一些蜂蜜，寓意将来要甜言蜜语好做生意；而人死后嘴里要咬一枚金币，用作通往冥界的买路钱（图28）。

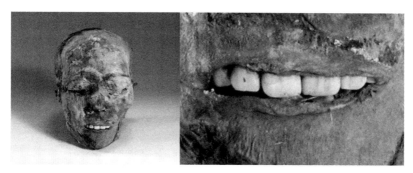

图28　口含金币的粟特裔墓主人　张永兵摄

　　在巴达木墓地也出土了用粟特语及汉语书写的唐代官府文书，意义非凡（图29）。粟特人所使用的文字借用自西亚的阿拉美文字，到了唐代又为今天维吾尔族的祖先回鹘人借用，创立了回鹘文。到了元代，回鹘人成为元朝宫廷的官员，利用回鹘文帮助蒙古人创立了蒙古文。到了满清时期，满族人又借鉴蒙古文字，创立了满文。所以粟特字母对中华文明的形成，特别是对北方少数民族文字的形成有着非常重要的影响。粟特文是现在已无人使用的死文字，国内对此语言的研究也非常滞后，巴达木墓地出土的粟特文是邀请日本京都大学的吉田丰教授破译出来的，出土的粟特语文书是一份唐代的政府文件，讲述唐朝龙朔二年，唐朝和西突厥人打仗，在天山以北到阿勒泰一带有很多突厥葛逻禄部，由于战争的缘故，政府把他们临时安置在今天的乌鲁木齐一带。战争结束后，

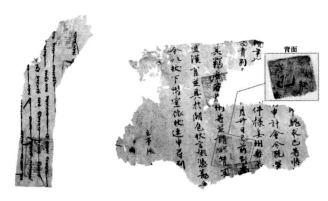

图 29　粟特语及汉语文书　张永兵摄

政府认为他们应该迁回位于阿勒泰山以北的故地，而这些葛逻禄部余众不愿返回较为苦寒的故地，找种种借口滞留，于是政府下发催促他们尽快返回的指令。之所以用粟特语给讲突厥语的葛逻禄部行文，是因为当时在突厥部落里面生活着大量的粟特人，帮助突厥首领及贵族做生意，当文官处理公文。在唐朝朝廷里同样也有许多精通汉语的粟特人帮助朝廷起草针对西北胡人政权的汉—粟特双语公文。当这些公文发至葛逻禄部落时，汉文部分由派驻到这里的"羁縻汉官"阅读，粟特语部分由粟特人秘书翻译给葛逻禄首领。由此可知，在唐代，中央政府在给少数民族政权行文时是汉文和胡语同时颁发的，上面都盖有公章，具有同等的效力。

阿斯塔那墓地在唐末由于西州被吐蕃人占领而废弃。吐蕃人占领这里之后就把当地人编成部落迁到别处，所以这里的中原文化也就戛然而止。到了高昌回鹘汗国建立时，由于回鹘人在漠北时就已信仰摩尼教，摩尼教徒食菜事魔，对遗体的处理方式大概是天葬或没有棺椁及随葬品的裸葬，所以没有发现他们的墓葬。

其后，回鹘受西域本地佛教的影响，从摩尼教徒变成了佛教徒，他们信仰佛教以后其丧葬习俗也随之变为火葬，也没有延用阿斯塔那墓地的痕迹，所以阿斯塔那墓地是晋唐时期西域高昌地区中原移民及汉化胡人历史文化的一块纪念碑和地下博物馆。

汉与北魏经略草原丝路盐湖的差异

王长命*

草原丝路盐湖，是指分布于草原丝路节点的盐湖，大都位于农牧交错带以北干旱半干旱的荒漠草原地带。盐湖的地理分布，与活动于这一区域的草原游牧族群存在空间重合。在空间重合的前提之外，两者之间当有稳固的生态关系，如是方能进行盐湖事件史的理解和考察。正史记载中，草原丝路盐湖有盐泽、盐池等"通名"式专名，或是表示湖泊特性（黑盐池、白盐池、青盐泽）及方位的限定词结合（漠南、漠中、漠北）等不同形式。不同类型文献中，草原丝路盐湖记载侧重点不同，数量、事件及时空分布存在不均衡的现象。《史记·大宛列传》《汉书·张骞李广利传》《汉书·地理志》等文本中，记载了汉武帝获

* 王长命，温州大学人文学院历史系副教授。

取的上郡以西三个著名盐湖。一个是位于西域门户的盐泽，另外两个是新秦中河南地的金连盐泽和青盐泽，都位于匈奴右王之地。但在司马迁关于匈奴游牧经济的描写中并没有池盐的影子，而是为后世所熟知的"逐水草迁徙"（《汉书·匈奴传》中为"各有分地，逐水草移徙"）的文字。现代植物学、动物生态学和畜牧用盐调查显示，食草动物所食用的植物本身不保持和积累钠等元素，因此需要额外补充矿物盐来满足生理和生长需要。畜群与盐之间紧密的生态联系，是游牧族群开发和利用池盐的先决条件。遗憾的是，由于正史缺载，匈奴游牧族群在三个盐泽空间上的活动实态已无从考究。幸运的是，正史及出土文献提供了汉王朝在开疆拓土的过程中，在三个盐泽空间上差异性管理的直接或间接证据。

作为汉王朝经略盐泽极具参照价值者，是北魏太祖拓跋珪早期的历史。《魏书·太祖本纪》收录了拓跋珪在河南地诸盐池及漠南北盐池群上丰富的活动。拓跋珪亲历盐池巡幸背后的政治、军事、文化意涵，迥异于汉帝国的行政、盐政、军政治理。一个重要的原因在于罗新教授指出拓跋魏的皇帝不仅是华夏帝制国家的皇帝，也是草原游牧集团的可汗。拓跋珪自觉不自觉地承担和践行农牧社会二元性的使命，故而其盐池活动的多角度探析十分必要。汉武帝和拓跋珪经略盐池的差异性，也是理解早期中国文明进程的一个重要面相。

一 汉武帝经略新秦中及西域盐泽

汉武帝元朔二年（前127）春，车骑将军卫青从云中沿黄河而上，西征至陇西，将河套以南新秦中之地重新纳入汉帝国版图。在新秦中之地，汉武帝置朔方郡、五原郡进行政区管理。同年夏，又募关东民十万徙朔方。置郡设县，移民实边，是行政和民政建设的内容。与此同时，盐政管理的内容亦一并提上日程。汉帝国在朔方郡沃野县和五原郡成宜县设置盐官，推行盐专卖制度。取盐之地，史无明载。朔方郡及五原郡盐泽分布及数量的信息，主要依靠《汉书·地理志》的记载。根据班固首创"县下系物"书例的线索，可知汉王朝将金连盐泽和青盐泽两池划归朔方郡朔方县管辖，而五原郡则没有管辖盐泽。从盐泽管辖和盐官设置分属朔方县和沃野县、成宜县的情形来看，汉王朝对于新秦中河南地盐池实行取盐和专卖分离的盐政措施。换言之，沃野县和成宜县的盐官需要到朔方县盐泽取盐并分销。至于是取金连盐泽，还是青盐泽的盐，单纯依靠《汉书·地理志》已无法获取有效信息。两个盐泽在纳入汉帝国行政和盐政交叉管理控制之前，当由活动于此的匈奴管理和控制。遗憾的是，《史记·匈奴列传》《史记·李将军传》《史记·平准书》等只提及汉帝国取河南地及置朔方的历史，对盐泽未置一词。尤其是《史记·匈奴列传》全文中，没有出现一字与盐相关的内容。文本的缺载，反映书写者主动的遗忘，而不能说明盐泽对匈奴不重要。

历史的空白处，提供了无限遐想的余地。虽然都以盐泽为核心词，但两盐泽的湖泊水文属性是一致的，还是有差异？能否用现代地理学、水文学、盐湖学、矿床学等学科，对两个盐泽进行区分？匈奴时代，两个盐泽开发方式完全相同，还是有别？如果有别，重点开发的对象是哪一个？这些问题，与上节存疑的在哪个盐泽取盐的问题一起，需要依靠后世文本提供的有效信息进行辨析。

北魏太和至建义年间（477—528）成书的《魏土地记》中，保留了"（朔方）县有大盐池。其盐大而青白，名曰青盐，又名戎盐"的文字，通过对文字信息的提取，可知朔方县有大盐池，池中所出盐为"大而青白"的青盐。以现代盐湖学及结晶学为基准进行"将今论古"，可以推测北魏时期大盐池为有湖表卤水的盐湖，青盐为结晶析出的沉积盐。大盐池，或青盐泽地望，清人考订为喀喇莽乃淖尔（今杭锦旗巴音乌素镇哈日芒乃淖尔，又名盐海子）。以大盐池所出盐品类（青盐）为跨时空参照，可知《汉书·地理志》记载青盐泽得名由来。《魏土地记》的编著者，还提供了青盐的民族语文称谓为"戎盐"。"戎盐"之"戎"，属于泛指概称，不仅包括北魏时期活动于河南地的族群，还囊括包括匈奴在内的先秦部落。戎盐名称的流传，恰恰从侧面证明了非中原民众开发和利用盐池的事实。

《魏土地记》"汉置典盐官"的文字，可以解决汉朝时朔方郡五原郡取盐点的问题。大盐池，即青盐泽在汉代时设置典盐官，表明朔方郡沃野县及五原郡成宜县盐官都来此池取盐。设置的地方，当位于出产青盐的青盐泽附近，笔者推定典盐官负责盐产地盐的出纳，与州县所置盐官性质当不同。根本原因在于，典盐官置于朔方县大盐池附近，而盐官置于州县，诸如西河郡富昌县、朔方郡沃野县、五原郡成宜县等。盐泽附近的典盐官，当是专卖体系的一部分。《魏土地记》提供的典盐官信息，不仅补充了正史所缺，而且补足了汉王朝盐专卖体系中的重要一环。

《魏土地记》不仅在百年尺度上跨时空将大盐池与青盐泽进行了名实勘合，而且对于汉朝青盐泽盐政管理进行了补充说明。从这个角度看，《魏土地记》编著者不仅收集了大量的资料，而且有实地考察，故而信度和精度颇高。在这个前提下，审视为何该史料对金连盐泽未着一字。一个非此即彼的推断产生了，那就是虽然名为"盐泽"，但金连盐泽属性与青盐泽不同，不能出产"大而青白"的盐晶体。金连盐泽地望、属性以及功用的探讨，还需要进一步的探索和研究。

目光由新秦中之地转向西域，盐泽控制模式的时空差异性显而易见。太初元年（前104），汉武帝派壮士车令等持千金及金马等到大宛，换取大宛之贰师（Mapxa-MaT）所出"汗血宝马"。大宛国王拒绝汉使的请求，车令愤之"椎金马而去"。大宛国王与东邻郁成国却密谋劫夺汉使财物，并掩杀之。武帝闻之大怒，派遣贰师将军李广利伐大宛。军事胜利之后，丝路往来畅通，汉使与西域诸国贡使相望于道。为了提供保障，天汉年间（前100—前97），汉帝国自敦煌至盐泽（《史记·大宛列传》中为盐水，即孔雀河，《汉书·西域传》中改为盐泽）之间起塞墙、烽燧和城障。首先是盐泽具有的高辨识度及重要的资源属性。《史记·大宛列传》中有"于阗之西，水皆西流注西海；其东，水东流注盐泽"的文字，提供了盐泽是整个塔里木盆地水系东汇之所，属于终端湖的信息。这一高辨识度的水体，是亭障设置的重要地理基础。

其次，盐泽在空间上是西域政治势力角力之所。《史记·大宛列传》中有"楼兰，姑师，邑有城郭，临盐泽；匈奴右方居盐泽以东，至陇西长城"的文字，提供了盐泽附近长期有楼兰、姑师以及草原霸主匈奴的右方势力的信息。前述信息的提供者是凿空西域的博望侯张骞，所以匈奴右方势力范围的描述是西起盐泽，东至陇西长城。《汉书·张骞李广利传》一则材料记载元狩二年（前 121），匈奴浑邪王内附降汉之后，原居地形成范围很大的势力真空地带，"金城、河西并南山至盐泽，空无匈奴"。这个材料描写了自东而西的匈奴右方势力范围，西部同样以盐泽为限。汉帝国控制河西走廊，西至盐泽之后，在三方势力角力的盐泽置亭，是具有军事战略高度的布防。

此外，还有涉及盐泽管理的部分。《史记·大宛列传》《史记·匈奴列传》《汉书·张骞李广利传》等正史资料中，没有只言提及匈奴在盐泽取盐的信息，也没有介绍汉帝国控制盐泽之后盐政管理的内容。而额济纳河出土的居延汉简相关简牍，为解决上述问题提供了参考。居延汉简中有《廪盐名籍》《盐出入簿》，属于军队戍卒后勤保障的部分，而负责官员就是亭长。汉武帝在盐泽置亭，亭长便是盐政的主管官员。汉帝国通过这样的方式，把汉式盐政管理模式推广到盐泽地区。至于盐泽产盐方式的记载，则可以参考《水经·河水注》"蒲昌海"段。虽然《水经注》文本后出，但产盐方式却历史久远。

二　北魏道武帝拓跋珪经略新秦中诸盐池

晋末乱离，新秦中之地郡县废撤，盐专卖不行，盐池的控制陷入无序状态。位于农耕世界边缘地带的新秦中诸盐池，在群雄逐鹿的拉锯中再次登上历史舞台，并被放大。换个角度讲，《汉书·地理志》记载金连盐泽、青盐泽，并非新秦中盐池的全部。空间上看似分割的盐湖群和历史上发生的事件，共时性地呈现了各政治势力围绕草原丝路盐湖进行控制乃至制度建设的努力。

　　白盐池，因拓跋魏对匈奴刘卫辰势力的征伐而收录于正史文献。结合《魏书·太祖本纪》及同书《刘卫辰传》，梳理相关事件如下。登国六年十一月辛卯（二十二日）至壬辰（二十三日）间，道武帝拓跋珪到达代来城，开始了对匈奴刘卫辰势力的清剿。他派陈留公拓跋虔追击落逃的刘卫辰父子及余众，一路自悦跋城南追至白盐池。最终在白盐池附近，将卫辰家属掳获。刘卫辰单骑逃走，于壬辰日伏诛。

　　同年十二月，拓跋珪获得刘卫辰的尸体，平定叛服无常的匈奴刘卫辰势力。道武帝拓跋珪为了宣示自己是这块土地上新的主人，选择了巡幸盐池而非悦跋城（代来城）以实现上述目的。不知是漏记还是别的什么原因，文献中只提到了"盐池"的通称。道武帝在盐池地方接受黄河以南诸部的款服，并进行战利品统计及登记造册，包括珍宝、畜产、名马三十余万匹，牛羊四百万头；随之将这些战利品论功行赏给诸功臣，"班赐大臣，各有差"；最后将俘虏的刘卫辰亲眷屠杀，"收卫辰子弟宗党无少长五千余人尽杀之"。道武帝拓跋珪在十二月巡幸的盐池很大程度上当为白盐池，在此处就地羁押战俘是原因之一。更重要的原因是，刘卫辰自悦跋城出逃时所携带的珍宝、畜产、名马、牛羊等，亦一并被拓跋虔截留于白盐池。拓跋珪于十二月巡幸盐池，进行处理战利品、论功行赏、清除敌对势力等多项举措。

　　《魏书·刘卫辰传》中补充说明刘卫辰族人的被投尸地点是黄河。两个文本对读，可将前述白盐池巡幸之后的事件及空间进程进行补缀和连贯。拓跋珪在白盐池处理完战利品以及论功行赏之后，极有可能押着刘卫辰族党五千余人北上黄河。虽然具体行路时间不得而知，但此行对于战俘来讲并不轻松，必死但不确定何时死的境况折磨着他们。拓跋珪选择在黄河边上，将刘卫辰宗党诛杀并投河。变红的河水，似乎是一年前突然"河水赤如血"现象的"征验"。引颈待戮的刘卫辰族人明白，去年的水异乃为不祥之兆，为亡国灭族之警。

　　白盐池的地点和空间上，密集发生了逃奔、追逃、巡幸等历史事件。为何刘卫辰选择白盐池为逃跑方向，换言之，白盐池对于刘卫辰的重要性，则尚不得而知。解决这个问题，需要结合后期发生在白盐池空间上的历史，提取有效的信息进行说明和疏解。元嘉四年（北魏始光四年，427）拓跋焘兵临统万城下，重创赫连夏政权，收复了白盐池。在稳固控制白盐池之后，尚书令刘洁、左仆射安原联署奏事，奏请将三万余落敕勒新民安顿于河西，西至白盐池的地域。敕勒新民，就是北魏太武帝拓跋焘在神麚二年至三年（429—430）间一系列漠北草原征战后，掳获的来自草原的高车（也包括柔然）部众。这些降附的部众，被安置于北魏辖境内特定区域，从事农牧生产。一部分被安置在河西牧场为北魏王朝从事畜牧业生产，时人称为"河西费也头"。至于河西牧场的水草条件及畜群承载量，古人用"河西水草善，乃以为牧地，畜产滋息，马至二百余万匹，橐驼将半之，牛羊则无数"来形容其情形。

优良的水草条件之外，还需要满足大量牲畜矿物质补充的盐池作为畜群生存发展的生态支撑和资源供给。北魏政府充分考虑到此点，所以把白盐池作为牧场的标配。显然这个草原生态和游牧经济逻辑，并非出自东胡的拓跋鲜卑所固有的，而是在进入河南地之后逐步掌握。

明晰前述游牧族群赖以生存的是盐水草组合资源，并且盐水草组合之地是优良牧场的条件后，理解刘卫辰选择河西白盐池为逃跑方向就有迹可循了。白盐池附近，极大可能是刘卫辰的战略后备所在，有依赖盐水草而设置的战略后备力量。换言之，刘卫辰政治体也将掳获的部众安置于此进行畜牧。

在白盐池空间上，部族安置的历史在刘卫辰、拓跋魏政权之后继续上演。白盐池的重要性，被唐王朝提升到一个新的高度。唐中宗景龙三年（709），唐王朝敕令设置白池县。至于白池县得名，文献明确记载来自白盐池"地近白池，因以为名"。这次建置，大大凸显了白盐池在州县地方经济中的地位，以及社会、生态效用的强调。正史缺载置县的动因，只说明县名的来由。理解前述，需要把时间点往前推。

白池县的前身，是兴宁县。兴宁县设置的时间点，顾祖禹考证为隋末，其地属于盐川郡。兴宁县辖境内虽然有白盐池，但史料并未特意强调。武德四年（621），兴宁县并入五原县。贞观初年，五原县和盐州同时裁撤。国家正式撤废州县的背后，是唐王朝平定东突厥之后安置降附突厥部众和粟特胡户于此的历史事实。与北魏相比，唐王朝以粟特胡为首领，设置鲁、丽、含、塞、依、契六胡州进行管理。调露元年（679），唐王朝以唐人为州刺史，取代昭武九姓的首领。经此调整，六胡州由羁縻州重新升为正州。此时的行政区划调整，与盐池关系不大。白池县设置之后，唐帝国稳定控制了盐池。之后设置兰池都督府、宥州、新宥州来安置突厥、回鹘、党项等部众时，行政单位及部族与白盐池的关系疏远了。

《魏书·太祖纪》记载拓跋珪在登国七年（392）正月巡幸黑盐池，背景是完全击败刘卫辰政治体并完全控制新秦中河南地。黑盐池的得名，来自于池内所出盐晶体的颜色。至于黑盐池，是《汉书·地理志》中的青盐泽，还是唐人记载的盐州乌池，本文暂且不深入讨论。

黑盐池空间上的活动内容十分丰富，"七年春正月，幸木根山，遂次黑盐池，飨宴群臣，觐诸国贡使。北至美水"。《册府元龟》全抄《魏书·太祖纪》内容，《北史·魏道武帝本纪》则缺了"觐诸国贡使"的内容。

召集群臣宴飨以及觐见诸国贡使之事，在北魏历史上并不稀见。但在黑盐池空间上举行前述活动，需要注意黑盐池的特殊性。黑盐池与新秦中河南地诸部众关系密切，一如白盐池。从这个角度，可以理解黑盐池空间活动的合理性。《北史》的文本显示，黑盐池地理空间上弥漫的是和亲的氛围。大统三年（537）冬，孱弱的西魏文帝元宝炬，在权臣宇文泰的安排下，不得不以和亲的方式与强大的柔然修好。柔然主郁久闾阿那瓌的长女郁久闾氏与西魏迎亲队伍的碰面地点，就是黑盐池。柔然公主领车七百乘、马万匹、驼千头作为陪嫁，在黑盐池附近安营扎寨，"门朝东向"的文字带有浓烈的人类学和民族学意味，体现了柔然民族的内亚属性——"以东为上"。黑盐池附近，应当分布有大范围的牧场。不仅可以提供优质的牧草，还成为草原部落活动的重要场地。知晓此点，拓跋珪及柔然在黑盐池空间上的活动就更容易理解了。

白盐池、黑盐池虽然因道武帝拓跋珪的巡幸、征战和宴飨等载于史册，但在《魏书·地形志》中，却失载了白黑盐池，只在朔方郡朔方县下列"贵堉泽"。从书例来看，《魏书·地形志》严格遵守了《汉书·地理志》所创的"县下系池"的写法。朔方县名相同，而所系水体名称则有差。《汉志》中为金连盐泽、青盐泽二盐泽，《魏土地记》中为大盐池（青盐池、戎盐池），而《地形志》中为贵堉泽。后者专名仅此一见，其湖泊属性、水文性状以及出产等自然地理和水文地理信息皆无从觅得。而专名的语源及词义，亦未有辨析。贵堉泽地望名实、语源及与黑白盐池关系的探讨，是未来拓跋史以及历史地理研究急需补足的部分。

三　道武帝拓跋珪纵贯漠南北的盐池群经略

登国年间，道武帝拓跋珪经略重心是黑白盐池，两个盐池位于黄河以南。天赐三年丙午（406）九月间，道武帝拓跋珪的盐池经略重心有转移，巡幸漠南北的盐池群。《魏书·太祖本纪》中，以时间轴为线详细介绍了这次巡幸，"八月甲辰，行幸犲山宫，遂至青牛山。丙辰，西登武要北原，观九十九泉，造石亭，遂之石漠。九月甲戌朔，幸漠南盐池。壬午，至漠中，观天盐池，度漠，北之吐盐池。癸巳，南还长川"。北魏皇帝短时间内进行漠南北盐池巡幸，《魏书》中只此一见。廿五史中，相类似的盐池群巡幸记载极为罕有，可谓空前绝后。由于材料仅此一见，加之缺乏可以对勘校验的同类文本，故而后世文献大都转抄摘录。《北史·魏本纪一》《通志·后魏纪十五》《古今图书集成》涉及《魏书·太祖纪》的内容时，皆未改一字全文抄录。北宋两大类书《太平御览》和《册府元龟》中，各自节录了盐池巡幸的一段，罗列于《皇王部》和《帝王部》目类下。

与单纯的抄录相比，司马光处理盐池巡行史料的做法极具争议性。《资治通鉴》中用"（八月）甲辰，魏主珪如犲山宫，遂之石漠。九月，渡漠北。癸巳，南还长川"的文字，来记录天赐三年八月拓跋珪巡幸路线。与《魏书·太祖纪》文本相比，司马光全删了漠南北盐池地名。之所以如此，是因为该段文字不符合司马光编著《资治通鉴》时制订"取关国家兴衰，系生民休戚，善可为法，恶可为戒"的史料采择标准。通观《魏书·太祖纪》漠南北盐池群巡幸前后文字，仅有路线上节点地物地名列举，没有事件关联，地名之间缺乏逻辑和因果联系，更缺少人物更多的活动。司马光当注意内容本身缺乏高辨识度的信息，加之与"国家兴衰及生民休戚"关系没有那么大，故而在编修时径直删减了。经过删减的文本，从编撰角度看，行文依然连贯；从行程复原角度看，少几个地名不影响路线走向；从理解上看，不会让读者产生偏差。司马光的做法，从中原王朝叙事和正统史观的角度看，并无不妥。但司马光没有注意到的是，拓跋魏的皇帝不仅是华夏帝制国家的皇帝，也是草原游牧集团的可汗，兼具内亚和中原的二元性。这种对内亚族群以及草原游牧政权属性的忽视，是司马光不自觉降低拓跋珪漠南北盐池群巡幸史料的价值，进而直接删除的根本原因。

明人汪砢玉辑录的盐专题文献《古今鹾略》中，也收录了拓跋珪盐池群巡幸的事件。汪氏根据自己的理解，将"魏天赐三年九月甲戌朔，驾幸漠南盐池，壬午，至漠中，观天盐池，度漠，北之吐盐池"内容归入"生息"目录下，来进行性质界定。"生息"一章，主要收录不同类型盐产地及盐产种类、方式、特点等。汪氏的理解中，拓跋珪大费周章去盐池群巡幸，目的是管理或者收取产自漠南北盐池群的池盐。

清人秦蕙田《五礼通考》中，同样收录了拓跋珪漠南北盐池群巡幸之文，并列入"嘉礼"中"巡狩"目录下。汉儒郑玄对于巡狩的主体及经行的地物有如下说明，"王巡狩，过大山川也"。从表面现象来看，拓跋珪确实经过了山川、大漠、盐湖等不同的地物。按照郑玄的定义，归入"巡狩"似无大错。但巡游大山名川行动上的相似，并不表示属性的相同。"嘉礼"属于儒家的礼制范畴，主体当是深谙儒家礼制并遵照一定的规范进行活动。彼时的拓跋珪，是否认可并遵行儒家礼制需要打一个问号。秦蕙田先验地将拓跋珪归入儒家浸染下的君主范畴，才有了前述归类和定性。但这种归类和定性，明显不符合历史实际。

虽然明清诸家提出自己的看法，但点校者和修订者明显并不认可。目前所见，只有《中国历史地名辞典》考证"天盐池"地望，推测在今"内蒙古四子王旗东北"，但没有提供论证过程及材料支撑。

张金龙根据《魏书·李先传》"车驾于是北伐，大破蠕蠕。赏先奴婢三口，马牛羊五十头"的记载，推定可能是天赐三年间道武帝发动对柔然的战争。但此次作战不见于《魏书·蠕蠕传》，可作为旁证的便是同年八、九月间漠南、漠北盐池巡幸。两相结合，张金龙推断《魏书·李先传》所载道武帝北伐柔然应发生于这次北巡之时，其所到之处即包括柔然活动地域。张氏推断柔然八、九月间活动之所，最有可能是在石漠到长川之间，主要是漠南、漠北盐池群地带。不过由于地望无法确定，柔然族群活动于此的推论亦存在疏漏。

解决这个问题，需要尽可能利用原始文本提供的有效信息。《魏书》提供了九十九泉以及武要北原的起始点参照，又提供了长川的终点地名。武要北原、九十九泉、长川的古今地望考订，已经取得了扎实的成绩。在武要北原和长川之间，自西而东划定大致区域范围，漠南北盐池群就在此范围之内。根据"将今论古"的地理学方法，利用现代盐湖调查资料，确定拓跋珪巡幸的目的地是湖群，湖群散布于沙漠中。需要特别指出的是，拓跋鲜卑定义的盐池，并非现代湖沼学和盐湖学科意义上的盐湖，还要考虑咸水湖的可能性。由于湖泊群的稳定性，还要结合后世文献收录的相同区域内盐湖群的记载进行勘合，尽管名称可能有变化。

小　结

在草原丝路盐湖的空间上，不同族群、政权、国家，不同发育阶段的各政治体都留下了印记。这些形态多样的活动，以及简繁有别的事件，是盐湖人地关系的客观反映。汉武帝经略西域盐泽、新秦中河南地金连盐泽、青盐泽，治理方式有别。朔方县下青盐泽置典盐官，保证池盐出产；而于朔方郡沃野县，五原郡成宜县置盐官，来分销专卖青盐池盐。至于金连盐泽的管理，当非汉帝国盐专卖体系。至于西域盐泽，汉帝国通过置亭进行军事管理。所出盐由亭长分配给屯戍之卒。虽然没有直接出土资料，但可以确定的是，类似《盐出入簿》《廪盐名籍》这样的盐供给名单是必备的。

北魏早期历史中，拓跋珪先后经略河南地盐池（盐池、白盐池、黑盐池）群，以及漠南北盐池群的事件具有空前绝后的性质。不仅涉及盐池数量众多，而且地域跨度大，之前之后的帝王巡幸没有同类可比者。明确草原丝路盐湖对于游牧族群生存至关重要的前提后，拓跋珪盐池巡幸及各类活动的意义才可以探究。拓跋珪的盐池巡幸活动，反映了北魏皇帝通过间接控制盐湖这一生态资源，征服和整合草原诸部族的事实。而这样的活动，带有草原游牧族群政治体发育的特征，迥异于汉王朝的盐泽管理和控制模式。随着北魏孝文帝汉化改革，政治中心南迁洛阳，河南地盐池群以及漠南北盐池群的巡幸、宴飨、征伐、外交、礼聘等诸活动逐步消失，草原政权的色彩逐步褪去。

汉、北魏两个王朝，对于草原丝路盐湖的管理模式迥异。一个通过郡县和盐官，乃至军事单位亭进行直接管理；另一个则通过带有草原内亚特色的方式进行间接管理。这两种模式及其变形，成为稳固的基因，被之后不同王朝所继承。

略谈丝绸之路与区域研究

张信刚

编者按：近年来，丝绸之路研究已在国内成为显学，在国际上也日益受到重视。北京大学区域与国别研究院举办主题为"丝绸之路与区域研究"的新芽沙龙，邀请国际知名科学家、教育家，香港城市大学前校长张信刚教授与学生交流。张教授回顾了欧洲早年的"东方学"以及美国20世纪后期的"区域研究"，批判性地检视其经验和成绩，并结合自身行走丝路的长期观察和体认，分享对学术前沿发展的理解和思考。

一　我眼中的丝绸之路

"丝绸之路"这个概念听上去像是一条笔直或者单一的路线，实际上它包括四条不同的交通通道，一张几乎覆盖整个欧亚大陆及周边大洋的交通网络。

　　第一条交通通道是欧亚大陆北方寒带的人们所使用的。欧亚大陆最北端是北极，由此往南是无法居住的冻土区和难以通行的森林区，再往南是宽度达 200 千米、东起大兴安岭、西至乌克兰黑海北岸的大草原。草原上只有灌木和草丛，少有崇山峻岭，人类早期的往来可能就是从这条草原丝绸之路开始的。从草原再向南，纬度进一步降低，就到了北温带区域。这里温度和降雨量都较高，适宜人们定居和种植。基于此，这里出现了一条连接着陆地和沙漠之间诸多城市的绿洲之路。今天人们所说的丝绸之路大多指的是这条路带，也即传统意义上的丝绸之路。除了东西之间的交往，南北之间的交往也促成了许多交通网络。比如居住在温带和热带的人们之间的往来，逐渐形成了从中国中原地区到云贵川地区再向缅甸、孟加拉国延伸的南方丝绸之路——三国时代诸葛亮七擒孟获走的就是这条路的其中一段。此外，早期近海的人们往来通常使用船只，由此形成了靠近海岸线的海上丝绸之路。公元前 3 世纪前后，亚历山大帝国崩溃之后的埃及被希腊人控制，希腊人发现了从红海进入印度洋的航线，并且发现印度洋的刮风规律——半年是从南向北吹，另外半年则是从北向南吹，这就是被称为"贸易之风"的季风。此后，海上的交往就不再局限于沿海岸线的船只往来，而是借助季风通过海上之路前往更远的地区。草原之路、绿洲之路、南方之路和海上之路共同构成了丝绸之路的交通网络。

　　公元前 2 世纪，西汉的张骞从长安走到今天的阿富汗、乌兹别克斯坦一带，中外文化交往由此日趋频繁，中原文明通过"丝绸之路"迅速向四周传播。700 年后，玄奘西行，进一步提升了唐朝在西域的影响力。再过 700 年，摩洛哥人伊本·白图泰从家乡出发前往麦加朝圣，途经 44 个国家，旅途长达 75000 英里（约合 12 万千米）。玄奘和伊本·白图泰两人回国后都将旅途所见记录下来，分别命名为《大唐西域记》和《伊本·白图泰游记》，两本书为后人了解丝绸之路作出了重要贡献。

二 所谓区域研究

区域研究产生于 20 世纪中叶的美国，其前身可以追溯到东方学。我们今天对世界史的了解很大程度上得力于欧洲近两百年来在东方学领域的研究，其主要有以下六个方面的成就。

一是埃及学的建立。虽然在一定程度上，罗塞塔石碑的发现存在偶然性，但欧洲学者结合对古希腊文的研究，经过 20 多年的努力将其破解，为之后的埃及史研究奠定了基础。

二是对美索不达米亚文明的探索。最早的文字及最早的城邦集团是在美索不达米亚平原、两河流域之间，即今天伊拉克所处的地区出现的，比埃及略早了几百年。后人通过破译在美索不达米亚发现的 3 万多块象形文字泥板，对当时的宗教信仰、天文研究及部族政治关系都有了一定程度的了解，这些知识也成为东方学的主要成就。

三是对印欧语系的探究。英国强大后以东印度公司的形式占领了印度的若干重要地区，与当地统治者们制定了一系列协定，并派法官依据协定审理案件。其中一位精通多门语言的法官琼斯对印度本土语言梵文很感兴趣，通过研究，他提出了"原始印欧语"的假说，认为人类语言有共同的源头。此后经过语言学家 200 多年的研究，假说中的一些内容已经得到广泛认同，比如梵文的文法以及名词的位和格都与欧洲语言相似，与此同时印欧语系的谱系图也日渐完善和清晰。

四是印度河谷文明的发现。20 世纪英国与德国的考古学家在印度河谷发现了街道、房屋甚至艺术品等城市遗迹。尽管这些遗迹的创造者不得而知，但不可否认在距今 5000 年至 3500 年前，印度河谷曾有过相当发达的文明，该文明甚至比雅利安人建立婆罗门教后所形成的印度文明更早。如果按时间先后进行排序，两河流域文明是最早出现的，大约距今 6000 年；上下埃及统一产生的埃及文明距今约 5500 年；印度河谷文明距今约 5000 年；有实物证明的华夏文明距今约 4000 年。可以看出，人类文明的曙光是由西向东逐步点燃的。这些文明是接续发展还是各自独立发展很难断定，但有一点是明确的，即这些文明产生后，它们之间的来往日渐密切，其历史不但未曾中断过，而且随着来往密切程度的增加，文明之间的交往交流逐渐为更多人所知。它们交往的原因各有不同，有的为了贸易，有的为了迁徙，有的为了征服。而一个文明征服另一个文明后，贸易更发达，获得的财富就更多，于是部落变成城邦、城邦变成帝国的现象非常多，这也是东方学研究带给后人的体悟。

五是草原帝国的发现。马的驯服大致起源于今天的黑海北岸，是生活在当地的草原帝国的人们为了利用草原之路所做出的举动。有研究表明，草原帝国曾经制造出很多精致的金属装饰和战争武器，他们的后人之一就是今天生活在俄罗斯图瓦共和国的斯基泰人，其语言属于印欧语系东伊朗语支。

六是丝绸之路的重现。虽然丝绸之路的存在很早就获得了公认，但与之相关的系统性发现却不多。曾有德国考古学家在新疆楼兰的黄沙下发现一具保存非常完好的古尸，艺术家用绘画等技术将其面部复原后，可以看出古尸大约属于吐火罗人，是今天所说的欧罗巴人种的一支，而非蒙古人种。此外，大英博物馆中有一封曾在长城的烽燧底下发现的粟特人于晋朝初年写的信，通过对该粟特文信件的破译释读，我们终于知道这封信是这名粟特人在八王之乱时向家中报平安的家书，其中也反映了粟特人曾在丝绸之路上生活、贸易的内容。此外，《大秦景教流行中国碑》也记载了基督教是唐朝时从伊朗传入中国的。如此的例子不胜枚举。

尽管东方学的贡献巨大，但20世纪中叶美国成为超级大国后，在与其他国家交往时发现，世界上还有太多的区域并不为人所熟知，很多领域都缺乏相关人才。为此，洛克菲勒基金会、卡耐基基金会、福特基金会与美国多所知名大学共同创建了区域研究学科，致力于培养一批对某个地区的风俗、民情、法律制度、社会状态等都有所了解却并不完全以某一学科领域为导向的人才。虽然这种培养理念最初并不被一些学校所接受，但随着时代发展，区域研究渐渐被学术界所认可。

有人认为，区域研究培养出的人才样样通却样样松，但我不以为然。"样样通样样松"这样的评价并不科学。对于从事区域研究的人来说，应像王维的诗句"大漠孤烟直，长河落日圆"一样，在知识的光谱中，要有一门知识是非常精通的，同时对其他相关知识也要有所了解，即"You know everything of something, and you know something about everything"。

三 区域研究的范式、立场及其与政治的关系

区域研究的角度非常多元，研究方式也是多样的。我们以分析中国、印度、伊朗经历的现代化过程以及三者各自的文化特质为例。中国可以被视为一个持续的文明体，它不是一个民族国家，也不是一个帝国。从《左传》《春秋》等文化典籍，一直到儒、道、佛的宗教信仰，不管处于什么政权管理下，这个文明体几千年来的核心都存在于长江、黄河、珠江流域这片土地上，这是我们共同的精神家园。印度可以被看作是多次脱胎却没有转变基因的宗教社会，印度生活的每一方面都脱离不了宗教，印度人的宗教情结也非常强。伊朗与前两者又不同。波斯一直都是亚洲很重要的组成部分，由于位于美索不达米亚的东边，它很快受到了两河文明的滋养与浸润。与中国相似，波斯文明也有农牧二元性，游牧生活与农业生活共同存在于其文化中，但其主要特色是一个心智的帝国，其对人类思想的影响非常大。比如马兹达宗教、太阳神米特拉崇拜、摩尼教、琐罗亚斯德教（祆教/拜火教）及其宇宙观、景教（基督教聂斯托里派）等宗教都对世界产生了重大影响。值得注意的是，公元650年之前伊斯兰教没有真正进入波斯，但650年后波斯萨珊王朝被阿拉伯大军消灭，波斯人全部改宗伊斯兰教，今天有约98%的伊朗人信伊斯兰教。伊斯兰文明中涉及数学、天文学、化学、医学等科学的著作虽然是用阿拉伯文写作的，但作者的家庭背景却大都是波斯人，而阿拉伯世界很多的制度也都是波斯的延续。可以说阿拉伯人从宗教上同

化了波斯人，但波斯人却从制度上和思想上同化了阿拉伯人。

　　我在《大中东行记》中曾提出"大中东地区哪个伊斯兰国家能够涌现出大批独立判断的学者，在大众接受的教法范围内找到一条可行的现代化途径，哪个国家就可以成为大中东伊斯兰国家中未来发展的模式"，这种模式被我简化为"伊斯兰＋民主＋科学"的公式。这里所谓的"学者"，指的不是数学家或者天文学家之类的学者，而是在伊斯兰地区普遍存在的一批被大家公认的教法学者。对于伊斯兰国家来说，要他们放弃一千多年来的信仰是很难的。凯末尔时代曾经有过将土耳其改造成一个完全世俗化的国家的尝试，但最终他自己也做不到放弃伊斯兰教信仰。我觉得伊斯兰教是那些已经伊斯兰化好多个世纪的人的共同体，但并不是说他们必须局限于某一种教法的解释。就比如欧洲，在天主教拉丁教会的指引下曾经作过一系列教法的诠释，但是马丁·路德出现后，他对教法、圣经作出了新的诠释。假如在伊斯兰社会中能够出现一个像马丁·路德的人，那就合乎我刚才所说的"伊斯兰＋科学"。而我所用的"民主"，只是概念上的"德先生"，并不是指具体使用何种选举方式的"德先生"，因为民主本身就没有精确的认定标准。因此伊朗、土耳其、埃及、沙特阿拉伯，它们将来发展出的政治制度肯定有所不同，肯定是符合它们自己的现实。

　　同样以伊朗为例。伊朗政权的性质问题涉及民主制度的标准和模式问题。按照很多西方人的想法，民主制度就只有他们的那种形式，尤其在美国人看来，欧洲都没有达到像他们那样的民主高度。如果中国的区域国别研究者考虑这样的问题，该如何给目前的伊朗伊斯兰共和国贴一个标签？是民主的，还是非民主的？我会说它是指导下的民主。伊朗最高宗教团体控制着一切，每个部门里都有宗教委员会，每个省竞选省长时都需要委员会批准。民主是有的，但要征得阿亚图拉的同意。我相信他们的民主比波斯湾西岸那几个国家好得多。当然，不能说我对伊朗的民主状况没有意见，但是我倾向于认为，什叶派的教义比逊尼派更容易接受甚至更加重视公众议决的法学原则，因此与现代民主没有本质的冲突。某种程度上，什叶派的理论和实践与基督教更像。从内部看，今天伊朗的政权既是对什叶派的精神传统或者法律传统的继承，又是对末代国王巴列维想通过白色革命走西化道路的反对。从外部看，阿拉伯世界的几个国家不赞成它，以色列、美国也不赞成它。即使如此，伊朗已经实行全民普选总统、议会好几届了，虽然被提名的候选人要通过最高宗教团体的认可，但竞选活动还是存在的，这种情况在沙特阿拉伯是不会出现的。

上述对伊朗民主与否的评价，已经涉及价值观和站位的问题。这就牵扯出另一个重要的问题：区域与国别研究应该是功利性质的还是学术性质的？

如何处理学术价值与功利主义的关系是许多学科不得不面对的问题。作为中国新出现的交叉学科之一，区域国别研究同样需要直面其研究的出发点和目的性——是出于政治需要去做功利性的研究，还是出于理想和兴趣的需要去达成学术的目标。在这里，我同意钱乘旦老师的表述：我们要把区域与国别研究做好，不是说一点都不能带有世俗性或功利性，而是应该有一个非常坚定的学术方向，也只有先将研究做好，才有可能去为某种目标服务。如同历史上很多东方学学者一样，今天中国的学者在学术研究过程中，既有服务于某个目的的需要，也是出于自己对学术的热爱和对真、善、美的追求。正如《尚书》中所说，"惟精惟一，允执厥中"，如果只是将区域研究作为一个唯目的性的学术手段，而不去追求真正的真、善、美，那结果很可能是学术没有追求到，目的也没有最终达成。学术本来就是无止境的，不能说为了某一个固定的目标去做学问，如果只是为了一个固定的目标而去做学问，研究的精神动力都未必会持续存在，更不要说结果了。

以法国为例，法国最早的大学是索邦学院，其是为教会服务的。弗兰西斯一世时，欧洲文艺复兴肇始。弗兰西斯一世认为学院太过功利主义，只为教会服务而不是真正做学术，因此他在索邦学院附近新建了法兰西学院，鼓励学术研究的创造性。此后，欧洲人的科学探索及创造进

入了鼎盛时期：15 世纪的天体论、解剖学；16 世纪的双栏记账法；17
世纪的万有引力和微积分；18 世纪的细胞学、生理学、蒸汽机；19 世
纪的进化论、电磁学；20 世纪的量子论、相对论等。然而同一时期，
东亚国家在相关领域的贡献却很少，是因为经济实力不足，还是因为缺
乏人才，抑或是别的原因？这的确值得从事区域研究的人思考。

四　区域研究与丝绸之路：中国区域研究的抓手与使命

　　区域研究作为一种培养人才的方法，对此我是肯定的，但区域研
究并不是一种铸造人才的"模具"，所谓"师傅领进门，修行在个人"。
另外，学术从历史上看往往是可以为社会福利、政治统治服务的，但如
果做学术的出发点就是为某一种特定目的服务，结果往往会适得其反。
中国的区域研究需要严肃把握这个"度"的问题。

　　在新的时期要重新看待新丝路，从而产生一些新思路。中国既是内
陆国家又是海洋国家。中国也是一个除了煤之外能源短缺的国家，需要
大量进口能源，这就令中国的能源战略必须兼顾海路运输和陆路运输的
安全性和可靠性。在海运路线上，尤其是在具有战略地位的地区需要与
海洋强国周旋，确保通航的权利。在"大中亚"陆地，中国也需要与相
关国家合作互利，让"新丝绸之路"稳定安宁。

　　针对新丝绸之路与区域研究，我有三个重点的关切。一是目前国人
对于丝绸之路的认识明显不足，相关领域的人才也较为缺乏，推行"一
带一路"倡议需要加快人才培养；二是有些被认为是中国"天然伙伴"
的国家，实际上他们对中国的认识也不足，之所以加入"一带一路"可
能是出于某种需要，但同时又带有一些戒心；三是目前的项目以海港、
飞机场、铁路、公路、发电厂等基础设施建设为主，但现在中国与世界
已经进入了网络经济时代，可以多增加一些与"一带一路"相关的电子
商务、大数据、人工智能等合作项目。

　　从一个学科的角度去研究其他地区和国家的情况，其研究路径与

历史上有很大的差别，得出的结论有一致性也有差异性。从我既想读万卷书，又想行万里路的一些实践来看，理论结合实践最佳的状态还是知行合一，不可偏废。每个人不可能都有机会去那么多国家，也不可能读完所有的资料。美国在开展区域研究后不久，肯尼迪总统就提出派遣大量有理想有知识的美国青年去世界各地做服务工作，而不是单纯地研究问题，这和 19 世纪基督教士出于自愿或受教会派遣到其他地方传教是相类似的。后来他们中的部分人回国后也选择了对相关地区进行区域研究，所以说行和知从来都不是割裂的两个范畴。

灵明堂门宦及其神秘主义思想本土源流探析

王建新[*]

一 中国伊斯兰神秘主义与本土文化的关联性问题

　　中国伊斯兰神秘主义教派的发展源头可以追溯到 10 世纪的西域地区。喀喇汗王朝在西域最初的君王萨图克·博格拉汗受苏菲传教士穆罕默德·卡里马提的说服而皈依伊斯兰教的故事就反映了伊斯兰神秘主义教派在西域地区的早期缘起。[1] 不过，该地区伊斯兰神秘主义的快速发展要到 15—16 世纪以后，伊斯兰教向中国传播的第二次浪潮，即纳赫什

* 王建新，兰州大学西北少数民族研究中心、历史文化学院教授。

1 浜田正美:《关于萨图克·博格拉汗的墓葬（サトク·ボグラ·ハンの墓庙をめぐって）》,《西亚研究（西アジア研究）》(34)，1991。

班底耶教团的和卓家族开始活跃时期。[1] 这一时期，马赫图米·阿扎木所率和卓们的活动在两个重要方面展开。一方面，他们在进入这一地区后的两个世纪里快速发展，有效压制了 11 世纪以后由中亚进入东察合台汗国境内传教的库车地区苏菲教团，协助当时的蒙古统治者执政。甚至在叶尔羌汗国时期曾一度登上政治统治宝座，创建了政教合一的"神圣国家"，发挥了重要的历史作用。[2] 另一方面，和卓家族中的一些宗教领袖东进至中国腹地传教，在甘肃、宁夏、青海等地教授伊斯兰神秘主义教义，获得了大量追随者，在各地形成不同门派的神秘主义门宦组织。[3]

明清时期中国各地伊斯兰神秘主义门宦组织形成以后，其后续发展情况有很大不同。清代前中期，回疆南部诸多神秘主义教团在清朝政府的军事打击下逐渐衰弱而失去影响力，这种情况一直持续到当代的新疆地区，除存在一些被称为依禅派的宗教小群体外，大规模的神秘主义教团组织已经不复存在。[4] 但中原地区的情况不同，神秘主义门宦组织逐渐发展，形成虎夫耶、哲合忍耶、嘎德林耶和库布林耶四大门宦体系。在这些门宦组织里，伊斯兰神秘主义道统与中国特色的父系家族的血统相融合，围绕教祖或教主的墓地（拱北）形成教团组织的活动中心（道

1　国际学界和中国学界都认为伊斯兰教在中国有四个大的传播浪潮：一是 7 世纪的海上丝绸之路，主要从南方的广州、泉州一带传入；二是 10—15 世纪，由中亚陆路传入，如喀喇汗王朝等；三是 20 世纪上半期的穆斯林文化启蒙运动，在民国时期作为蒋介石的新文化运动的一环，中国特别是中原地区的穆斯林知识分子前往国外留学，对自己形成了文化的自觉、再认识；四是 20 世纪 80 年代改革开放以后，在伊斯兰复兴运动中，年轻的穆斯林知识分子开始重新认识自己的宗教。一共有这四个波浪式、循序渐进的发展过程。参见 Dru C. Gladney, *Muslim Chinese, Ethnic Nationalism in the People's Republic* (Massachusetts and London: published by Council on East Asian Studies and distributed by Harvard University Press, 1991); Joseph Fletcher, *The Naqshbandiyya in Northwest China* (ed. by B.F. Manz on behalf of the Joseph F. Fletcher Jr. Fund for Inner Asian Studies, Variorum 1995); 等等。

2　岛田襄平：《六城的和卓与汗（アルティ·シャフルの和卓と汗）》，《东洋学报》（34），1952。

3　马通：《中国伊斯兰教派门宦制度史》，宁夏人民出版社，1983。

4　王建新：《吐鲁番地域文化的"分立"与"整合"——维吾尔族的圣墓信仰与日常生活（トルファン地域文化の「分立」と「統合」－ウイグル族の圣墓信仰と日常生活－）》，《内陆アジア史研究》第 11 号，1996。

堂），并以各种分堂或清真寺形式向全国各地穆斯林群体中延伸发展。[1]

关于这些门宦的历史渊源、组织形式及宗教惯行方面的共性和差异，目前国内学界有比较一致的认识。比如，各门宦的源头都是西亚或中亚的苏菲教团，但具体流派和所属系统又有所不同。虎夫耶来自中亚的纳赫什班底耶教团，哲合忍耶同出纳赫什班底耶教团，但道统的直接源头是18世纪也门的雅萨维耶教团，嘎德林耶受传于来自印度孟买的大香道祖，库布林耶则受传于18世纪来中国传教的苏菲传教士。[2]虽说在通过"教"（sharia）与"道"（tariqa）两方面的严格修行而达到神人合一境界的宗教理念、以拱北为中心组织社会活动的宗教传承等方面有共性，但各门宦的传教信物（经书、手记等）、宗教仪式的形式以及朗诵赞词（孜克尔）的具体做法又不同。

如上所述，针对门宦组织层面和物质文化传承事项的整体性研究和个案挖掘都很多，情况比较清楚。与此形成对照，诸门宦宗教教义的一个重要思想源流——中国传统文化及中原回儒学者们伊斯兰神学的影响则没有得到应有关注。目前所能看到的历史文献及相关研究告诉我们，明朝后期以降，伊斯兰教经训的汉文翻译潮流兴起，立足汉文经书的经堂教育体系开始形成，回儒互补的宗教发展理念开始在中原穆斯林群体中流行。特别是被称为金陵学派的回儒学者们，如王岱舆、马注、刘智等人所提倡的"合儒道一以贯之"的中国式伊斯兰教经学思想深入人心。这种富有中国特色的伊斯兰宗教思潮，不仅在中国中原地区的穆斯林群体形成时期起到了非常重要的宗教启蒙作用，[3]而且快速由东向西反

1　马通：《中国伊斯兰教派门宦制度史》，宁夏人民出版社，1983。

2　马通：《中国伊斯兰教派门宦溯源》，宁夏人民出版社，2000。

3　关于中国中原地区穆斯林社会的形成，学界有各种说法，但比较有说服力的是明初形成说。参见中西龙也《与中华对话的伊斯兰——17—19世纪中国穆斯林的思想动态（中華と対話すすイスラーム—17－19世紀中国ムスリムの思想の営為）》，京都大学出版会，2013年。明王朝施行相对保守的民族及文化整合政策。一方面，废除元代建立的人种等级制度，科举选拔人才，推行汉字汉文为核心的语言文化政策；另一方面，鼓励少数民族居民取汉姓、着汉服，外来宗教与宗教互动交融。明王朝的这种民族文化整合政策，为中原地区伊斯兰教的中国本土化发展提供了必要的社会条件。参见赵轶峰《明代国家宗教管理制度与政策研究》（中国社会科学出版社，2008）。

向传播，对西北地区各伊斯兰神秘主义教团也形成巨大影响，构成其宗教思想的重要渊源。这是史实，也是不容否认的现实存在。

　　比如，哲合忍耶门宦教主留有"介廉种子，官川开花"的遗训，说明 17 世纪金陵学派重要传人刘智等人的伊斯兰神学思想被哲合忍耶掌门人所继承。尽管史实如此，学界有关二者关系的论述却很少，部分学者甚至有意淡化二者联系。美国历史学家李普曼（J. Lipman）认为，明清时期王岱舆、马注、刘智等伊斯兰学者所校注、翻译及创作的大量汉文经书在当时中国中原地区伊斯兰教启蒙教育中起到很大作用，但其影响一直没有波及神秘主义门宦组织发达的西北地区。究其理由，他认为是文化体系不一样，西部穆斯林民众即便是回族穆斯林对汉文的理解能力也很低，更不用说操印欧语和突厥语的中国穆斯林。明末清初在东部兴起的回儒思潮很难影响到西部的穆斯林群体，尤其是神秘主义门宦组织。[1]

　　明清两代在汉文教育不发达的西北回民地区，这种情况有可能存在。但是，考虑到明代后期胡登洲在西北始创经堂教育，推广使用汉文经书、以儒诠经的传教方式，[2]完全否定回儒学者的宗教思想对西北地区穆斯林群体的影响不够合理。至少应该认为，当时各门宦组织上层的知识水平和教育条件足以使他们利用和吸收金陵学派及经堂教育在宗教思想上的影响。目前相关学界虽有研究强调经堂教育与苏菲神学思想之广泛传播的关系，[3]却很少具体探索金陵学派伊斯兰神学思想与西北门宦教义之间的渊源关系。究其原因，笔者认为有两个。其一，在中国伊斯兰学界相关研究领域有种看法，即以儒诠经的思想及汉文经典的使用局限于老教格底木和西道堂的流行地区，但与西亚、中亚苏菲教团有密切渊源关系的西北门宦的关联并不突出；其二，针对门宦宗教文本及回儒学者宗教文本的个案研究很多，但二者的比较研究还没有充分展开，我们

1　Jonathan Lipman, *Familiar Strangers: A History of Muslims in Northwest China* (University of Washington Press, 1997).

2　谈谭：《明末清初回族伊斯兰汉文译著兴起的原因研究》，《世界宗教研究》2003 年第 3 期。

3　周燮藩：《苏菲主义与明清的伊斯兰教》，《西北第二民族学院学报》2002 年第 1 期。

对其关联性和思想理念间的互动交融的具体情况不甚了解。

　　笔者长期关注一个 20 世纪 20 年代形成的年轻神秘主义门宦——灵明堂，在相关民间宗教文本的收集和田野调查中发现，该门宦的道统缘起于境外，但其物质文化、组织机制及神秘主义思想的具体表达却又与中国本土的传统文化有着千丝万缕的联系。尽管该教团形成的时期较晚，教团规模和影响力还比较有限，相关事例还不能说具有整体代表性；但该门宦一以贯之的中式建筑文化、苏菲道统与中国父系家族组织相交融的组织机制、伊斯兰神秘主义思想与中国内地回儒学者宗教思想的传承关系都具有典型性，能客观反映伊斯兰教中国化的一个有效路径，说明伊斯兰神秘主义在中国的发展是在与中国传统文化的互动交融过程中得以实现和维持的。

二　灵明堂本土道统的域外缘起

　　灵明堂门宦教祖马灵明生于 1853 年，年幼时在兰州跟随虎夫耶及嘎德林耶门宦阿訇学习经文，成年后婚配并育有一女。[1] 中年以后，他离开了自己的家庭，开始致力于创建灵明堂门宦，最终于 1915 年在兰州市西郊下西园创建了灵明堂道堂。[2] 建堂后，教祖马灵明曾派弟子靠福堂、沙宝卿等人赴新疆哈密传道，建立起了哈密分堂。1925 年，教祖马灵明去世前后，其大弟子陕子久接任第二代教主。陕子久在位期间，教团组织向东部发展，在宁夏固原建立了分堂，遂以固原分堂为支点，将教团组织拓展至河南、山西等东部各省。1953 年，二代教主陕

1　关于马灵明的生年，马通先生有过明确的叙述。但他在论述中提到所依据的文献《兰州灵明拱北教史》的文本形态和具体内容还有必要进一步推敲。

2　关于灵明堂的建堂时间，笔者调查中特地请教过汪守天教长并咨询了其他一些教内人士，也查看了一些教内记录，情况基本一致。另外，关于灵明堂建堂早期情况，可参见李兴华《兰州伊斯兰教研究》，《回族研究》2006 年第 2 期；以及笔者相关论文《回族社会中的移民宗教组织与家族——灵明堂固原分堂考察》，《北方民族大学学报》2011 年第 1 期。

子久去世，将教主之位传予现任教主汪守天。[1]汪守天担任教主近七十年，特别是改革开放后的四十多年里，灵明堂得到了蓬勃发展，道堂所属的清真寺遍布全国各地。灵明堂的三代教祖教主都没有去国外学习功修的经历，可以说该门宦是土生土长的中国伊斯兰神秘主义教团。那么，灵明堂神秘主义的外来缘起就需要进行确认。

关于灵明堂苏菲道统的缘起，宗教史学研究非常少，仅有的研究就是马通教授的两本书。第一本是 1982 年出版的《中国伊斯兰教派与门宦制度史略》，其中有一节将灵明堂归为嘎德林耶门宦的一个分支进行了扼要的介绍。2001 年，这部书再版，其中关于灵明堂的内容单独成章，补充了很多新的资料和门宦缘起的考证过程。

对于灵明堂的道统起源，现有研究认为该门宦自身主张有三个渊源，即"一脉三弦"（也作"一脉三显"）说。"一脉"是以古兰经和圣训为核心的伊斯兰宗教体系；而"三弦"则被解释为源于中亚纳赫什班底耶教团的虎夫耶教团的宗教传承、嘎德林耶教团的出家修行制度和维护平民利益的伊朗巴布派宗教思想。马通相关著作（2000）依据该门宦内部资料《兰州灵明堂拱北教史》和灵明堂教祖马灵明的《灵明上人略传》（以下略称为《教史》和《略传》）进行了整理分析，大致内容如下。

第一，关于虎夫耶的道统传承。《教史》称：马灵明在 33 岁时，即清光绪十一年（1885）七月二十六日，有一个自称'圣后赛立穆尊者'的人，自谓原籍阿拉伯，是古莱氏人，后'移居老可勒'，此次是来河州传教的。遂经兰州绣河沿清真寺马六三伊玛目之引荐，马灵明沐浴佩香，背馈参谒，在广河三甲集执弟子礼，又从赛立穆处受传了虎夫耶之道，并给了传教之凭据。"

第二，关于嘎德林耶的道统传承。《教史》称：马灵明 25 岁时，即光绪三年（1877）九月九日，有一个通称'大香巴巴'、名叫哈比本

1　围绕第三代教主继承人问题，当时教内有过争执，因而内部有过分裂，情况非常复杂。目前汪守天教主主持的兰州市五星坪道堂在灵明堂整体发展中起主导作用，在此只以灵明堂五星坪道堂主流系统为线索展开叙述和讨论。

拉西的人来到甘肃兰州，自称是印度得海来文义人，曾在巴格达的筛海日外勒丁耶道堂求过学，学习的是嘎德林耶学说。这次到兰州，和马一龙邂逅相逢，谈得十分投机。后在海四太爷拱北柏树之间，授灵明以嘎德林耶古教。越三月，又在绣河沿清真寺后院水井之旁，传至圣真脉之光，让道统代位之席，并吩咐传教条作，交给传教凭据。”如今门宦内部的人士说“大香巴巴”是来自喀什的苏菲教团阿帕霍加一系的宗教领袖，所以灵明堂如今每隔几年就会组织人云喀什的阿帕霍加陵墓寻根问祖。

第三，关于巴布派的道统传承。“马灵明在他的《遗言》（本文作《略传》）中十分明确地说：‘无俩是巴布门首的天命。’他的遵信者马向真阿訇在收录的《赞无俩大道》一文中也说：‘无俩无俩真无俩，真脉来自白格达（即巴格达），巴布门上有天命，伊斯兰教不二传。’在《无俩三字文》中又说：‘无俩道，归真道，巴布门，在此处，有天爷，有规矩，一化三,三归一。’从这些简单的记述中，我们可以看出，马灵明是受传了巴布派学说。”《遗言》在灵明堂内部有一个不可变更的正式版本，现在也是我研究的重要资料之一。”

以上引述中，第一、第二条的内容，与灵明堂内部所传教祖马灵明受教于虎夫耶和嘎德林耶的学习经历相符，与笔者访谈中所得情况也没有大的出入。但是，有关巴布派道统的传承情况，灵明堂内部包括汪教主在内的人员都说是教祖的口传，并没有确切的印证材料。这里我们需要稍加引证，对其中的一些相关细节再检讨。第二条引述给我们提供了一个线索，即1877年来兰州传教的大香巴巴有在巴格达筛海日外勒丁耶道堂修行的经历。

考虑到19世纪50—60年代，伊朗巴布派受到当时政府镇压后，领袖巴布被处死，其弟子及追随者被流放至巴格达等地的历史事实。那么，大香巴巴有可能在巴格达逗留期间与巴布弟子们接触，从而吸收了巴布派宗教传承。如果这一点属实，那大香巴巴就可能继承了巴布派的宗教道统，并在兰州传教时将其传授给了马灵明。目前还没有研究确切证实具体细节，这个推论是否可靠，还需要进一步挖掘论证。当时中国的穆斯林宗教领袖到西部、西方去学习的机会还是非常难得的，对于外部情况了解不太多。比如哲合忍耶的教主马明心，他还在八九岁的时候就和自己的叔父一起，带着金子骑着毛驴前往西方寻找道统。到了一个大沙漠中，一阵大风把叔侄两人吹散了，最后这个孩子就被一个称为大谢赫的苏菲派宗教领袖给收养了，在当地待了很多年，成年后学了一些哲合忍耶的道统传承和宗教礼仪。这个教派自己的说法是马明心和他的叔父一直走到了也门，后来据考证是在中亚乌兹别克斯坦西部的沙漠上遇到了风暴，把叔侄俩吹散了，然后马明心被纳合什班底耶的大谢赫收养了，没有证据证明他到过西亚。再如大香巴巴在兰州把巴布的一套思想介绍给了马灵明，后者觉得非常新鲜。巴布派的济贫思想包含很多愤世不平的政治见解，在普通百姓中影响很大。总而言之，在发现新的证据之前，我们可以暂且认为，灵明堂内部所传该门宦的巴布渊源说是有历史根据的。[1]

以上对伊斯兰神学和宗教史学两方面的考证显示，灵明堂神秘主义道统与中亚、西亚苏菲教团的组织层面的渊源关系，除巴布派说的一些细节尚需挖掘印证外，其他方面应该没有疑问。这种道统上的渊源关系体现在组织规范、传教信物、修行制度、仪式规范等许多方面，在近百年发展过程中已被信徒广泛认同，成为该门宦宗教社会活动的组织和制度基础。综上所述，虽然灵明堂门宦的创始人及后续的教团领袖都没有赴中亚、西亚磨炼功修的经历，但其伊斯兰神秘主义道统与中亚纳赫什班底耶教团的虎夫耶教团和嘎德林耶教团的渊源关系是大致成立的，而且教义受到伊朗巴布派的重大影响，其伊斯兰神秘主义道统的域外缘起是清楚的。

三　灵明堂建筑文化中的本土元素

灵明堂道统的域外缘起毋庸置疑，但该门宦的形成和发展过程却表现出与本土社会文化元素全方位的互动交融，结果就产生了与本土文化高度融合的灵明堂门宦组织及其中国特色的神秘主义思想体系。迄今为

1　以上内容主要摘自笔者过往相关论文《灵明堂教义的思想源流》,《青海民族研究》2012 年第 1 期。

止，灵明堂的三代教祖教主都没有留下系统的宗教著述，除去教祖口授的遗训及阿訇们创制的宣教诗文（将在本文第五节中重点讨论），我们只能依据在田野调查及相关人员访谈中获取到的信息进行整理分析。笔者在过往的田野调查中发现，灵明堂兰州五星坪道堂以及哈密和固原分堂的道堂建筑群展现着一种一以贯之的中式建筑风格，这种建筑风格在该门宦一百多年的发展历程中不断发扬光大，业已形成其独特的建筑文化。本节将整理展示灵明堂的道堂建筑和相关装饰文化中体现的中国本土特征。

自 1925 年教祖马灵明去世、灵明堂形成第一个拱北陵墓以后，在发展过程中又在各地形成了许多等级不同的陵墓，与各地道堂的建筑群相辉映。灵明堂几代领导人都坚持采用中国传统四合院的庭院建筑模式，自行构思设计，充分利用本土建筑资源，体现了该门宦宗教文化方面浓厚的本土特色。从现存灵明堂创建初期下西园道堂的旧照片所反映的道堂全景看，该建筑是一所较为典型的中国传统的四合院。道堂庭院坐北朝南，北墙为一面照壁，上有龙凤砖雕，象征吉祥如意。照壁南侧、庭院中间设计有礼拜寺和功修房，庭院东西两侧为数间厢房，为常驻人员及临时参拜客人住宿、交流学习使用。庭院南面是飞檐屋顶的正门楼五朝门（图1），门内有照壁挡煞辟邪，人员通过照壁两侧进入院内。庭院内部放置山石、种植花草以美化环境。屋顶均为木制飞檐配琉璃瓦，使用材料和设计风格完全是本土传统的庭院式，只有屋顶的绿色琉璃瓦和月牙标志能看出伊斯兰教的宗教特征。从这几张照片可以看出，除庭院内壁砖雕上阿拉伯文和汉文经文摘录等宗教标志以外，灵明堂创立初期道堂建筑与当时国内传统庙宇建筑的风格几乎一致（图2、图3）。

图1　五朝门　　　　图2　照壁　　　　图3　下西园道堂庭院

　　1925 年，教祖马灵明去世后，二代教主陕子久主持教务，他为教祖在下西园道堂院内修建八角塔形陵墓（俗称八卦），夯实了兰州下西园道堂在该门宦内部的至尊地位，形成灵明堂（包括分堂）的道堂庭院内必须设置拱北的传统。[1] 同时，陕子久为巩固灵明堂向西发展的通道，遵循教祖遗嘱，在哈密为到该地传教后逝于此的师兄靠福堂修建拱北陵墓，着手进行哈密分堂的建设。[2] 后来，时至 1953 年，第三代教主汪守天接任后在哈密西河坝街区正式设立道堂，将靠福堂遗骨迁入六角塔式拱北陵墓（俗称六卦，以示与教祖教主陵墓的等级不同）。后在"文革"时期，西河坝道堂和拱北被拆，靠福堂遗骨被转移至哈密穆斯林公墓。"文革"后几经周折，最终于 1988 年在汪守天教主的主持下，靠福堂的遗骨被迁移至哈密火车站附近的沙枣园新建成的道堂院内，形成目前哈密道堂的建筑格局（图 4、图 5）。同时，在汪守天教主的推动下，1989 年在宁夏固原三营镇灵明堂所属清真寺的创始人马仁普的遗骨迁

1　有人撰文称教祖马一龙拱北建于清朝，见马若琼《兰州灵明堂拱北砖雕艺术探析》，《现代装潢》2015 年第 12 期，这是一个随意且误导明显的表述，与事实不符。

2　据门宦内部记载显示，哈密分堂是灵明堂设立较早的分堂，由教祖马灵明的大弟子靠福堂奉教祖指令组建。根据教内相关资料记载，农历 1871 年 1 月 8 日，靠福堂出生于甘肃凉州，自幼习读经念书兼通经汉两文。由于精于文章书法，曾在清末军队中担任幕僚，喜好谈经论道，广交各界朋友。辛亥革命爆发后，他辞职来到兰州，从事古董生意，家境殷实。在兰州开店不久，靠福堂在其古董店内与前来观摩的道商马灵明相识。经道祖数次点拨之后，他领悟了伊斯兰苏菲主义的道理，遂放弃经商，师从道祖潜心修道。由于靠福堂具有很好的伊斯兰经学基础，入门后攻修速进，很快就成为道祖早期的得意弟子之一。1913 年农历五月，靠福堂奉教祖指令赴疆传播教门。他遵从师命，放弃在兰州的家庭生计，徒步赶往新疆哈密。经过一个月余的旅途艰辛，他于 6 月到达哈密，最初落脚于吴姓交友所开门店，数月后迁往教友陕永祥家居住。靠福堂在哈密落脚后，一边卖水果、字画维持生计，一边传播教门。他还经常给当地居民祈祷看病，帮助他们治疗疑难杂症，感召周围的穆斯林群众，逐渐扩大灵明堂在哈密的影响。靠福堂在哈密传教八年，前四年主要致力教务，扩大教门影响，发展门宦信徒。他在哈密传教取得成功后，还向西扩大传教范围至焉耆、库尔勒、库车等南疆地区，使这些地区都有了灵明堂的信众。在哈密传教的最后几年里，他侧重宗教修炼，坚持静坐苦修，提升功修品级。由于长期传教操劳，积劳成疾，于 1920 年农历十二月十四日英年早逝，享年 49 岁。得知消息后，鉴于靠福堂在新疆哈密传教成效卓著，灵明教祖带领兰州教众在下西园道堂为靠福堂做了尔买里悼念仪式。之后，12 月 19 日哈密教众为靠福堂举行了入土仪式，葬于当时的花果教场（见灵明悼念堂内部记录文本《哈密灵明分堂靠福堂太爷传略》，作者佚名）。

入道堂庭院，建造了六卦塔式陵墓，据此正式成立了固原分堂（图6、图7）。

图4　哈密分堂入口　　　　　　　图5　哈密分堂拱北

图6　三营分堂入口　　　　　　　图7　三营分堂拱北

　　时至今日，灵明堂主流派系的五星坪道堂，及其哈密和固原等两所分堂庭院的基本结构和风格业已形成相对稳定的建筑文化传统，即以教祖或教主陵墓为核心设施，集苏菲修行、清真寺礼拜、各类宗教祭祀及宗教教育为一体的中式建筑群。目前的灵明堂五星坪道堂，是现任教主汪守天在各地信众的支持下，于1984年开始重建的。在改革开放后的四十多年里，汪教主先后组织教徒将灵明堂东院道堂由兰州市下西园迁至小南坪，又由小南坪迁至五星坪，逐渐建设并最终完善了该道堂的整体建筑设施（图8）。[1]

───────────────

1　参见拙作《回族社会中的移民宗教组织与家族——灵明堂固原分堂考察》，《北方民族大学学报》2011年第1期。

图8 五星坪道堂全景画图

从兰州市文化宫西侧的华林路由北向南，乘专线公交车一路南行至道路尽头下车，再由东向西在山间小路上步行约一千米，即到达坐落在灵明堂道堂南端东侧的中式牌坊门楼九华门（图9）。走过门楼，经一段由南

图9 五星坪道堂九华门

向北的车道就到了道堂的南大门，也就是邦克门楼（图10）。这是一所近一万平方米建筑面积的道堂庭院建筑。由道堂南端朝东的大门进入第一个庭院空间，大门上方是宣礼楼，庭院南面和西面是嵌有砖雕花卉的照壁，北面则是进入道堂庭院的高大气派的五朝门（图11）。

图10 邦克门楼

图11 五朝门

图 12　五星坪道堂前院大殿

图 13　大殿北廊

图 14　三华门

从五朝门进入宽阔的长方形前庭院，东西两侧设置了数十间厢房，供外来客人居住、会议、培训及大型祭祀活动使用（图 12）。庭院正中坐落着由 13 根粗大木柱环绕支撑的、有木制飞檐、琉璃瓦屋顶的中式建筑礼拜大殿。大殿建筑高约 30 米，正方形墙体一边约 50 米，能容纳上千人礼拜（图 13）。其入口朝东，地面铺满地毯，保持着信众面朝西礼拜的清真寺内部格局。大殿与厢房的庭院空地上，种植着花卉和柳树丛，使庭院显得富有生气。礼拜大殿北侧、前庭院北端是教祖拱北所在的后庭院，是一处拔地而起的高台，可由三华门两侧的台阶上行进入（图 14）。三华门两侧的高大台阶之间的空地上放置着一块形似青蛙的巨石，似乎隐喻着道统的神秘力量。

三华门西侧台阶邻接一所四合院，院内两侧厢房为教主的出家徒弟们的居所（图 15、图 16），而正房位置设有第二代教主陕子久的八角塔式拱北（图17）。东侧台阶则邻接另一所四合院（图18），进院门看到的两侧厢房为师徒教习或待客使用，而与二代教主拱北相对应位置上的正房是现任教主汪守天的居所（图19，这里可能是老人家百年之后的归宿）。

图15　西四合院

图16　西四合院内

图17　二代教主拱北

图18　东四合院入口

图19　东四合院正房

图20　教祖拱北前抱厦

从三华门两侧的台阶向上走，进入三华门就到了教祖马灵明八角塔式陵墓所在的道堂后庭院（图20）。庭院沿围墙种植有树木花草，墙上刻有砖雕花纹，路面用青石板铺成（图21），庭院中央耸立着高大的八角塔式拱北。拱北前部建有被称为"抱厦"的大殿，其前庭屋顶由数根金色大柱支撑，显得雍容华贵。抱厦大殿宽阔，能供数十位朝拜者及修行者祭拜活动使用。抱厦大殿北面有连接拱北内部的黄色木门，通过木门缝隙，可见覆盖有彩色锦缎的教祖长方形的墓室。走出抱厦，绕过拱北可见庭院的砖雕照壁，上面的龙凤呈祥砖雕图案栩栩如生，在松梅花草的簇拥下呈现翩翩起舞的状态（图22）。在照壁下方抬头回望拱北，八角塔的建筑墙体呈灰色，配以墨绿色的琉璃瓦屋顶（图23）。

图21　后庭院西墙

图22　照壁

图23　教祖八角塔拱北

拱北的整体色调肃穆庄严，与环绕抱厦的金色大柱相辉映，给人一种静中有动、动中求静的玄妙感觉。后庭院西墙中部有一偏门，出门后走下台阶就来到了西面四合院后部的二代教主拱北，这座八角塔式拱北与道祖拱北的设计风格基本相同，但建筑规模较有限制，再加上地势低洼，能说明两座拱北的级别不同。绕过二代教主的拱北，则可穿过四合院，回到三华门南边的前庭院。

通过以上描述，我们可以看到灵明堂兰州道堂的庭院、大殿厅堂的设计和装饰充满本土文化元素（各地道堂的建筑格局及装饰的规模有别，但其中式风格保持一致），形成独特的中式建筑文化，其特点主要体现在以下几个方面。首先，建筑设计的本土特色。中式庭院、华表牌坊、三华门、五朝门、八卦亭、照壁等均采用中国传统的宫殿式建筑设计，庭院和殿堂空间布局以正方形和长方形为主，讲究以中轴线对称排列的方式设置院落、厅堂和拱北建筑，道堂的整体建筑保持坐北朝南状态。其次，建筑风格的本土特色。殿堂厢房均采用清一色飞檐琉璃瓦封顶，木梁木柱构架支撑，墙体用仿古青砖砌造，梁与柱之间配以复杂多样的卯榫结构，凸显出浓厚的传统庙宇建筑风貌。最后，建筑装饰的本土特色。灵明堂兰州道堂庭院中殿堂的墙壁和梁柱、八卦拱北的塔顶和塔体、各种照壁上的花纹图案及砖雕等装饰，都显示着该门宦建筑装饰的本土文化特征。特别是照壁砖雕里的龙凤呈祥图案、点缀于殿堂飞檐顶端的吉祥兽等动物形象，与道堂建筑群的灰绿色和经文砖雕文字相辉映，体现了一种美化环境的新颖手法，也是将象征本土道家的镇宅、吉祥发达等传统理念的象征符号与伊斯兰神秘主义的祈福、教化功能相糅合的结果。可以说，灵明堂建筑文化是在吸收中式建筑文化的基础上逐步发展形成的。

四　神秘主义道统与本土父系家族的互动交融：固原分堂的事例

在灵明堂门宦形成发展的历史过程中，本土父系血缘及谱系关系作为整合地域信众群体的主要因素一直发挥着重要作用。但是，其功能发挥的机制和形式却又随地区和信众群体不同而有很大差异。比如，在兰州总堂和新疆哈密分堂，以家族群体为单位加入灵明堂的现象较为普遍，但门宦内部的组织机制上却没有依赖特定家族集团的痕迹。而在宁夏的固原分堂，父系家族集团及其相关规范体系就成为重要的组织资源。分堂的管理事务是通过父系家族集团中不同家族的族长们所组成的理事会与兰州派遣来的热伊斯（阿訇）相互协作而运行的。固原分堂的创建和发展的内部过程，从一个侧面为我们提供了研究伊斯兰神秘主义组织中父系家族与门宦道统相结合而推动穆斯林社区的创建及发展的突出案例。

固原分堂在其创办初始阶段只是灵明堂下属的一个普通的哲玛提寺坊，它不同于其他清真寺的最大特点，是其创建和发展都是以当地马、姚两家父系家族的密切协作及支持为前提而完成的。固原分堂坐落在宁夏回族自治区固原市三营镇西北部，原名为明月堂。其创建人为 20 世纪 30、40 年代由河南偃师马屯村迁居此地的马、姚两姓回族居民共同的宗教领袖马仁普。1910 年，马仁普出生于河南偃师马屯村的一个农民家庭。曾上过两年小学，后因家境困难而辍学，边与父亲务农边学习宗教知识。

1932 年他离开故乡，来到固原，在那里开始做家畜与皮毛生意，往返于兰州与固原之间。1941 年，日本军队占领了河南西部的古都洛阳以后，洛阳周边农村地区的居民们为躲避战乱，开始向西出逃。当时逃难的人群中有从洛阳东北部偃师马屯村出走的马、姚两姓共 18 户回民群众。他们避开时有战事的洛阳和潼关，一直向西移动，最后进入了固原三营。9 年前已来此地定居，且行商富裕起来的马仁普在当地迎接故乡 18 户移民到来。之后，他带领族人从当地一位地主手中购得 30 亩土地，帮助他们建造住宅，开始了以农耕和家畜饲养为主的定居生活。在此之后的几年里，他们又购得西邻的 30 亩土地，建造了两处称为"堡子"的土夯小城堡。一处堡子围墙高大，呈易守难攻之势，用作 18

户移民的集体住宅；另一处较为矮小简陋，用来育林。他们同时开展皮毛生意，生活环境和经济状况逐渐好转。由于帮助安置移民贡献巨大且具备经文知识，年仅 30 岁出头的马仁普就被 18 户移民推举为家族领导人兼宗教领袖，遂展开了初期的河南寺和移民社区的建设。[1]

　　马仁普确立了自己在河南寺的领导地位后，就开始为本寺坊民寻求更多更好在当地社会立足和发展的机会。在社会经济生活方面，马仁普帮 18 户族人盖好堡子、买好土地，使他们的生活安定下来以后，他又筹措资金在两个堡子东面购入 300 亩土地，开始建造河南寺庭院及家族墓地。而在宗教生活方面，他一方面理顺河南寺的相关礼拜祭祀活动，另一方面决定带领族人加入灵明堂门宦。20 世纪 40 年代初期的甘肃省固原县（1958 年划归新成立的宁夏回族自治区），是以偏远穷困著称的西海固地区的一部分，回民人口相对比较集中。连年的自然灾害和战乱，加之当时国民党政府政治上的无力，治安不稳及贫困达到了相当严重的程度，民众生活可谓水深火热。在这种社会环境下，各种民间结社和宗教团体就成了居民们赖以生存的社会保障。1947 年固原县穆斯林人口为 48935 人，占当时县总人口的 36%，并且有多种伊斯兰教派存在，特别是苏菲门宦的势力较为强大。[2] 对当时固原的回民来说，加入某个伊斯兰宗教派系门宦、成为基于某种宗教理念之社会团体的一员，是确保生存环境和生活安定的必要条件。

　　应该说，改换门派，对一个移民宗教群体来说并不是一件容易的举

1　这里有关移居的过程叙述，是笔者根据 2002 年 8 月 29 至 30 日在固原三营镇灵明堂固原分堂对马仁普的长女和次女及其他幼年参加过移居过程的长老们所作访谈中得到的信息整理而成。参见笔者相关论文《回族社会中的移民宗教组织与家族——灵明堂固原分堂考察》，《北方民族大学学报》2011 年第 1 期。

2　根据地方文史资料，1913 年，国民党政府的地方行政建制工作刚完成，就开始了军阀和各种地方割据势力间的军事斗争，地方政局开始混乱。再加上 1920 年大地震以后的干旱及后续的洪水灾害，民众的生活极端恶化，这种困难状况一直持续到中华人民共和国成立。有关这一时期的社团组织及宗教派系的具体情况，需对有关档案史料作专题性挖掘研究，这里为了叙述的需要，只作铺垫性的描述。这里的叙述是根据有关固原回族的文史资料整理而成，参见固原地区地方志办公室《固原地名综录》，人民日报出版社，2001。

措。马仁普决定加入灵明堂门宦，与当时固原回民中苏菲门宦势力强大的历史事实有关，对改善河南寺教众赖以生存的社会环境具有极其重要的意义。笔者认为，马仁普的决定有以下三个方面的具体原因。

第一，马仁普长期在固原与兰州之间从事家畜和皮毛生意，与当时在兰州做皮匠的灵明堂二代教主陕子久会有较密切的接触并受其宗教思想的影响。事实上，笔者在调查中也了解到，在加入灵明堂之前，马仁普就已经通过海原县杨家堡一个叫杨国宝的灵明堂信徒的引见结识了陕子久。[1]

第二，兰州灵明堂教祖马灵明曾经与甘肃都督张广建有厚交，与当时的军政要员也有着良好关系，能得到政府的赏识和支持，在教派门宦林立的兰州为一个新生弱小的门宦赢得了生存的机会。对正在谋求移民社区发展的马仁普来说，这一点无疑具有魅力。

第三，灵明堂当时是一个历史不长的年轻门宦，主要在中小城镇商贩阶层中发展成员，有救弱济贫的传教方针。对于在固原被视为外来户的马仁普所率的河南寺信众来说，加入灵明堂是一个非常合理的举措，既找到了自身乐于接受的宗教道统，又有了一个与其他教派门宦进行对话的平台。事实上，加入灵明堂对当时的河南寺信众来说，是一个划时代的抉择。他们修改了象征移民集团的河南寺名称，用教祖马灵明的"明"字加上象征伊斯兰教的"月"字，改为"明月堂"，象征他们与兰州总堂的所属关系，同时也说明他们宗教道统的正当性。马仁普也由于成为灵明堂二代教主陕子久的弟子而成为明月堂开堂领袖，并在教派林立的固原宗教界得到其他派系的认可。

这是一个移民群体依赖伊斯兰宗教道统成功本土化的过程，也是该群体确保自身经济利益及发展扩大的基本社会条件。对外来说，作为灵明堂的一个支系，不但与本门宦分布在西北和西南地区的其他支系建立了密切的联系，也受到在伊斯兰宗教道统上有亲缘关系的虎夫耶及嘎

1　这一信息是于 2002 年 8 月 28 日傍晚，在与灵明堂固原分堂马西明阿訇的访谈中获得。

德林耶等门宦的认可，扩大了在当地回民社会中的宗教联盟关系。毫无疑问，在当时的固原回民社会中，河南寺所属信众的社会印象得到了改观，社会经济活动也较先前容易开展，生存环境得到了很大改善。

五　灵明堂神秘主义思想的本土源流：回儒经学思想的传承

灵明堂门宦突出的本土特色不仅体现在道堂建筑和门宦组织形态等方面，其对明清时期金陵学派回儒学者们经学思想的继承和实践也是一个非常重要的方面。灵明堂有将教祖和各代教主的陈述用汉字韵文形式记载下来，形成有关教团宗教教义的理论思想用以传播的惯常行为。有一些诗文可以说是叙事诗，但既不系统记述教团的历史，也没有固定的韵律和格式，是一种比较随意的韵文体裁，针对教团渊源及其遵循的伊斯兰神秘主义宗教思想作一些极具象征意义的阐释。诗文中有很多生涩难懂的宗教表达方式，概念和词语的意义也与通常汉字韵文大不相同。由于字里行间对回儒学者们的经典思想文句的应用非常频繁，二者的比较相对容易。另外，灵明堂所属各地清真寺的阿訇们也都有宣教或讲经时利用自身编撰的韵文传授伊斯兰教神学原理和神秘主义修行规范的习惯。有些汉文修养高深的阿訇将撰写的诗文，或制成砖雕用于清真寺及拱北建筑装饰，或制成书面材料在信徒中发放，或写成挂轴安放于礼拜大殿供信众阅读欣赏。这些诗文属规范的汉文格律诗，文字精练，象征蓄意丰富，能充分展现其宗教思想的本土特色。[1]

（一）教祖遗训《略传》

灵明堂教祖遗训《灵明上人略传》（后文略称为《略传》）的手抄文本和固原分堂马西明阿訇的宗教诗文具有典型意义，本文将选择其相关

---

[1] 本节比较论证内容主要摘自笔者过往刊发的数篇中外文论文《灵明堂教义的思想源流》，《青海民族研究》2012 年第 1 期；"Chinese Sources of the Lingmingtang Sufi Order"，*Journal of the History of Sufism*，No.6，2014。

内容与回儒名家的经典作品进行比较分析，以确认且厘清二者间的传承关系。

《略传》共733字，除开篇扼要介绍教祖身世的42字以外，涉及灵明堂道统的渊源、伊斯兰神秘主义有关宇宙生成和运行原理的认识、认主唯一的神学观念、世界观、神秘主义修行的奥秘、伊斯兰宗教神学与儒学的关系等诸多内容。本文从《略传》中与伊斯兰教本源论、宗教教义的思想源流相关的部分抽出七个段落，对其内容进行整理和分析。

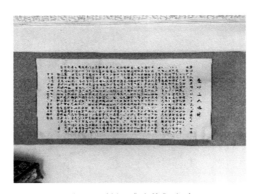

图24　教祖《略传》文本

1. "四大门宦都传道，格及木传的吾俩教；三口为一走玄妙，凤凰展翅游九霄；别的一点比海深，努呢一点闹乾坤。艾为天，理为地，伏为人身黄金丹，隐在海底寻不见，除非得遇明师点。"

这是《略传》正文的第一个段落。前两句主要指明神秘主义门宦与一般教派格及木之间的区别：道为伊斯兰神秘主义门宦的功修目标，而传统教派只传承穆圣留给世人的常规性教义教规。"三口为一"指灵明堂道统"一脉三弦"的渊源，并将自身门宦比作吉祥鸟凤凰，强调灵明堂道统的正统和玄妙。第三句以下则是利用阿拉伯字母的形象特征，诠释伊斯兰神秘主义道统的博大深奥及跟随明师圣徒修道的关键作用。在阿拉伯字母下方标注点表示深奥，在字母上方标注点表示博大，将字母

"艾"比喻为天界宇宙，字母"理"比喻为大地，而"伏"比喻为人生之宝。这里的论述明显受刘智《天方字母解义》说理方式影响，既阐明了宇宙从一而生的伊斯兰神学原理，也合理应用了中文行文中象征、比喻的作用，使诗文意义具有非凡的感染力。

2. "命是空，性是日轮转。春风一动石抽芽，六月翻开腊梅花。存气生气气接气，散气绝气气归他；知气本身祖气玄，先天返中天，中天知后天，后天永活万万年。"

这一段意在阐释伊斯兰神秘主义理解天地宇宙运作规律的思想。第一句中"命"被比喻为宇宙空间，"性"则为自然界的宏观运动。第二句非常关键，强调苏菲神学思想中天体四季的运动观，说明神秘主义修行的神奇作用。接下来，第三句以后引出关键词"气"，将其作为宇宙运作的动力核心，说明"气"在理解苏菲思想精髓中的关键意义。这段诗文所表达的意思非常深奥有趣，且很容易被熟知中国道家思想的人理解。据此可以说，虽然灵明堂教祖毕生接受伊斯兰神秘主义教育，并致力推动苏菲教团的创建和发展，但他对包括儒家、道家等主流文化的思想精髓掌握得也很到位。当然，这种古典教养的形成可能来自金陵学派经典著作的研习和专业的经堂教育，也有可能来自门宦内部精英幕僚的助言。这里关于宇宙生成和运动的阐释，与马注《清真指南》卷三的系统说明极为相似，说其是对马注的直接引用也不为过。马注设定无极与命、太极与性等对称概念解释宇宙生成，再用土、水、气、火等概念描述天地自然界的具体构成，而气则被看成是万物运作发展的根本动力。这里可以清楚看到，《略传》所表达的神秘主义宇宙观与回儒学者和道家学说等的渊源关系。

3. "龙署道庭，吾俩古道之一；一脉三显池入海，古有常在。"

4. "吾俩是巴部门首，答应地应答的；龙的地天龙镇的海，马圣人吾俩道义。"

这两段强调灵明堂在伊斯兰神秘主义门宦中的正统地位。句子比较短小，但寓意深远，中国文化元素比较突出。前一段将自身道统比喻为龙，而池与海都是龙可以活动的场域，这种个别与整体关系的密切联系很容易被中国民众理解。同时，龙在中国古典文化中是地位和正义的象征，而灵明堂从教祖到三代教主都以龙为号，可以感受到教祖对教团自我定位时所用表述方式的本土文化特点。后面一段强调道统来自巴布（部）派，这里的"吾俩"应该是指巴布派传人。这两段虽然没有回儒思想的明显痕迹，但龙的比喻展示了突出的中国文化元素。

5."海里显阳，天地光元，空中明月，性命合一。混同智能，诚参不即不离。"

这是《略传》结束部分的一段，其意义比较隐秘，不太容易理解。海里出现的太阳、空中的月亮两句可以认为是指宇宙万物的存在及其运动的规律，强调任何事物及相关知识都出自独一无二的真主。最后一句则强调通过神秘主义修行领悟内中道理，达到大智大能的精神状态。从字面上看，这一段目的在于强调修行和顿悟的重要性，但几乎所有用语都在刘智《天方性理》卷一和卷二中出现过。笔者认为，这一段是对刘智相关论述的直接引用，二者在修行认识上的共性不言而喻。

6."道本一元，理贯色妙，证察唯心唯物，圣超万有，灵光归然。"

这一段第一句意在突出神秘主义道统在伊斯兰教整体中的合理地位，说明苏菲道统使伊斯兰神学思想体系更加丰富多彩，善变而统一。第二句强调道统思想可以贯通所有物质与精神世界，真正得道的圣徒则超然万物，成为变幻的灵光，归于独一无二的真主。这段话寓意灵明堂门宦的正统性及其教义和宗教惯行的重要意义，但从其用语特点及所表述思想的渊源上讲，与刘智《天方性理》中许多论述都有很高的相似性，而其根源则可追溯到12世纪伊比利亚半岛早期苏菲神学家伊本·阿拉比有关真主、道统及功修之关系的论断。当然，"一元""岿然"等用语在王岱舆的《正教真诠》和《清真大学》里都有出现，也被广泛使用于马注等回儒学者的著作中，这也说明灵明堂苏菲思想与回儒学者宗教神学思想之间的密切联系。

7. "戌生定，定生慧，慧现依麻呢，与天地三而参者，明德远矣。精化气，气化神，神归讨嘿德，合儒道一以贯之。"

这是《略传》的最后一段，也是最画龙点睛的一段。第一句意思是说，神秘主义道统的所有主张及功干都会凝聚为宗教生活的精髓，进而化作推动万物发展的气，气再转化为更高层次的精神，最后精神归至独一无二的真主。如果说第一句强调了达到天人合一之苏菲修道的最高目标，那么第二句则点明了实现这种目标的具体途径和方法：中西合璧，通过回儒的伊斯兰神学思想与中亚、西亚的苏菲道统相结合，去追求并实现宗教修行的最终目的。当然，这里言及的儒不是一般意义上的儒学，而是渗透儒学思想养分的金陵学派回儒学者的思想体系；道也不是单纯意义上的伊斯兰神秘主义道统，而是吸收了中国本土古典思想元素的苏菲道统。

以上七段引文已经从一个侧面显示，灵明堂神秘主义神学思想的重要渊源之一是 17 世纪以后兴起的金陵学派回儒学者们的宗教思想，二者之间存在难以分割的传承关系。

（二）阿訇宣教诗文的本土文化特色

这里将整理分析的四幅诗文，在内容上形成一个系列，分别围绕"身""心""命""性"四个关键词，阐释伊斯兰神秘主义宗教修行中"教乘"（sharia）、"道乘"（tariqa）、"真乘"（khaqiqa）和"超乘"（marifa）四个阶段的具体境界和要求。这四幅诗文制作方式比较独特，均采用黄色平布作底，书写格式完全相同，分上、中、下部和边框四个部分。上部点题，说明诗文的主题及特征；中部为一首七绝格律诗，描述各修行阶段的大致做法和状态；下部为总结，评述各个阶段修行的品级和成果；以上三个部分被用阿拉伯文写成的四方形边条框在中间，形成长方形字画条幅。就这些诗文的制作和书写情况看，灵明堂阿訇不但对苏菲神学理论具有深刻理解，并且能够熟练使用阿拉伯文和中国传统格律诗流畅精辟地表述出来。以下，笔者将逐个整理这四幅挂轴诗文的内容，具体考察其表达的苏菲神学观念及阿訇表达方式的本土文化特征（图25—28）。

图25—28　阿訇诗文挂轴拔萃（"身""心""命""性"四幅）

1. 第一幅："身，陆行百里。一抬双手六门关，戒私除邪锁心猿；举意认时身心静，若主御前诉真言。宫盘珠，生长之性—草木金石。"

这一幅以"身"为主题，描述"教乘"功修的具体情况。这个阶段，人的思维和理解能力相当于肉体所能及的范围，充其量一天也只能行走百十里路。接下来的七绝律诗押韵易读，内容也比较容易理解，它告诉信徒这一阶段功修的基本条件和要求。最后，结束词用宫盘珠形容这一阶段功修的性质，其成果就如植物和矿物的孕育生长，处于机械而缺乏知性的状态。

2. 第二幅："心，水行千里。若临天方向西朝，胆战心惊痛哀告；悔悟一身罪过重，望主宽恩求饶恕。白银珠，知觉之性—飞禽走兽。"

第二幅主题为"心"，说明"道乘"功修的具体情况。在这个阶段，人的思维和理解能力提高了一个档次，似船在水里行走，可以日行千里，远远超出了人类体能所涉及的范围。修行者已经能够通过功修理解到自身的罪孽，并为此感到痛苦，恳求真主的宽恕。人的精神状态更上一层楼，进入了苏菲功修所要求的状态。最后，结束词用白银珠比喻这一阶段功修的成果，其性质如同动物，开始有了思想，对外界做出能动的反应。

3. 第三幅："命，风行万里。鞠躬身端脊背平，下观火狱到七层；抬头上升天堂贵，人尽乾坤道九重。亮海珠，灵魂之性—天仙神鬼。"

第三幅主题为"命"，说明"真乘"功修的具体情况。这个阶段，修行人的精神状态和理解能力已经脱离了凡人的境界，能够乘风飞往很高很远的地方，看到凡人所无法看到的世界。往下深入地界，可到七层火狱，上升可达九重天外，看到天堂美景。人间的恩德善报、恶行惩罚，尽在理解之中。最后，结束词用亮海珠比喻功修成果，说明这时的修行者已经具有了沟通天仙神鬼的灵力，进入了大智大能的境界。

4. 第四幅："性，光行无际。叩头交还以典形，生死面地是原根；造化吾人贵万物，人生该当谢主恩。夜明珠，先天理性—穆圣灵光。"

这一幅的主题词是"性"，到了苏菲修行的"超乘"境地。这个阶段，修行者的人格品级和智能已经达到最高的、无所不能的境界，人的思想能够像光束一般通往无边的宇宙。这时的人已经彻底脱离了凡俗，可以随心所欲，穿越生死，与真主和穆圣同在。因此，修成了超越万物的高贵人品，知性达到极点，其实也是万能的真主所为。最后成果的评价为夜明珠，说明修行者修成先天理性，其知性达到圣人品级，能够普照众生。

以上逐段分析向我们展示，灵明堂阿訇在对苏菲修行过程的阐释中使用了一种"点题—描述—总结评价"之三段演进的传统议论文体，用词准确流畅，七绝诗文的对仗押韵也都运用得比较得体。同时，从苏菲神学功修的阐释程序方面，教、道、真、超等四乘循序渐进，从入门到与真主、穆圣同在的最高境界描述，也与刘智《天方性理》之"灵性显著次第图"、"修进功程图说"及"全体归真图说"等所表述的递进模式相似。通过以上整理和分析，仅就灵明堂门宦宗教教义的传播及理解来看，不仅教祖等领袖人物对回儒学者的神学思想有透彻的理解和应用，一般阿訇也有学习和引用汉文经书的能力及习惯。至此，我们可以说，灵明堂门宦宣教话语中具有浓厚的本土文化元素，其苏菲神学思想的最直接源流是 17 世纪以后形成的金陵回儒学派的宗教思想（刘智《天方性理》中《灵性显著次第图》、《修进功程图说》和《全体归真图说》等章节内容都说明了这种道理）。

结　论

本文以灵明堂门宦为例，从中国伊斯兰神秘主义与本土文化的关联性问题、灵明堂道统的缘起、道堂建筑文化中的本土元素、道统与血统的交融结合、教祖及阿訇的宗教思想实践等五个方面挖掘整理，论证说明了该门宦及其伊斯兰神秘主义思想与中国本土文化的互动融合关系。

首先，灵明堂神秘主义道统缘起于中亚纳赫什班底耶苏菲教团的虎夫耶、嘎德林耶派系和西亚伊朗的巴布派，但通过深入考察教祖遗训和阿訇的宣教诗文，我们清楚看到，作为教团教义核心内容的苏菲神学思想体系则与金陵学派回儒学者的宗教思想密切关联，有些地方可以说是逐字引用吸收。因此，可以说灵明堂神秘主义思想与金陵学派回儒学者一脉相承，都与中国本土的儒家和道家学说具有渊源关系。

其次，灵明堂建筑文化一以贯之所展现的中国本土庭院设计风格和建材装潢特点，以及门宦组织机制中本土父系家族所发挥的重要作用，都体现了该门宦百年发展的历史过程中始终与中国本土文化密切交融，扎根地方社会，形成了具有典型意义的本土性文化传承。

最后，灵明堂与本土文化互动交融的事例说明，源自中亚、西亚的伊斯兰苏菲门宦与其他外来宗教及教派一样，只有合理地与中国本土文化互动融合才能落地生根，得到地方民众的支持而发展。这种互动融合成就了伊斯兰教的中国化，历史过程如此，[1] 现实发展更要求外来宗教加快中国本土化的进程。在目前"一带一路"文明动态发展的语境下，灵明堂门宦所展示的中国化路径及其实践经验值得深入挖掘，全面推广利用。

1　参见笔者关于外来宗教中国化历史过程论文的论述《外来宗教中国化考论——唐代景教与伊斯兰教传播比较》，《世界宗教文化》2020 年第 4 期。

希腊世界的埃及魔法

颜海英

今天的讲座主要是介绍一批在埃及发现的魔法纸草文献，这批文献相当大一部分是希腊文写的，同时也有一多半是双语的，既有希腊文，也有埃及世俗体的象形文字。讲座的安排是这样的：首先介绍这批文献的发现情况，再讲它们的内容，之后会讲一下魔法师。当然，我也会为大家念几段咒语。我所介绍的这批文献出自一人之手，是非常漂亮的手写体。这批文献透露给我们的讯息是，埃及当时是一种所谓的"双面社会"，即希腊人统治埃及，但是埃及传统文化对希腊又产生了深刻的影响，是一个文化交融的时代。

现已发现的埃及纸草文献数量很多，多到可以和两河流域的泥板相比，统计不出数字。但我们要讲的

* 颜海英，北京大学历史学系教授。

这批文献的特别之处在于，它们是很幸运地被保存下来的。正常情况下，它们的命运应该是被烧掉，因为罗马人曾经有很多次大规模的烧毁魔法书、烧死魔法师的行为。罗马皇帝公布了很多次法令，严格规定使用魔法者要被杀。最有名的是以弗所毁书事件，屋大维在公元前13年也毁了两千多册魔法书。应该说历史上重要的魔法书已经被毁得差不多了。这批文献的出土，很幸运也很意外，为我们揭示了很多正史里所不披露的一面。相对于官方保存的讲述宗教生活及实践的文献，魔法书所反映的内容可能要更加接近真实。

从学科发展角度来讲，这批材料也很特别。学者们一直不重视，甚至鄙视这批材料。古典学家觉得这些材料不入流，埃及学家也不觉得它重要，因为西方人，特别是欧洲人对魔法、巫术是有偏见的。研究纸草文献的学科叫"纸草学"，重点研究社会经济方面的内容，处理的基本上都是经济文献，基本上不太涉及宗教类的文献。而写在纸草上的古典作家的文学作品，也不是主流"纸草学"的研究范围，而是古典学的。"纸草学"的兴起本身是历史研究转型的产物。二战以后，历史研究开始从帝王将相史走向普罗大众，从原来的政治制度史走向了社会经济史。在这个转型的过程中，"纸草学"作为一门新的学科发展起来了，它严格限定了自己的研究范围。虽然5000年前就出现纸草，但是"纸草学"只研究公元前330年以后的纸草文献；虽然纸草文献内容很多，但是"纸草学"只研究社会经济方面的内容。所以"纸草学"也不研究魔法文献。古典学家认为它们价值不高，也不研究。所以这批魔法文献很长一段时间一直处于边缘化的地位。现在仍然有大量的纸草文献还未发表或者有待深入研究，涵盖希腊文、拉丁文、科普特文、阿拉伯文、阿拉米亚文等文字。我今天所讲的这批魔法文献是其中的一部分，用世俗体、僧侣体写成，并且是双语的。

这批文献的身世比较传奇，因为是买来的，所以没有发掘背景。是当时在亚历山大工作的瑞典外交官、美国人 Jean D'Anastasi 收购的。他出手特别大方，差不多有将近六千件文物经他之手卖给了莱顿博物馆。他所收的纸草文献就是我们说的这批底比斯纸草魔法文献，总共一百二十多份，绝大部分是希腊文的，一部分是希腊文、埃及文双语的。我们重点讲其中双语的文献，而且双语里边我们主要讲其中最长的一份，足足有五米那么长。Jean D'Anastasi 很精明，他卖这批纸草的时候把这份五米长的纸草分成了两半，一半卖给莱顿博物馆，一半卖给大英博物馆，挣两份钱。但是他卖得并不贵，后来莱顿博物馆专门给他写了封感谢信，感谢他把这么珍贵的文献低价卖给他们，因为莱顿博物馆发现这批纸草文献中有一份是炼金方，应该是历史上最早的炼金方。我们等下还要讲到，当时在埃及的这些外交官为什么如此狂热地收购文物。今天的主角就是这份长五米，一半在莱顿博物馆，一半在大英博物馆的埃及现存最长的魔法书，正面 29 栏，反面是 33 栏，分栏横写，共98 个咒语（P. Leiden I 383 & P. BM 10070）。莱顿博物馆和卢浮宫还有一些疑似来自底比斯的纸草文献。大家可能会问，如果是买来的，怎么知道它们来自同一个地方？从语言学的角度，它们使用的方言、手迹、语法、时间以及书写人都是能考证出来的。

除了这份五米长的，还有一份三米多长的，同时还有两本折页书（纸草可以做成折页书）（P. BM 10588）。不知道大家有没有想过一个问题，就是纸草最初做出来的时候，就完全可以做成折页书，但为什么折页书很晚才出现？其实是观念的转变导致了技术的革新。最初，纸草卷是社会上层才能用的。而发明折页书是为了方便携带，那是《圣经》开始普及的时候，每个人都需要随时随地读《圣经》，所以人们才发明了折页书。当时的埃

图 1　莱顿魔法纸草

及已经有了折页书。这件三米多长的纸草正面是动物寓言，有石膏修补的痕迹，反面有 13 栏世俗体的咒语、6 栏希腊文的咒语及插图。能看出来这一本收藏者用得很频繁，有磨损痕迹，可见它真的是一个魔法师的手册，每天都在翻用。

我们刚才讲到的莱顿博物馆收藏的炼金方叫"摩西第七经"。现在大家知道《摩西五经》，但其实在正典化之前，也有摩西第七经、摩西第八经等，是用科普特语写的炼金方。五米长的那份魔法文献，它的特别之处是，它不仅仅是双语写成的（希腊文和世俗体埃及文），而且有些埃及文的上方，有用科普特语加的注音，希腊文部分多数是专用词，比如动物、植物名称等，每种字体的出现都不是随意的。仔细研究会发现，抄书人是有精心安排的。其中有些小符号，没有人读得懂，应该是魔法师的密符，直到现在魔法界还在用。

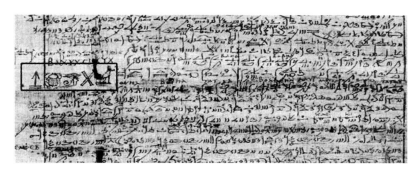

图 2　莱顿魔法纸草中的密符（方框标出者）

很多电影里边有这样的桥段，有人找到某种秘籍，照着秘籍去炼金。电影里这种秘籍的原型就是这种魔法纸草书。先给大家介绍一个比较实用的咒语。

这个咒语的用途是，如果有人抢了你的女朋友、男朋友，把写了咒语的陶片埋在他们家房下，就可以咒他们分手，抢回自己的爱人。还有类似爱情水一类的，帮助赢得别人的爱的那种咒语。道具五花八门，但是必备的可能是油、油碗和类似水晶球这样的东西。

图3　透特神，莱顿魔法纸草插图

莱顿这批魔法纸草文献本身的命运特别传奇，和古代的故事有一些惊人的相似之处。按照古埃及人的观念，魔法文献和医学文献常常是一体的，很多魔法文献都是药方，可以用来治病。这些知识属于高级知识，一般人不允许接触。有一个故事就讲到，为什么这些知识一般人不能去学。《善腾·哈姆瓦斯的故事》出现的时间很晚，在公元前3—前2世纪。这个故事讲，有一个王子叫哈姆瓦斯，他喜欢收集魔法书，最后终于找到了。"书被藏在科普特斯（Koptos）的湖心。湖中有一只铁盒。铁盒中有一只铜盒。铜盒中有一只凯特木（keté-wood）盒。凯特木盒中有一只象牙乌木盒。象牙乌木盒中有一只银盒。银盒中有一只金盒。金盒中存放着透特神的魔法书。铁盒外还有蛇蝎及各类毒虫环绕，其中更有一条无人杀得死的巨蛇。所有这些都被布置来守卫透特神的魔法书。"

哈姆瓦斯欣喜万分，可就在他要打开魔法书的时候，旁边出现了一个鬼魂，告诉哈姆瓦斯不要碰那魔法书，他就是这么死的。魔法书一般人是不能看的。但是哈姆瓦斯千辛万苦找到了魔法书，当然不管鬼魂的劝说，打开了魔法书。打开之后，他念了一条咒语，震动了天地山河，从此能够听懂各种动物的话；又念了一条咒语，他就能够看到神，看到群星的本来面目。但紧接着，各种灾难开始降临。这时哈姆瓦斯想起鬼魂的警告，他及时收手，把魔法书放了回去，一切厄运就结束了。按照古埃及人的观念，一般人如果没有领悟能力就去读魔法书，他就会倒霉。

巧合的是，这批魔法纸草文献，本身就经历了这么一段传奇。这批文献在进入莱顿、大英博物馆后，就陆续有人翻译。虽然主流的学者不看好它们，但是总有喜欢这个的人去翻译。其中有一位德国教授，Albrecht Dieterich（1866—1908），他不仅是一般的热爱，大概已经有点痴迷，他想在课上组织同学一起读，而且还要把其他学者的翻译整理成册发表。在当时开这样的课也是不太可能的，所以他的课名叫做"纸草文献选读"。他1905年开课，1908年就突然死亡了，很离奇。他有三个很坚定的学生，一直在做他们老师的未竟之业，整理这批魔法纸草文献。不久后一战爆发，这几个学生死于战争。之后，其他学生继续从事这项工作，终于整理成两卷本。可是在要出版的时候（1943），又碰上了二战，印刷厂被炸了，这批文献又一次遭遇厄运。但是好在还有一些校对稿保存了下来，于是就有学生再去收集这些校对稿，一直到了1974年终于出版了两卷本魔法纸草文献。不过这两卷本没有包括世俗体埃及文的那一批文献。再之后到了1986年，出版了最新的译本，包括古埃及文的那部分。我们看到，这批文献后来的经历也是这样的传奇。

我把"双语体"那部分按内容作了分类，大致有占卜、获得喜爱与尊重、情爱、毒药、治疗、植物和药物的名称及类型等不同类别。如何让一个女孩爱上你呢？举个例子：

> 将圣甲虫放入酒杯中使一位女子爱上一位男子的方法：你应带一只战神的圣甲虫（小型无角的圣甲虫）来，其头部具有三个角突，面部紧缩，有两只角的也可以……应把它淹死在黑色母牛的奶水中……四天后，待其变干，你应将其放

THE GREEK MAGICAL PAPYRI IN TRANSLATION

INCLUDING THE DEMOTIC SPELLS

Edited by
HANS DIETER BETZ

THE UNIVERSITY OF CHICAGO PRESS
Chicago & London

图4　1986年出版的魔法纸草文献总录

于面前，在其身下铺一决布。你用一把铜刀将其从中间分开……
将其研磨成粉。你应将其制成丸……令那女子饮用此酒。

　　注意，重要的是咒语。比如，黎明时你应在太阳面前诵读："你是
真正的天青石所做的圣甲虫。请你从我的神庙中出来……"我们看到的
咒语是希腊、罗马时期的咒语，它和之前时期的咒语有所不同，更强调
使用咒语者本身的参与。

　　在亚历山大征服埃及之前，埃及国王尼克甲尼布也是个爱好魔法的
人。据说这位国王魔法玩得还不错，经常拿着碗和水晶球看。有一天他
突然看到，亚历山大要来打埃及。他知道自己才疏学浅，魔法很业余，
于是就拿出一大笔钱请来一个埃及魔法师，说他预测到了亚历山大要来
征服埃及，希望这位魔法师摆平此事。结果怎么样？大家都知道，亚历
山大轻而易举就打下了埃及，因为魔法师拿着那笔钱去喝酒了。这个故
事就写在下面这张纸草上面。

图5　记述亚历山大入侵的魔法纸草

我们到底该怎样看待埃及魔法，它是我们通常认为的那种巫术吗？在古埃及，魔法其实等同于知识。掌握魔法的人不是一般的江湖艺人，而是一些高级的社会精英。魔法属于秘密知识。大家可能会说，既然是秘密知识，怎么可能有文字描述？埃及文献中直接描述"秘密知识"是什么的，只有这么一份材料。这

图6　中王国时期魔法师墓中出土的魔杖

是一个大臣的墓志铭，估计是一个很自负的人，为了炫耀自己与众不同，把不该说的也泄露了出来。碑文说，他是掌握神秘知识的人，其内容包括文字的秘密、仪式的施行方法、工艺、艺术风格，其中描述的关于工艺的技术，很像化学知识，和后来的炼金方内容类似。埃及人的只言片语提到了神秘知识的大概内容。图6是魔法师使用过的魔杖，上有磨损的痕迹，有图和咒语。

古埃及文学作品的最大特点是，它们看似是文学作品，但却包含很多真实的历史信息。刚才讲到的《善腾·哈姆瓦斯的故事》，本来是本奇幻小说，但是历史上真有一个叫"哈姆瓦斯"的人，是拉美西斯二世的儿子。拉美西斯二世是埃及历史上寿命最长的国王之一，活到九十多岁，他的儿子哈姆瓦斯有一个外号，叫"世界上第一个考古学家"。他到处修复古迹，金字塔他也修复过，修复之后还会留下文字作为记录。除了"考古学家"的身份，他还有一个爱好，就是收集魔法书。在开罗附近的萨卡拉，考古学家发现了哈姆瓦斯的工作坊。

哈姆瓦斯是第19王朝的，考古学家还在底比斯西岸发现了一座中王国时期的魔法师的墓。我们可以再将《善腾·哈姆瓦斯的故事》和这座墓的发现对比一下。故事里说哈姆瓦斯找到的魔法书是在一个盒子里。考古学家发现的这座墓里也有一个盒子。不幸的是，这个盒子在墓

图7　萨卡拉遗址

打开后就灰飞烟灭了，但是盒子里边的法器都还在。墓里随葬的书有这几类：咒语、葬仪、吉凶日、鳄鱼赞美诗、能言善辩的农夫、辛努海

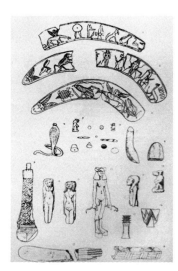

图8　中王国时期魔法师之墓所
出文物线描

的故事等。另外，还有一些工具和小雕像。

魔法师这个词，埃及文中写作"hry-tp"。虽然很多古代词汇无法翻译，但是这个词我们还是比较确定的，因为这个词在古代就有翻译。比如阿卡德语写作"hartibi"，希伯来语写作"hartumim"。魔法师还有另外一种叫法，就是埃及语的"生命之屋的书吏"。可以这么说，在古代没有一个专职的魔法师，他的身份就是一个高级知识分子，他同时是大祭司，同时是官员。有一点我们是确定的，在古埃

及社会掌握魔法的人是知识分子，不是江湖术士，在古埃及的语境下是这样的。

图9也是刚才那个墓里边出土的魔法师的法器，除了魔杖，一定有条蛇。这一套比较完整，是"开口仪式"用的，木乃伊下葬之前有一个开口仪式，祭司用法器触碰死者的五官，让它们恢复功能。这是一个打了七个结的绳子，有配套的咒语，是治头痛的。如果你头痛怎么办？找个绳子打七个结，念了这些咒把这个放在脚上，

图9　中王国时期魔法师墓中出土的法器

头痛医脚。这个魔杖是保护妇女儿童用的，上面的咒语和图像资料都是这样的一个作用。这个是魔法师墓中藏书的详细内容，一类是实用的，是他每天主持仪式、施法用的手册，一类是提高个人修养用的，是经典的文学作品。

这是比较重要的一个咒语，就是保护你不让鳄鱼咬。今天的人会说，让鳄鱼咬的概率有多高啊，为什么埃及人有专门的咒语防止被鳄鱼袭击，诅咒那些盗墓的人时，也说让鳄鱼咬你，让鳄鱼咬你的妻子，咬你的孩子？这是因为在古代埃及，尼罗河里鳄鱼的确很多，特别是尼罗河泛滥的时候，到处都是水，是很容易就被鳄鱼咬的。

从另外一个角度来比对一下，《金字塔铭文》《石棺铭文》等官方墓葬文献里，也有相当多的咒语是防止鳄鱼咬，防止各种毒蝎等的。也就是说民间的和官方墓葬文献里边的有很多是相对应的。

好，我们慢慢进入到最关键的问题。第一，魔法知识是加密的知

识，按照埃及人的说法，一般人接触了还要有厄运，而我们要讲的这些魔法文献本身是幸存下来的，内容又是这样的。我们就要回答这样一个问题：希腊罗马时期的魔法，和埃及传统的法老时代的魔法一样不一样，哪里不一样，这是一个问题。再一个就是不一样的地方说明了什么，还有为什么是双语，为什么双语之外还要加很多的符号，加很多的类似注释一样的东西。我介绍一下学者们考证的结论。底比斯发现的这一批魔法文献一类是希腊文的，一类是双语的，其中希腊文的年代早，双语的年代晚。第二，双语的这批文献，经历了多次的翻译。希腊化时期，亚历山大的祭司们根据埃及魔法资料创作了一套希腊文的魔法书，底比斯的祭司们前往亚历山大参加宗教会议，带回了这套书，结合底比斯的魔法资料，翻译加编撰，创作了第二版，即世俗体的版本；为了确保翻译的准确性，他们在世俗体文字的上方用科普特语注音，一些特定的专用名词保留希腊文原文，编写过程中因为参考了更为古老的材料，因此也有僧侣体的文字。约一百年后，底比斯地区的客户中希腊人增多，于是在世俗体的旁边，又加上了希腊文的版本，成为双语版本。经过了这么曲折的一个过程，我们看到这样一个魔法师群体，他们掌握多种文字，希腊文、世俗体埃及文、僧侣体埃及文、科普特文，甚至可能还掌握一些希伯来文等其他文字，是一个高级知识分子群体。

我们的主角，收藏这些魔法文献的魔法师，有着灵活的处世态度。面对外族统治，埃及祭司可以有两种态度：一个是对抗这些外族统治者，揭竿而起；一个是非暴力不合作，带着秘籍躲到沙漠里面去隐修。但是他选择了和平共处，他的客户很多是希腊人，所以他才需要希腊文的本子，使用方便。他又有一个埃及文的版本，因为他的客户也有可能是埃及人，他什么生意都做，他很灵活，很会变通，很有智慧。

最有趣的是，埃及人自己声称的埃及魔法第一原则是：我们这种高级魔法，世界上任何其他语言来写它就不灵，这句话本身是用希腊文写的，这是很有趣的。回到我们讲的这套魔法文献，为何埃及文的版本中有一部分词反倒是用希腊文写的？因为希腊文是拼音文字，你看到字母念得出声来，而埃及文字是不写元音的，你光看字不可能读出来所有的音。因为这个地方特别重要，一个音都不能少，他反倒用希腊文写，或者用科普特语把那个音一个一个写在上头。还有各种文字的遗留其实都是有道理的。有僧侣体文字，是因为他从更古老的僧侣体文本摘抄的时候，抄着抄着有时候就忘记转写成世俗体。

现在谈跟法老时期魔法的对比。我们刚才说了，法老时期的魔法师是掌握知识的社会精英。图10表现的是给小牛接生，后边这个人就是在施咒，手这样指着，你以为做这个手势的人就是魔法师吗？不是的，他是助手，旁边还有一个挂着权杖的人才是魔法师，他的身体语言是表示放松，主管、工头等社会地位高的人才可以挂权杖。魔法师的肢体语言是说我可以待着，我不用干活。其实是他才有能力有资格念咒。做这个手势的人只是做这个动作就行，旁边的榜题有时还会写着：不要说太多，不要让他听太多，他就帮你把动作做了就行了，这个咒得由你来念。应该这么说，给小牛接生、赶牛群过河等这些最基本的、民间最常见的咒语，都是由这样有身份的人来主持的。

图10　古王国时期墓室壁画

刚才这样的画面，还有埃及人怎么杀河马、杀鳄鱼的画面，常常在墓室壁画里出现，这是表现他们的休闲娱乐吗？现代人看了一般就会说，那个时候的户外活动也不错呀。其实对应这个画面的，都是一些保护咒语，保佑死者到了另外一个世界，也不要被鳄鱼、河马等危险的动物咬，这些都是基本的魔法应用。

现在我们来谈希腊罗马时期的魔法书，跟传统魔法有不同之处。魔法公式仍然是埃及的结构，融合了希腊的神名和主题，但增加了新的主题：神参与进来回答占卜者的问题，有时是在梦中，有时是在幻象中。全过程包括：准备与神相会的神圣化期、与神相会的阈限期和送走神的去神圣化期。例如，底比斯魔法文献中有份世俗体的占星指南，主导神是"伟大的神伊蒙和泰普"，须知事项是：干净的、没人用过的橄榄木凳子，蒙上布，放在魔法师头部附近；四块砖，一个陶炉，在上面烧鹅油、没药和赤铁矿的混合物。然后他要背诵一个希腊文的占星咒语，并且"不对任何世人说话"，躺下睡觉。然后他会看到神"好像一个穿着亚麻布和凉鞋的祭司模样"。神会"嘴对嘴"地和他谈论任何他想谈论的事情。此外，巫师必须准备星盘，把要问的问题写在空白的纸草上，放在星盘上，星盘就会给他结果："它将把你的星星带给你，不管它们是否对你要问的事情有利。"

这些魔法文献中通常会描述占卜者如何自我驱动，例如强调自己是此仪式的注定之人、是看到神的人、得到启示保佑的人等。这种主观的启示性经历是一个新的显著特征。主观的宗教体验会提高与神相见的概率，保证占卜仪式的进行，天启也由此进入了魔法和占卜的私人领域。

埃及魔法的一个特点就是国际化，各路神一起上。比如说这里，"你不是葡萄酒，而是雅典娜的头，你是奥赛里斯的吞咽"，咒语中还出现希腊神、罗马神、犹太人的神、亚洲各种神。结果这条咒语的目的也是让一个女孩爱他一生，可见在任何时代，爱情都是一个永恒的主题。国际化除了各国神的混杂，还有各种语言的混杂，外族神的名字就直接用其母语书写。

除了我们刚才说的传统埃及巫术的一些原则，比如神话反转、宇宙论等，希腊罗马时期的魔法进入了国际化时期。其实埃及的巫术很开放，原则是一定的，但是内容可以变通。它的基础是宇宙论，就是万事万物都相关联着，巫术只是一个武器，可以通关。那这样的话各路神仙其实都是可以的。

魔法的操作过程也与法老时代有所不同。之前我们看的过河、接生等其实都是小巫术，真正的巫术是制作木乃伊、开口仪式、复活仪式之类的，一般来说，埃及人相信只要是咒语念到，时刻也对，那么一切都是笃定的，愿望肯定可以实现。但是希腊罗马时期的魔法则不同，先看这一段，他告诉这个魔法师你应该怎么做，要橄榄木的凳子，没人用过的，四块砖头，一个炉子，上面有烧鹅的油、没药、赤铁矿，这个没药肯定是必备的。然后背一个希腊文的占星咒语，不和任何人说话，躺下睡觉，然后就会看到一个穿亚麻布的祭司显神。神就是这个样子。注意，神会面对面地和巫师说话。这个时候巫师要准备占星的板子，把要问的问题写到纸草卷上，放到那个板子上，然后这个板子就会把你的星星带给你，其实就是把占卜的结果告诉他。这就是整个的过程。有相当部分是强调这个巫师应该做到的是什么，比如说你应该穿什么样的衣服，念什么样的召唤语，过程一般先是唤神，神会跟他面对面，再交代他做什么事情，他要怎么样把神留住，最后还要把神送走。这个过程当中，从时刻到穿着到注意事项都有一些详细的规定。总而言之，通过这些咒语的小细节我们看到这个时期特别强调你的神圣体验感对于这个咒语效果的作用，你做到与否，参与程度怎么样，决定着它灵验不灵验。而之前法老时期的咒语，诵经师照本念就行了，时间对了，咒念对了肯定能有效。但是希腊罗马时期的这些魔法师，就是我们这套纸草文献的收藏者，不仅学识渊博，掌握各种语言，而且在魔法的使用上，也有一些改变，特别强调个人在其中发挥的作用。这是一个很微妙的变化，只有这个时代才会有，我们看看为什么。

有一个概念叫作文本共同体。今天的人想象不到，当时收藏这些魔法文献有多大的风险，罗马皇帝发现有人家里收藏这些，直接就把他烧死。而且每次我看到他的字迹都很感动，写得很漂亮。五米长，这么小的字，抄那么多书，是多么用心。而且我感觉，他的埃及文应该都不如希腊文好，因为他不用，这个时候罗马人强迫埃及人使用字母化的科普特语。埃及文他还会，但因为用得少而渐渐生疏，所以有些音他不太确定，会用科普特语标注上。但是他珍爱这些书。文本共同体就是说他不是一个人。我不相信有这么幸运的考古学家恰恰就找到了这批书，应该是很多人在藏书。这些藏书的人，因为有的是个人，有的是一个群体一起在藏，可能规模就有大有小。但是我觉得性质是一样的，我们叫作文本共同体。现在大家都对身份认同很感兴趣，一般来说，看同样的书的肯定是一个群体的，现在我们也是，有一些超级符号，一说大家都点头的，那肯定你们是一个群体。这些藏书，我们说这些共同体大到像创作死海古卷的库姆兰的那一个群体、埃及的泰布图尼斯神庙图书馆这样的群体，小到我特别喜欢的这个魔法师的个人收藏，他们都是这样一批人，他们要刻意地留下些什么。虽然他们渐行渐远，但是他们做了漫长的准备工作。

　　古埃及的识字率并不高，5%的识字率，而且一般掌握读写去当个书吏即账房先生这样的小官不难，但是晋升到大祭司，就是我们刚才说的那种高级知识分子，还是有相当高的门槛。而且古埃及人不像我们采用科举制度，他们通过一种神庙内部的神秘仪式，书吏的知识积累达到一定的程度，通过了各种各样的历练考验，才可以有资格成为"生命之屋"的书吏，进入内部体系。埃及神庙里面专门有这样的一个机构，叫作"生命之屋"，其中有典籍收藏，有修缮室，一批社会精英、知识分子在其中整理抄写典籍，制定营造法式、庆典仪规，是当时社会的文化中心和智库。但是现在考古学家没有发现一个"生命之屋"的实体，只是在纸草文献上有关于它的文字描述和图像。但有些神庙中有"生命之屋"的藏书之屋，如艾德福神庙等，书不在了，但是书目都刻写在墙上，告诉我们里面曾经放过什么书。关于这些书，后来的希腊人有记载。我们的思路是这样的，如果文本共同体的人特意想留下一些什么书，肯定是这个社会精英群体最核心的文献，我们是从他们受什么样的训练、看什么样的书，再来反推他们会把什么书留下来。

这是在亚历山大生活的一个希腊人克莱蒙特记载的，他说埃及人的经典有四十二种，一类是赞美诗，记录国王生平的；一类是天文学占星类的；一类是宇宙地理、神庙建筑，这就是营造法式；一类是教育节日仪式法律等。如果把克莱蒙特记载的这些和其他的文献比对一下，我们能看得出来，当时的社会精英受训练的内容就是这几方面的知识。那这些知识的经典的书他一定会去保存。

有一个考古发现能证明克莱蒙特说的是对的：法雍的泰布图尼斯神庙图书馆，是发现于 20 世纪 30 年代的罗马埃及时期的大型图书馆，目前已发现 2500 份纸草文献，由哥本哈根大学凯茨伯格纸草国际学术委员会主持整理。该图书馆的绝大多数纸草文献的成文年代约为公元 1 至 2 世纪的罗马埃及时期，少量为公元前 1 世纪和公元 3 世纪。纸草文献按内容分为三类：宗教仪式 110 篇（48%）、科学文献 60 篇（26%）和叙述文学 60 篇（26%）。这些内容和克莱蒙特记载的非常一致。其中的卡斯伯格纸草，详细注解了《努特之书》，是我们了解古埃及占星体系的核心资料。这是法老时代的秘传知识，通常刻写在帝王谷王陵或者神庙深处的墙上，不为大众所知。特殊藏书库里这个密本的解释就非常珍贵，如果不发现这些本子的话我们是不知道埃及人占星究竟是怎么进行的，只有到了罗马时期，埃及人才把原来口述、秘传的东西写下来，从隐蔽走向了显现。而当时的祭司们写下来的时候没想给谁看，只是想把这些知识保存下来。

古埃及人喜欢双保险，一部分神秘知识写成文本收藏起来了，还生怕被罗马人烧掉保存不下来，于是又用密写字刻在了神庙墙上。这几套体系如果对着看，把神庙加密刻的，和图书馆里边私藏的注释对着看，就能把很多原来秘传的东西弄清楚。图 11 是泰布图尼斯图书馆发现的纸草，这是 20 世纪 90 年代的埃及人的箱子，纸草刚发现的时候因为有太多碎片，就用这个箱子来装。我觉得各大博物馆里难度最高的一项活儿就是修复残缺的纸草，把这些纸草碎片挂在那里一点点地去粘修。这一批是占卜用的纸草，把问题写到纸草上卷起来用印泥封住，然后求一个答案，这是陶片上的占卜内容。我们用这些来跟泰布图尼斯的文献做一个参照。同样是魔法类的，泰布图尼斯发现的和底比斯的魔法师的内容很不一样，真的是神庙图书馆和个人图书馆的区别。泰布图尼斯的魔法手册基本上还是仪式类的、祈福类的，而在底比斯魔法师那里，多数是日常生活类的，什么求爱情、去疾病、不要被鳄鱼咬等。使用这些文献的是同一类人，都是高级祭司，泰布图尼斯的年代相对早一些，那时的祭司群体还活跃在高墙大院的神庙里，做的是高大上的法事；到底比斯魔法师的时代，原来在神庙里的大祭司，可能真的流落到村落了，或者是说他掌握了这种技艺，本来不是做这个用的，但是世道变了，他们的命运也在转变，他不得不去应和当事人的需求，去给人家求爱情、

治病，魔法的内容就有一个转变。但是搜书、藏书，把传统知识保存下来，是当时的一个普遍现象。这个时候，文本共同体不仅在埃及出现，整个地中海地区都有。在那个时候，地中海地区经历了一个古代的全球化，即希腊化的过程。比如说各地都以希腊语为官方语言，希腊城市遍地开花，亚历山大留下了70多个希腊城市，新建的有十几个，一多

图 11　泰布图尼斯图书馆出土的纸草文献

半是重新修复的原来

的希腊城市。这其实是很有效的一个手段，想推广希腊文化，就让人们过希腊式的生活，造一个希腊样式的城市，住在那里不看剧也得看剧，不健身也得健身。同时把教育制度化，希腊语是官方语言，如果学希腊语就给你减税，少交税。此外，艺术也逐渐商业化。以往，埃及人的雕像都是墓和庙里用的，在希腊只是英雄和公众人物才有雕像，而在希腊化时代，普通人也可以到市场上定制一个自己的雕像，也可以在家里挂一个肖像画。希腊化时代和我们今天的时代很相似，现在很多人迷占星，迷魔法，那个时代也是。因为传统的价值观不再，信仰真空，人心颓废，于是神秘主义盛行，都希望世界大同，这是惊人相似的两个时代。

我们再反观希腊化这个时代，就觉得对现代人有一些启示。但是希腊化在欧洲人那里很长一段时间是一个贬义词，19世纪末期的牛津英语词典，如此定义希腊化这个词："a. 希腊语的变体，有许多外国成分，应用于亚历山大大帝之后的埃及、叙利亚等国家。b. 或者指与这个时期的希腊人有关的，即真正的希腊特性被外国成分所改变的时期。"这反映了当时欧洲的一种传统观点：亚历山大之后的"堕落的"希腊世界不配被称作希腊，应使用希腊化（Hellenistic-Greekish）——而不是希腊的这个名称——来称呼亚历山大之后和罗马人完全征服这个地区之间3个世纪的地中海东部地区的文化。欧洲历史上最辉煌的是希腊城邦时代，亚历山大帝国虽然是第一个地跨欧亚非的大帝国，但是他们不认为那是一个高峰，他们认为民主制时代是他们真正的辉煌时期。

关于希腊化问题的研究，学术界经历了三个阶段，我们现在在第三个阶段。19世纪的主流观点是"融合说"。即认为希腊化时期的文化不纯是希腊的，而是掺杂了外国成分的，而且认为这种掺杂是导致希腊文明衰落的一个原因。根据"融合说"，希腊化时期，希腊和东方元素糅到了一起，你中有我、我中有你，成为一个新的文明。这是"融合说"时代。第二个阶段是二战之后，随着民族解放运动的开展，学术界开始了文化身份认同的探讨，大家普遍地倾向于"隔离说"。"隔离说"概括来讲，即东就是东，西就是西，两种文明不可能融合成一种新文明。

希腊化时期的社会是一个双面社会，两种文明是一体两面。在一个社会里两种文明并存着，但是没有融合在一起。"隔离说"在学术界占据主流很多年，我们最近刚刚进入了一个新的"文化元素说"时期。"文化元素说"目前还在完善当中，基本观点是：很难用希腊化还是东方化来概括这个时期的文明，不应该那样简单化地理解，应该是大家都有所取舍，希腊文明在东方文明当中选择它所需要的，东方文明从希腊文明当中选择它所需要的，选择了之后再进行改造。在这个选择改造的过程当中，传统延续下来了。我个人是比较倾向这种观点的。

　　讲到这里，就是我们系列讲座的主题了，我认为每个时代的传统确实是经过了改造才能延续，不经过改造的传统很难直接延续。不应该简单地看融合了还是分离了，更应该从长时段来看，希腊化毕竟经过了几百年，咱们现在这个时代也还要继续延续一段时间这个状态。这个过程中，每一个时期是不一样的。融合是有条件的，不是说地中海这个大熔炉一下子就能直接升温到那个高度。希腊化之前，东方和西方一直是有联系的，希腊人早就走出去了，在整个地中海地区到处都有他们的移民城邦，他们就像青蛙围绕着池塘一样盘踞在地中海的周边。东西之间的交流、学习传承关系一直存在，这是一个条件。再一个条件就是，当东方文明衰落之后，有很多的社会精英往西走，同时文明传承也是由东往西的一个过程，特别是公元前 8—前 7 世纪，有学者甚至称之为"东方化时代"，大批的东方社会精英往西去。希腊化时代，东西方文明直接面对面了，地中海这个大熔炉的温度到了一定的高度，就开始有一个交融了。我个人觉得应该是分时段看。首先亚历山大东征的时候有这么一个背景，希腊人不是一直有往外走的传统么，但在公元前 7 世纪的时候，希腊的海外移民进入停滞状态，地中海地区没有新的适合移民之处了。原来的移民起到了把内部矛盾向外转移的作用，而公元前 4 世纪希腊各个城邦陷入危机后，他们只有去打波斯，而且打了波斯一定要打到印度，不打到印度，说不定第二个波斯会起来，所以亚历山大不是一个疯子，他有很清醒的头脑。东征有这样一个清晰的目标，也有精心的准备。马其顿当时作为一个相当边缘化的希腊国家，十分落后，国王腓力首先发展教育，办大学，吸引全希腊世界的社会精英，像亚里士多德这样的，都去马其顿，亚里士多德在那里教了亚历山大，这是教育上的准备。其次是军队的准备，原来希腊人的骑兵是不发达的，有一批希腊的雇佣军给波斯人打仗，发现骑兵在亚洲作战中的重要性。腓力也训练骑兵，他的秘密武器——马其顿长矛也是经过了长期的准备，才能让亚历山大完成这样一个奇迹般的万里远征。有这样的一个精心策划的征服目标、征服计划，亚历山大走一个地方建一座城市，到处推广希腊语，因此最初肯定是希腊文化压倒性地覆盖了东方文化。希腊语，以及希腊文化的一个特点，是特别善于表达，特别外向，特别有逻辑性。而东方文化属于内敛型，不擅长对外传播和渗透，在一开始遇到强势的希腊文化的时候一下子就沉寂了很久。特别是有一些传统的宗教，很长一段时间就潜伏下去了，但是经历了一段时间之后，它们又强势反弹，又开始回流注入了希腊罗马文明当中去。我觉得应该分几个阶段看文明交融。

图 12 是东方巫术西传

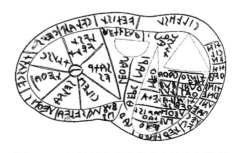

图 12　两河流域和意大利出土的占卜模型

的证据，这是两河流域的占卜用的教学模具，用羊肝占卜。泥制的是两河流域的，青铜的是在意大利南部发现的。

　　刚才提到希腊城市、希措语的推广、教育组织化、艺术的现实化、科学的实用化等。希腊化时期的城市不同于古典时期，这个时期叫作希博达姆式，是这种格层式的规划城市，标配的元素是市场、神庙、体育馆、运动场、剧场等。

　　我们举一个例子说明希腊化的程度。在阿富汗各个地区都有一个这样的希腊城市，而且有一个教哲学的希腊人，不远千里地跑到那里去，因为听说在那里有教哲学的职位。

　　托勒密时期的埃及是一个两种文化并存的双面社会。官方的诏书是双语的，希腊文和世俗体埃及文。法庭分成两个，希腊人的和埃及人的。图13是托勒密四世穿着埃及法老的服饰，戴着王冠，前方是他的埃及名字，还骑着战马。表面看他是在以埃及形象出现，但是埃及法老从来不骑马，永远是雍容大度地在战车上做一个姿态而已。

图13　骑马的托勒密四世

　　罗马人以及后来的欧洲各种独裁者都特别喜欢埃及法老的造型。比如说图14是穿着埃及服饰的罗马人像，这个是哈德良皇帝的同性情人安提尼乌斯。哈德良皇帝以热爱希腊文化而著称，他与安提尼乌斯在尼罗河上度假时，安提尼乌斯掉到尼罗河里淹死了，哈德良皇帝终身没有忘记他，用他的名字在埃及建造了一个城市，并在意大利南部的别墅造了一个大湖，两边伫立着埃及风格的安提尼乌斯雕像。

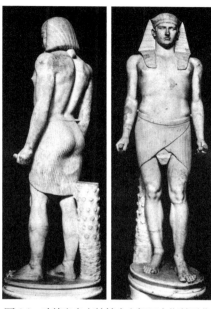

图14　哈德良皇帝的情人安提尼乌斯的雕像

　　图15是宙斯形象的尼罗河神，这些像小天使一样的是埃及的各个诺姆的拟人化形象。罗马时期的地下墓，有穿着罗马士兵服饰的阿努比

图15　宙斯形象的尼罗河神

图16　亚历山大地下墓浮雕，身
着罗马士兵服饰的阿努比斯神

斯神（图16）。埃及女神伊西斯成了
地中海世界最受欢迎的女神，在庞贝
都有她的神庙。

我们这里有几个肖像画，是宗
教层面的文化交流的另外一个很好的
例子。到埃及生活的希腊人，对埃及
的墓葬习俗是非常感兴趣的，而且没
有什么问题就接受了。此时希腊人在
本土的习俗是人死了之后火葬，而埃
及人是做木乃伊。在埃及生活的希腊
人、罗马人，他们很快就接受了埃及
的习俗：做木乃伊。这是木乃伊上面
的肖像画。不同的是，他们的画风完
全还是自己的，和埃及的风格不同，一看这人就是他们的形象。这是木
乃伊肖像画的几个例子（图17）。

图17　罗马时期的木乃伊肖像画

我们想重点给大家展示的是这个画面（图18）。这上面我们看到了埃及的死神阿努比斯，和另外两个形象的人，这两个应该都是死者的形象。为什么会是两个呢？而且一个身穿罗马的服饰，另一个是正面的埃及人形象，这就是双面社会的最好象征。这是一个人的两种形象，他是罗马时期生活在埃及的希腊人，希腊的面孔，罗马的服饰，又接受了埃及的墓葬习俗。他订制木乃伊肖像画的时候，心里是有迟疑的：我究竟该以什么样的形象出现在另外一个世界的死神面前呢？是我本来的样子，还是按照埃及的规矩来呢？于是在不放心的情况下，他把两个形象都画上了。内心独白是这样的：不管到了那边是埃及的神接待我，还是我们希腊罗马的神，都能认得出我来。这就是很有意思的一个现象，一体两面，即使接受了埃及本土的习俗，他也有一些犹豫，有一些这样的双保险措施。

图18 罗马时期的裹尸布

经历了选择之后，我们发现有一批组合神隆重登场了，这是很有趣的现象，就是他们把埃及的神和对应的希腊的神糅到一起。比如说这个叫萨拉皮斯的，他就是阿皮斯和宙斯的合体（图19）。而形象上，阿皮斯本来是埃及的牛神，与宙斯合体后，就是希腊的形象了。希腊人接受埃及的宗教，但是不接受动物崇拜，他们要把神改造成他们所认得的样子。

图19　阿皮斯圣牛，萨拉皮斯神像

第二个例子，这个叫伊西斯的女神也是埃及众神殿里特别重要的一个，但是她的改造不仅仅是形象的改造，她的神职也被改变了。在埃及人心目当中，伊西斯是第一魔法女王，法力最强的。但是经希腊人、罗马人接受了之后，对她的赞美诗里不说她是魔法女王，而是说她是救世主，特别喜欢称呼她为救世主，把她的神职也改变了（图20）。

我们还要回到最初的问题上，还要解开一个谜，在罗马人的禁令之下，这一批魔法书怎么还能保存下来，其实是有这样一个背景的。在希腊人、罗马人统治埃及的时候，出于政治的需要，对埃及的传统文化是扶持的，一方面是安抚人心，另一方面是当时亚历山大去世之后他的帝国分成三个部分：埃及、亚洲和希腊本土三大块。托勒密、塞琉古和安

图 20　罗马时期的伊西斯女神像

条克这三家互相竞争，甚至要争谁的历史更悠久，托勒密专门找了曼尼托来写历史，塞琉古也雇了一个巴比伦祭司，各写各的历史，看谁的历史悠久，看谁的历史辉煌，在气势上压倒对方。这就是所谓的"War of Books"。我们可以想象当时希腊世界的知识分子有点像咱们春秋战国时的学者，到处游说，服务于各个国王。

　　这种形象工程还利用了一些本土的传统仪式庆典，为国王造势。大家看《埃及艳后》那个电影，还记得她是怎么出场的吗？还有征服安东尼的时候乘坐金碧辉煌的豪华大船，像神仙一样从海上来了。这样的形象工程是托勒密王朝的拿手好戏。形象工程的需要使得这些古代的传统找到了一个出路，不管是出于什么目的，传统文化找到了存在的理由。

　　到罗马帝国时期情况就不同了，任何一个帝国都不允许这些异端存在，哪怕基督教当时还没有成为国教，但是像埃及的魔法传统，还有希腊的酒神崇拜等，罗马人都是立了法令要消灭的。因为在古代这些都是知识，知识就是权力，一定是对统治者有威胁的。因此到罗马帝国时期魔法就开始成为非法的了。我们这套文献其实最吸引我的是它的这个特色，它在当时是地下文学。到了后来魔法师就有了公开的身份了，就是异端。新柏拉图主义、赫尔墨斯、诺斯替等等各种异端，没有一种不使用魔法的，魔法的很多原则、内容都是为异端所利用的。

　　这里就留下了一个疑问，早期基督教时期这些被称为异端，在当时谁是异端，谁是正宗，这是一个问题。现在发现了很多关于早期基督教的文献，都和正统描述的不一样。早期教父中一直有一些人认为基督教的很多重要内容和古埃及宗教是传承关系。到了文艺复兴时期，又有很多神学家、学者主张复兴古埃及宗教，这样就带动了对古埃及文化的热情，包括对古埃及文字的一些解读。比如赫拉波龙对埃及文字的解读，我们埃及学专业人士老是嘲笑他，常常说，看当时不了解埃及文字的时候赫拉波龙就这么胡说的，现在看他未必是胡说。他认为古埃及文字除了文字的功能之外，还有另外一个功能，是一个密码系统，这个密码系统描述的是秘传知识。

　　这批人中有一个叫基歇尔的，他除了在学术上跟欧洲主流对抗，还热衷收藏古埃及文物，现在梵蒂冈很多古埃及文物，包括埃及的斯芬克斯、宙斯形象的尼罗河神等，都是他搜集的。这些狂热分子收藏埃及文物是因为笃信古埃及宗教的正宗性。这样又带动了东方热，从一开始自己在欧洲收，到后来直接到埃及去收。到18世纪启蒙运动的时候，斯宾诺莎的自然哲学盛行，又有人说这不是和埃及法老埃赫那吞的主张一样吗。一时间东方热再掀起高潮。

　　共济会的很多重要著作，都是在对古埃及宗教的追认这样的背景下写成的，特别是这本书：*Igna von Born, On the Mysteries of the Ancient Egyptians*，它影响了包括心理学家弗洛伊德在内的很多人，莫扎特的《魔笛》也是受这本书的影响。关于古埃及的神秘主义，还有伊西斯面纱的传说。在西奈有一个伊西斯的雕像，有这样一句话："我是过去、现在、将来的一切，从没有任何凡人可以揭开我的面纱。"（I am all that is, that was, that shall be; no mortal has ever lifted my veil）有人说这就

是耶和华名字的缩写，摩西见到耶和华的时候问你是谁，他说的就是这
句话。拿破仑很有可能也是共济会成员，他远征埃及却带了 175 个人组
成的科学考察团，对埃及文化有着极高的热情。

　　这是费城共济会的大厅，都是埃及的装饰（图 21）。我们不知道这
些秘密社团掌握多少正宗的古埃及秘传知识，但有一点是肯定的，神秘
主义最初的源头就是埃及那些转入地下的知识，被后世的人一次一次地
重新提起。古埃及人擅长魔法，有最发达的生命哲学，他们真正的大魔
法是复活仪式，他们对于来世做了非常细致的、系统的描绘和想象，而
且有很多相关的实践，如开口仪式、复活仪式等。古埃及人最擅长为来
世做准备，而这个魔法也是一个拥有最长来世的产品。在座的各位都是
喜欢魔法的，这一点上埃及的魔法成功了。不管是以什么方式，大众文
化还在消费着古埃及，古埃及永远是一个热点的话题。木乃伊归来不就
成了一个符号吗？每一次归来其实都是一个象征，不一定是真的木乃伊
回来，是它的灵魂回来了。古埃及文化经过了魔法师这样一批人的准

图 21　费城共济会大厅中的古埃及风格装饰

备，真的就变成了人类文明的木乃伊，变成欧洲上空的一个幽魂，一直在那里游荡，一次次归来。

　　这就是我们从魔法师、从这批魔法文献回看所见到的历史画卷。最早的，在底比斯，四千多年前魔法师的墓我们看到了；再往后几百年，第 19 王朝王子哈姆瓦斯的工作坊看到了；再往后到希腊人统治时期，是咱们这批文献的抄写者，不知名的魔法师，懂好多种语言的魔法师；然后是 14 世纪文艺复兴时期的布鲁诺、赫拉波龙，17 世纪收藏埃及文物的基歇尔，18 世纪的共济会、拿破仑；再往后是 1905 年开魔法文献课的德国教授……这条路上有很多人。所以古埃及文化真的是做到了一次次的回归，每一次回归都给后世的人们带来很多启示。至于魔法书的内容，在古代它就是独特的文献，在现代，一方面处于各学科之间的交叉地带，一方面又处于科学与宗教之间的特殊领域。在种种的特殊性之间，如果有人问：你相信魔法书里面的内容与否？我就用这句话来回答：我只是这条路上很多很多人之后的一个追随者，至于我们看到的和我们感觉到的应不应该说、怎么说、用什么样的话说，这个都是听者自有感悟。

16 世纪奥斯曼帝国的海洋事业

昝　涛[*]

一般地，人们说起奥斯曼帝国，往往会认为它是一个纯粹的大陆型帝国，但这其实是一种误解。当然，它的确有大陆帝国的一面，但奥斯曼人所处的地缘环境并不允许它成为一个纯粹的陆上国家。

不过，上面说的这种误解的产生是可以理解的，因为在近代以后，海洋性被欧洲中心主义的叙事表述为欧洲现代性的固有属性，欧洲之外的国家和文明则被剥夺了海洋性。在近代，海洋成为重要的甚至是决定一个国家的实力和霸权的新空间后，除了欧洲人之外，大部分东方国家的确在海上探索方面，显得是相对故步自封的。奥斯曼－土耳其人也不例外。但有一

* 昝涛，北京大学历史学系教授。

点不同的是，奥斯曼帝国显然处在一个地中海世界，我们可以看得到，在奥斯曼人的极盛时期，奥斯曼帝国占据了这个地中海世界相当大一部分的沿岸地区和重要岛屿，尤其是在中部和东部地区。在这样一个被认为是海洋文明发祥地的世界中，红海、黑海都是奥斯曼帝国事实上的"内海"，地中海大部分是其势力范围，在这样的情况下，奥斯曼帝国不可能不去关注和发展海洋事业。

另外，地中海的形势有一个显著特征：南北窄，东西宽，它往西只有一个出口，也就是直布罗陀海峡，且这个出口很窄；但是，地中海世界也是足够宽广的，它容纳了欧洲海上军事强国的传统力量，最强的是意大利的威尼斯，还有热那亚，当然更早的还有腓尼基、希腊、拜占庭帝国等，近代还有奥斯曼帝国、西班牙等。在地中海的东半部的周围，还有马穆鲁克、伊朗这样的陆地强国。而俄罗斯崛起以后，它必然要和土耳其竞争黑海，更重要的其实就是所谓出海口的问题。再往后，当然形势又变了，也就是奥斯曼－土耳其衰落了。不管怎么说，即便是到今天，相对于奥斯曼帝国来说已经大大缩小了的现代土耳其，因为其所处的海洋世界的地缘政治格局，它仍然必须重视发展海洋力量，因为，它始终面临着来自海上的重要威胁，也有来自海上的重要机遇。

一　奥斯曼人的海洋形势概观

说到海洋，当然有很多不一样的地方，不断有哲学家也试图去理解，所谓海洋式的生存与大陆式的生存有何区别；从基础的条件来说，海洋是一种技术性的生存，而大陆是一种本能式的生存。在人类走出海洋、进化了以后，人类已经无法在海洋里作为一种生物自然地生存了，所以，人类要从大陆再回到海洋，就必须发展出一些技术，而大陆上的生存对技术的要求相对来说比海洋要低一些，因为海洋的风险要高很多。另外，海洋上的生存是流动性的，从航行的角度来说，海洋式生存颇类似于大陆上的游牧民族，游牧人生活的草原或沙漠，往往也被说成是绿色或黄色的"海"，他们"游牧"的方式不同。海洋式的民族不会像定居农业民族一样固定在一个地方，因为除了渔业之外，海上的生存主要是商业，所以，他们生活的半径更长，视野更加宽广。海洋秩序有着不同的规则，需要的人也是不同的。正所谓："海门以出，泅沫粘天，奔涛接汉，无复崖埃可寻，村落可志，驿程可计也。""那些没有出洋经历的人，只会把海洋看做一个充满危险和无序的混乱空间。"对海洋式生存的民族来说，如果一个地方出现了困难和问题，他们也不会老死在这个地方，还会去其他地方，这就是殖民。开辟殖民地是为了缓解人口增长的压力，古希腊就有许多殖民地，分布在北非、地中海岛屿、小亚细亚等地，当然这和后来说的近代殖民主义还不太一样。这大概是海洋式生存的一些特点。

地中海周边的一些民族，确实存在着海洋式生存的传统，这个传统对他们的民族文化和政治文化产生了深远的影响。从其他方面来看，像东亚地区的中国，应该说主要是大陆式的生存，俄罗斯主要也是大陆式的生存，这是一种民族特点；奥斯曼－土耳其，从起源上来说确实也不是威尼斯、热那亚、希腊这样的海洋民族，它没有一个很深厚的海洋传统。但即便如此，在早期关于奥斯曼人祖先的追溯上，也有一种说法，虽然未必靠谱，就是认为奥斯曼家族的祖先起源上也可能是海上的海盗之类的人。这样说起来就非常奇妙了，因为关于奥斯曼人的起源有不同的说法，比如，有皈依伊斯兰教的欧洲人起源说，有内陆亚洲游牧民族起源说，还有一个就是海盗起源说等，海盗起源说似乎是最少被提及和讨论的。为什么会这样呢？这可能也跟一种近代的西方中心主义的叙事传统有关，那就是现代性的重要组成部分就是海洋性，但现代性只属于欧洲，海洋性在传统上也就只能是欧洲性的一部分了，没有自发地产生现代性的东亚、俄罗斯或穆斯林社会就只能是陆地性生存了。对这个问题来说，我估计跟强势的欧洲中心主义的叙事是有关系的。不过，为什么会产生奥斯曼人的海盗起源这种说法呢？大概是跟奥斯曼人比较早就拥有了加入他们团队的海上力量有关系，在众多的小亚细亚的诸侯国中，奥斯曼人是较早跨过海峡到欧洲去的，所以，他们应该有一支相对基础性的海上力量。另外一点，奥斯曼人所占据的地盘处在布尔萨、小亚细亚西北部分的地理范围，因此，他们跟拜占庭人、希腊人有很多密切交往和合作，所以，他们对海上的生存和战斗的方式应该比较早就熟悉了，他们也可以利用各个民族的特长。作为一个起源于边疆地带的"劫掠同盟"，奥斯曼集团里面是既有穆斯林又有非穆斯林的，既有土耳其人，又有非土耳其人，还有一些从拜占庭脱离出来的小公国，这些集团后来也皈依了伊斯兰教，淹没在穆斯林的历史中，但他们是地中海－小亚细亚的本地人，对土耳其人起到了很好的补充作用。

　　所以，即便普遍认为奥斯曼人是来自内陆亚洲的草原民族，不习海战，也没有海洋式生存的传统，但是，奥斯曼人是一个复杂的集团，他们不等于土耳其人，或者不只是有土耳其人，而是集结了小亚细亚以及后来欧洲的很多民族成分。自 1453 年奥斯曼人攻陷了君士坦丁堡并建都在此以后，来自帝国各个不同地方甚至帝国之外的西班牙、欧洲其他地方的人群，比如被迫害的犹太人，也逐渐来到了帝国的首都和一些富庶的港口，对帝国的手工业、商业和金融业等的发展做出了重要贡献。奥斯曼帝国皇帝往往让犹太人担任财政官吏、医生等职务，他们显然是专业技术人才；与外国人打交道的时候，所需的外语人才当然也主要是基督徒充当的；此外，奥斯曼帝国的海上力量，也很自然地使用希腊臣民。这些问题对我们理解作为一个多元帝国的奥斯曼来说是非常重要的。也就是说，我们不能单纯把奥斯曼理解成一个内陆亚洲和草原传统占主导的帝国，基于自身的处境，它对海洋也是有意识的。

　　另外一点，我们已经提到，地中海南北是比较窄的，今天大家都非常熟悉地中海东岸和南岸的穆斯林移民如何到了欧洲，已经造成了欧洲的难民危机和右翼政治的发展。我一直有一个观念，也就是，基督教世界和伊斯兰世界其实是各占地中海的一部分的，这两个"世界"或许在文明、文化和主观心理上的距离比较遥远，但是，其实体现在空间上的距离方面它们又是极近的，尤其是借助于海峡和地中海的大小岛屿，两个世界又呈现出一种犬牙交错的状态。如果说从阿尔及利亚和突尼斯去欧洲很方便，从摩洛哥（当然奥斯曼帝国一直没有拿下摩洛哥）和的黎波里（这些都是非常重要的港口）去西欧，那更是非常容易的。地中海南岸最重要的港口当然是阿尔及尔、突尼斯这些地方，埃及以西的北非叫作马格里布地区，这个地方以及它们的腹地如果出现了重大危机，那么，很自然地，人们就会聚集在这些港口并寻找向外的机会，对面的欧洲并非遥不可及。历史地看，近代马格里布国家的兴起，是以突尼斯、的黎波里、阿尔及尔这几个城市的兴起为基础的，而它们兴起的背景就是后文将讨论的海盗；这几个城市是由海盗所积累的财富及其政治和军事力量所奠定的，海盗不只是掠夺财富，更会掠夺人口，比较突出的就是白人奴隶，据说，历史上有上百万的白人奴隶被掳掠和贩卖到北非。

对于地中海的情况，我们至少需要以上的笼统把握。

16 世纪初，奥斯曼帝国的苏莱曼大帝继承了一个广阔的帝国，他的父亲塞利姆一世打下了大片的领土，其中很重要的一点就是征服了以埃及为中心的马穆鲁克王朝。这就造成了一个很重要的后果，也就是地中海的东岸、南岸的一部分成了奥斯曼帝国的领土。这些地方进入到奥斯曼帝国的版图以后，它当然会威胁到传统欧洲的香料贸易和丝绸之路。对于传统的地中海贸易，意大利人和西班牙人自然是非常重视的（在大航海以后葡萄牙人主要是绕过非洲南部的好望角进入到印度洋以及西太平洋），所以，在地中海的争夺中就出现了这样的局面，即意大利、西班牙等大大小小的欧洲传统海洋强国和新兴的奥斯曼帝国之间的竞争。尽管奥斯曼国家一开始还没有马上成长为地中海上的一个霸权，但是请注意，海洋贸易离不开的是港口，所以对于马穆鲁克王朝的征服，就使得很多优良的港口，无论是地中海东岸的还是南岸的，都进入到奥斯曼帝国的版图。这对奥斯曼人当然是一个很重要的优势，而对别人就是威胁；与此同时，奥斯曼人也扩大了自己的视野，除了继续在欧洲扩张（当然这是一个拉锯状态）之外，如何更好地控制地中海上的海洋贸易带来的财富，就成为他们下一步要考虑的问题。而这个考虑首先就是要直面与西班牙、威尼斯这样的海上强国的对抗。所以，奥斯曼人这时候就必须去建立强大的海军，这不只是为了运输人，还要能打仗，这就使得奥斯曼人的海上策略也开始转向积极进取。这个转变的目标有两个：一是对抗欧洲海军，二是建立扩张后的势力范围。尤其是西班牙在北非的扩张，更是给奥斯曼人的一个很重要的刺激。

在北非，伊斯兰化已经经历了很长的时间，所以，北非主要还是由不同的穆斯林政权来控制的。1516 年，在奥斯曼人征服马穆鲁克王朝之前，阿尔及尔就曾经向后面我们要提到的海盗"巴巴罗萨"兄弟伸出橄榄枝，希望他们帮助阿尔及尔这个政权来对抗西班牙人的扩张。海盗兄弟来了之后，不光是帮助阿尔及尔对抗了西班牙人，而且还把当地政权最终废掉了，然后自立为王。这样的情况下，他们有了重要的根据地，既可以自己独立生存，又可以根据形势、相时而动。海盗们的视野很宽广，他们做了权衡，从各个方面来说，他们认为加入奥斯曼帝国对自己来说是非常有利的，所以，他们就接受了奥斯曼帝国的册封，进而把自己控制的地方变成了奥斯曼帝国的一个省。

当然，这对奥斯曼帝国来说也是一个很好的机会，因为它没费力就把马格里布地区变成了自己的新领土，奥斯曼人对当地有很好的控制；另外，阿尔及尔作为一个基地，也可以非常有效地威胁意大利和西班牙。所以，对奥斯曼人来说，海盗带来的阿尔及利亚就变得非常重要。

二　征服罗德岛

苏莱曼大帝在北边跟匈牙利人作战，他拿下贝尔格莱德以后，在1529 年围攻中欧的维也纳之前，曾有一段空闲时间，他打算利用此时进行地中海上的扩张。海上扩张的一个重要目标就是靠近今天土耳其本土的罗德岛，当然今天这里属于希腊而不是土耳其共和国。顺便说，土耳其当年建国前在国际会议上进行领土划分的时候，是很不利的，基本上，希腊的国境线快划到土耳其的家门口了。而大家今天也可以理解，为什么欧洲难民危机的时候希腊人那么难以控制自己的边境，面对大大小小的岛屿，的确是太难管理了，从叙利亚来的难民船贴着这个方向进入希腊和欧洲，是很容易的。

我们要说的是 1522 年奥斯曼帝国征服罗德岛的问题。这是奥斯曼帝国一系列海上扩张的模板，也是非常重要的一个转折点，因为这意味着在地中海东部奥斯曼人开始确立其霸权。

在当时，罗德岛实际上是由十字军的后代所控制的一个岛屿。十字军到 1522 年已经有四五百年的历史。此时，罗德岛被所谓圣约翰骑士团占据。他们是怎么来的呢？简单来说，十字军的出现是因为欧洲人想拿回圣地耶路撒冷，它其实是犹太教、基督教和伊斯兰教三大教共同的圣地；在 7 世纪中叶耶路撒冷被穆斯林征服以后，基本上一直被穆斯林控制在手中。后来随着欧洲形势的发展，出现了十字军运动，以前叫"东征"，但是我们的教材现在一般叫"东侵"，汉语里的"征""侵""伐"都是有特定对象的，需要注意这种用词。十字军也是由各个国家的人共同组成的，他们之间也有联军。其中有一帮人是给朝圣者和后来的人提供医疗服务的，也就是说，如果要去耶路撒冷朝圣，无论是在耶路撒冷，还是在路上，都是需要医疗服务的。有一支得到意大利人资助的医疗队，因为驻扎在圣约翰教堂旁边的医院里，所以被叫作"圣约翰骑士团"，又叫"医院骑士团"，之所以有这样的名称，是因为这批人后来转化了自己的功能，从医疗队变成了一个军事性的骑士团体，这就是他们简单的出身情况。这支十字军的团体在当年其实是很厉害的，到第三次十字军运动的时候就已经变成了强大的军事力量。

当然，穆斯林的力量也有一个此消彼长的过程。在 13 世纪末的时候，马穆鲁克人把地中海东岸的医院骑士团这批十字军的后代打败、赶跑了，最后，他们坐船跑到了罗德岛，就把罗德岛攻占了，其实，当时这里也没有什么强大的力量。医院骑士团的后代由此就占领了罗德岛，将其建成一个强大的军事基地，这也是他们日常生活的据点。随后，他们半商半盗地发展。其实，海盗并不都是靠抢的，往往条件好的时候他们也经商，条件不好的时候主要靠抢。当然，在我们讨论的这个时期，他们主要战斗的对象就是奥斯曼人，奥斯曼人虽然此时还没有成为海上强国，但他们在地中海也有很大的商贸利益，只是经常被罗德岛的这些医院骑士团的人骚扰和劫掠。这对奥斯曼人来说当然是一个奇耻大辱。其实，早在 1480 年的时候，奥斯曼人就想去征服罗德岛，结果大败而回，后来也没有工夫去管它了。

到苏莱曼大帝的时候，这样一个大帝国的扩张，自然会波及小小的罗德岛，奥斯曼人要想在这个地方确保自己的海上优势，就必须把罗德岛拿下。所以，在攻陷了贝尔格莱德、相对稳定了在中欧地区的局势以后，苏莱曼大帝就把目光转向了罗德岛。当然，罗德岛并不好攻占，因为越是小而精的地方，就越是易守难攻。十字军的后代在岛上按照各国来源划分，比如英国、法国、西班牙等，守不同的方向，当时罗德岛被称为"基督教世界最坚固的堡垒"。在得知奥斯曼帝国的苏莱曼大帝正在进行战争和军事的动员、想要征服罗德岛的消息以后，这帮人就觉得很危险，毕竟奥斯曼人现在这么强悍，医院骑士团的人就到处去求救，然而，基本上也没有人帮助他们。这很像当年奥斯曼人攻占君士坦丁堡的过程，希腊人当时也是到处求救、等待援军，但是没有人来。罗德岛的形势也是类似，他们开始到处求救，但结果最后还是靠自己。

关于奥斯曼帝国的兵力，包括后勤，苏莱曼大帝一共动员了十万人，过了一个月之后，他也御驾亲征。在 1522 年，奥斯曼人从达达尼尔海峡的加里波利出发，到了罗德岛，十万人把岛围起来攻，企图困死罗德岛。但是，医院骑士团准备也很充分，围攻者耗的时间很长；罗德岛当时只有六千多人，有身份、能打仗的骑士也就是七百多人，剩下的都是老百姓，所以，此时面对土耳其人的进攻，医院骑士团要防备的是百倍强于自己的军事力量，如果纯粹从军事力量对比来说，实力相差就过于悬殊了。

到苏莱曼大帝的时候，奥斯曼人攻占城堡的技术也和攻占君士坦丁堡时很像，就是对城墙发动炮击，往城墙上发射燃烧弹。但是，奥斯曼人在攻城炮战之后，发现这效果不太明显，虽然城墙被打出了一个缺口，但防守还是很有效，于是，奥斯曼人又尝试使用地道战的方式，从岸边往前挖，推动到人家的城墙底下。当然，医院骑士团也有很好的办法来对付土耳其人，后者死了很多工兵，结果是炸塌了一段墙，然后步兵就上去攻击，但没有成功攻入，因为这个地方恰好属于英格兰的骑士防守，这帮人打仗很猛，双方打了好几次，死伤惨重，最终土耳其人还是被击退了。

一个多月过去了，土耳其人发现这个本来以为可以轻而易举拿下的地方居然这么难打，于是士气开始低落，当年在攻占君士坦丁堡的时候也有过这么一段类似的时间。9月下旬的时候，间谍战开始发挥作用，罗德岛的间谍告诉土耳其人，最好去打西班牙人守的那一段，那里比较脆弱。刚开始打的时候，土耳其人确实感觉挺容易，但是经过对方的一个反扑，奥斯曼－土耳其人又被击退了，苏莱曼大帝很生气，换掉了前线的司令；攻城战一直打到10月份，对守城者当然耗费很大，但是对土耳其人来说耗费更大；战斗又持续了两个月，一直打到1522年12月份，双方此时都非常惨，而且进入冬天后，土耳其军中出现了流行病，军队减员很多，土耳其军队伤亡也很多，当然，罗德岛的医院骑士团打得也没剩多少人了。奥斯曼－土耳其人攻打这么一个老百姓和军队加起来不过一万人的罗德岛，竟然花了这么大力气，看来是非常不顺利的。

此后，双方开始和谈，苏莱曼大帝说，既然我们早晚都会赢，希望你们能够投降，投降之后我可以既往不咎，保证你们的安全。不过罗德岛的人也不是那么好糊弄的，他们有点不放心，就开始扯皮，苏莱曼大帝又生气了，又去打西班牙人守的那段城墙，最终将其攻占。然后，在1522年12月20日，双方又进行了和谈。主流观点认为，苏莱曼大帝还是比较仁慈的，没有把医院骑士团都灭了，而且允许战败的骑士们保持自己的荣誉，既不投降，也不归顺，也不杀死，而是撤走，他们就撤到马耳他岛去了，结果这对奥斯曼人来说又留下了一个隐患。不论如何，罗德岛最终是被攻占了。当然，西方人后来渲染说奥斯曼－土耳其人很坏，说虽然医院骑士团投降了，但还是发生了大屠杀之类。苏莱曼大帝在海上的一个大动作就是攻占了罗德岛，以此为标尺，大概半个世纪以后，土耳其人在地中海尤其是中部和东部算是纵横无阻，直到勒班陀海战。

这是一个重要的开端。由此，我们需要明白奥斯曼人的海洋战略到底意味着什么。

三　与西班牙和葡萄牙人的竞争

15 世纪刚开始的时候，奥斯曼人就和地中海的海上强国威尼斯进行了争夺，当然后来是西班牙崛起；虽然一开始欧洲人是各自为战的，但后来发现土耳其人太强，单个欧洲国家干不过土耳其人，欧洲人就搞了一个叫神圣同盟的联合舰队，多次与土耳其人发生海战，争夺非常激烈。总体上说，从 15 世纪奥斯曼人发展海上力量开始，一直到奥斯曼帝国灭亡，在地中海上的争夺是非常激烈的。奥斯曼人大力发展海军的第一个目标就是对付威尼斯人。当然，在武器、技术方面，威尼斯人是相对更先进的，但奥斯曼－土耳其人非常善于学习，其中一个方式就是也在船上配备最新的武器。到 16 世纪初，土耳其人已经取得了在地中海东部的制衡权，这是以夺取罗德岛为标志的。

16 世纪，奥斯曼帝国对北非和地中海东岸的控制逐渐巩固，这使奥斯曼帝国的海军有了更好的基础，去对抗接踵而来的西班牙舰队的威胁。这其中有一个很重要的方面，就是在罗德岛战役的时候，刚刚归顺奥斯曼帝国不久的海盗巴巴罗萨也参加了对罗德岛的围攻。不过，他要成为一个很重要的角色，还得再往后一段时间，尤其是在 16 世纪 30 年代，巴巴罗萨成为奥斯曼帝国海军总司令，此后，奥斯曼帝国的海军对威尼斯和西班牙形成了压倒性的优势，迫使威尼斯人和西班牙人结盟，即使如此，他们也没有抵挡住奥斯曼人的攻势，最终还是被迫与奥斯曼人议和。

我们还要补充的一点就是，威尼斯是一个长期存在的传统威胁，但西班牙的威胁是如何出现的呢？

我们知道，大航海时代的开拓早在 16 世纪之前就已经开始了。哥伦布的活动是在 1492 年。西班牙和葡萄牙是两个相对比较小的国家，虽然他们是大航海时代的开创者。西班牙和葡萄牙处在伊比利亚半岛，这里实际上从 8 世纪以后长期就被穆斯林控制，如果大家知道古代史，是白衣大食也就是倭马亚王朝征服了伊比利亚半岛。到 750 年阿拔斯王朝取代了倭马亚王朝后，倭马亚王朝的后裔逃到了伊比利亚半岛，成为当地的穆斯林政权，控制了比较大的地盘。当年，穆斯林的势力从西边的欧洲伊比利亚半岛，一直扩展到东边的君士坦丁堡、小亚细亚、中亚、北非、印度、东南亚，可见，伊斯兰文明的力量是很强盛的，征服了辽阔的版图。从基督徒的角度说，西班牙北部的基督教王国发起了长期的所谓"收复失地运动"，也叫"再征服运动"，其实也就是把穆斯林势力赶走，把地盘再抢回来。到 15 世纪初的时候，西班牙和葡萄牙就在这个过程中崛起了。

西班牙是在排除伊比利亚半岛上的穆斯林势力的过程中完成了统一，然后就对外扩张。这实际上跟近东的奥斯曼帝国的崛起是同步的，基督教文明实际上是在伊比利亚半岛进行了扩张，伊斯兰势力在这里是退缩的。以奥斯曼帝国为代表的伊斯兰势力，在地中海北部大陆上进行了很成功的大扩张，所以，双方都有一个此消彼长的过程。西边伊比利亚半岛上的穆斯林也很多，他们没有办法，就只能退回到了北非，主要是阿尔及利亚等地，这也是一个长期的过程。经过几百年，穆斯林的力量在西班牙、葡萄牙（也就是伊比利亚半岛）越来越小。到 1609 年的时候，最后一个穆斯林被送上了前往摩洛哥的船只。而政治上，基督教势力取胜的标志，则是在 1492 年，伊比利亚半岛上的格拉纳达，也就是最后一个穆斯林政权，最终被西班牙人攻灭。

实际上，当西班牙人在西边扩张的时候，曾经有一段时间还与埃及的马穆鲁克王朝结过盟。大家可能会好奇，他们怎么能结盟呢？他们其实都是害怕奥斯曼人的力量。在伊比利亚半岛上，陷入基督教围攻中的穆斯林尤其是格拉纳达的穆斯林统治者，他们联系了奥斯曼帝国，寻求支持。可见，奥斯曼和马穆鲁克人的竞争，跨越了地中海的东西两岸，这里面存在着复杂的国际政治关系。这么说的话，西班牙和奥斯曼人的竞争其实很早就开始了。格拉纳达在 1492 年的陷落，标志着西班牙人完成了"再征服运动"；到那时为止，伊比利亚南部穆斯林的统治已经延续了七百多年，随着穆斯林统治的结束，西班牙人的重新统一，以及西班牙人在美洲发现的大量金银财宝，还有后来传播到世界各地的美洲作物，等等，都为西班牙人带来了巨大的财富，使得西班牙人迅速成为欧洲的强国，并一度称霸。

西班牙的贸易有两个方向，一个是传统的地中海贸易，一个是新开辟的大西洋贸易。往西，大西洋贸易和奥斯曼－土耳其人基本上没什么关系，而往东，西班牙人就遭遇了此时正好也在地中海东部扩张的奥斯曼帝国。所以，这个冲突其实也是不可避免的。西班牙人的策略，就是先占领还没有被土耳其人控制的北非地区的港口，这确实也是西班牙人扩张的需要；但此外，西班牙人不光是面临奥斯曼帝国的威胁，最重要的是这些地方有很多海盗，西班牙人也要反击海盗对他们的骚扰。西班牙跟葡萄牙不太一样的地方就在于，西班牙人在北非对大陆没有直接的兴趣，对新世界即美洲大陆反而兴趣更大。所以，他们对北非这些地方的应对，在我看来，确实不是全心全意的，而是不得不做的，真的是被威胁到才去做点什么，这就是说，西班牙在这里没有特别积极主动的战略。

16 世纪初的时候，西班牙在马格里布地区夺取了阿尔及尔、的黎波里等地，对这些港口进行了控制。不过，西班牙人对这个地方的控制不像海盗或奥斯曼人控制得那么牢固，而主要是一种临时性的行为。在当地港口生存所需要的基本物资，都是从西班牙本土运来的，所以，他们对当地港口的腹地也没有进行很好的管理和控制。而在这之后，奥斯曼人借助海盗顺利地控制了北非的港口。于是，西班牙人就失去了这些港口。这些港口就变成了奥斯曼人的军事基地，西班牙人开始和奥斯曼人互相争夺。

奥斯曼人在 16 世纪后期也经历过两次失败，先是远征马耳他失败，后来是在伯罗奔尼撒半岛北部的海湾勒班陀海战的失败。但是，奥斯曼人在其他大多数时候还是比较成功的。我们先讲勒班陀的情况，再说海盗的情况。

苏莱曼大帝以后，奥斯曼帝国还是保持着在地中海上的优势，并在 1571 年的时候达到顶点，当年奥斯曼人征服了塞浦路斯，确保了从开罗到伊斯坦布尔航线的安全。塞浦路斯的丢失，让欧洲人尤其是威尼斯人特别恐慌，因为，土耳其人现在已经把地中海上的生命线都抓在手里了，于是，双方就在勒班陀进行了一场海战，这个海战实际上就是欧洲联军对抗奥斯曼人，面对奥斯曼人的长期优势，欧洲人被迫联合了起来。勒班陀海战在军事史上被吹得很厉害，但其实没有那么夸张，它对欧洲人心理上的作用非常大，因为胜利提升了他们面对异教徒奥斯曼人的士气，欧洲人也发现，只有团结起来，才可能战胜奥斯曼人。这个海战中有一个故事，是一个很有名的西班牙人，北京大学的校园里还有他的塑像，他就是塞万提斯，他参加了勒班陀海战，还受伤失去了左手，从此获得一个绰号叫"勒班陀的独手人"。作为一个骑士一般的人物，塞万提斯后来在地中海上参加了多次战役，结果在回国的途中还被海盗俘虏了一次，五年之后，他的家里人才花了一笔钱把他赎回去。在当俘虏期间，塞万提斯还搞了一些创作，《堂吉诃德》里面那一段主人公被俘虏的经历，就是作者自身经历的反映。所以，塞万提斯这个名人的经历，也是地中海历史的反映。当然，由于欧洲人把勒班陀海战说得比较厉害，它成为古代海战史上的三大海战之一。

当然，不能说奥斯曼人失败之后就在地中海上完蛋了，因为他们还是重新组建了海军，并进行了反攻，迫使威尼斯人签订了和约，所以，勒班陀海战对奥斯曼帝国的影响没有那么大，也不是真正的转折点。又过了一年，奥斯曼人夺回了被西班牙人无敌舰队占领的失地。所以，从攻占重要的港口据点和岛屿来说，奥斯曼人在地中海上的霸权，即使到勒班陀的时候，也是不能撼动的；直到 17 世纪的后期，奥斯曼人还能够跟西班牙人在海上进行竞争，奥斯曼人攻占了克里特，确保了自己在爱琴海上的制海权；18 世纪初的时候，奥斯曼人还从威尼斯人手里夺取了伯罗奔尼撒半岛。尽管这个时候奥斯曼帝国已经衰落了，主要是财政困难，但还是守得住的，尤其是保住了北非的主要港口基地，从这里能继续袭击基督徒的船，导致北非的港口腹地比如突尼斯、阿尔及利亚、利比亚等都成为奥斯曼帝国的正式领土。伊斯坦布尔的苏丹派到北非的官员，也在阿尔及尔、突尼斯和的黎波里进行了管理，不过，他们主要是住在城镇里，港口腹地的事务基本还是自治的。

上面讲的主要是在地中海上的情况。

在地中海之外，奥斯曼人的主要精力集中在对付葡萄牙人上。那个时候还没有苏伊士运河，红海这边都是奥斯曼－土耳其人控制的领土。也就是说，奥斯曼帝国控制了阿拉伯半岛的大部分地区和埃及，他们在这里可以建立自己的舰队。

关于葡萄牙人的崛起，比如亨利王子、航海中心、大航海等，我们在这里就不重复了。结果就是，在 1511 年的时候，以印度的果阿为基地的葡萄牙人占领了马六甲，1517 年的时候他们占领了香港的屯门，16 世纪中叶，葡萄牙人已经占领了澳门。所以，这是一个海洋的时代，欧洲人在海上跑得很远。红海地区再往北就是波斯湾地区，这里其实也有葡萄牙人的势力，因为对面就是印度洋。此时，奥斯曼帝国也有向印度洋扩张的想法，因为他们控制着埃及和阿拉伯半岛，以及也门、埃塞俄比亚、亚丁湾，葡萄牙人总是在这里搅和，其实奥斯曼人也是不放心。16 世纪初，葡萄牙人到达红海的时候，马穆鲁克人的政权还在。随着土耳其人组建了红海舰队，他们就进入了印度洋，而葡萄牙人也在这里占领了据点。所以，他们就要继续在这里进行竞争。

双方最初都没占到什么便宜。奥斯曼人有一个计划，就是从波斯湾进入印度洋，搞一个大领土，那里有一些小的王公，他们为了反对基督教异教徒还向奥斯曼人求救过，但总体来说，奥斯曼人在印度洋的活动是非常有限的，最后，他们被葡萄牙人打败了。这就改变了奥斯曼人的海上战略，最后，他们觉得经营海洋不值得，转而局限于港口。于是，奥斯曼人对也门、埃塞俄比亚等地的港口城市进行了控制，主要是借助于港口进行海洋活动。

显然，奥斯曼人的这种做法是保守的，也就是说，它不是一个远洋的策略，而是贴着大陆搞海洋事业；所以，奥斯曼人向东部海上的扩张缺乏海上的基础，海军力量不大，也缺乏海洋方面的人才，最后，就变成了仅仅是在大陆上牵制葡萄牙人，这和欧洲人的那种长期的、有组织、有计划的海洋探险是不一样的。不管是从东地中海地区，还是从印度洋的扩张来看，都可以看到奥斯曼人在海洋上的行动有他们的被动性，和欧洲小国相比，奥斯曼人的海洋战略实际上主要是为了配合他们在陆地上的活动。他们没有努力地去发展远洋贸易和海上贸易，也没有去经营海洋工业的战略，这可能也孕育了奥斯曼人走向衰落的种子：大航海的时代和海洋的世纪已经到来了，这是脱离大陆向外拓展、空间急剧膨胀的时代，但似乎也是注定了奥斯曼帝国走向落后的时代。当时，人们并没有办法预知未来，但从我们的角度看，从长远来看，就是这样的。

这就是奥斯曼帝国海洋事业的基本情况。

四 海盗与北非

最后我们补充讲一下前面多次提到的海盗。

海盗和陆地上的土匪其实是相似的，河里和湖里的叫"水贼"，海里的就叫"海盗"，陆地上叫"土匪"。在人类两三千年的历史中，海盗还是很常见的，大家熟悉的维京人就是 8—11 世纪时活跃的北欧海盗。15 世纪的大航海之后，海上运输与贸易日益发达，相应地，海盗就越来越猖獗，这也是可以理解的。地中海地区的海盗也是一种私人的地方武装。其实，这种海盗团伙里面包含了多个民族和多种宗教的信徒，基督徒和穆斯林都有当海盗的。比较来看的话，在东亚的"倭寇"中，也包含了多元的族群。我们之前说过的圣约翰骑士团，有一些人后来也沦为海盗，1522 年以后，他们就以马耳他为基地。在 15、16 世纪以前，地中海上的海盗其实还是以基督徒为主的，后来崛起的是北非的穆斯林海盗。

北非海盗的出现其实有一个大的历史背景，就是和我们之前说过的西班牙的"收复失地运动"有很密切的关系，因为西班牙被穆斯林占领了好几百年，随着基督徒逐渐收复失地，这个过程中自然就爆发了很激烈的宗教—政治冲突。结果是，大量的穆斯林被驱逐了（当然也还有一些犹太人被赶走了）。这些穆斯林在伊比利亚生活了好几百年，他们没有办法，就只能跑到北非去定居。

在这个过程中，他们对西班牙人尤其是西班牙的政权，自然是充满了仇恨的；后来，实际上是奥斯曼帝国政府出手帮助来自伊比利亚半岛的穆斯林难民，给他们土地，进行安置。有一种学术观点认为，这些从北边来的难民实际上很多人素质很高，他们高超的文化水平、建筑技术、管理技能都为北非伊斯兰文明的发展做出了很重要的贡献。

一方面，被驱逐的伊比利亚半岛的穆斯林憎恨西班牙人；另一方面，有些人也想着要进行报复。所以，在 15 世纪末 16 世纪初的时候，北非的穆斯林对西班牙海岸发动过多次报复性的攻击，在格拉纳达还没有陷落的时候，他们就和格拉纳达的穆斯林形成了呼应，当然，最终他们也失败了，就是没有打回去，结果，在这个过程中有一批人沦为海盗，他们的主要目的是劫掠西班牙人的商船，并报复西班牙人。还有一些人成为职业海盗，在北非的地中海岸边的港口，比如突尼斯、阿尔及尔、的黎波里这些位置很好的地方（这些位置几乎可以说是为海盗所准备的天然港口）盘踞。而且，这些地方长期以来都是由一些当地的弱小统治者控制，他们根本对付不了海盗，甚至还被海盗灭掉。此外，还有一些人在摩洛哥沿岸的大西洋也占据了地盘，这些人很快成为职业海盗，袭扰欧洲沿岸，劫掠欧洲人的船只，掠夺战利品。海盗也致力于掠夺白人奴隶。这是司空见惯的。白人奴隶后来被称为"白色的金子"，足以说明其获利之高。这些白奴大部分都融合到了当地人口当中。16—18 世纪，有上百万的欧洲白人被掳掠为奴，更不用说还有大量财富和物品被掠夺。西班牙人对这些海盗是很头疼的。很早之前，就有一个英国作家写过一本书叫《西班牙摩尔人和地中海巴巴里海盗的故事》，这书是一百多年前写的，文笔非常好，是了解这段历史的重要材料，已经有中译本。

对奥斯曼人来说，他们其实主要就是利用北非海盗和欧洲人进行竞争，同时利用他们来控制北非的港口；简单来说，奥斯曼人的做法就是把当地原来就存在的海盗，以某种形式纳入了奥斯曼帝国的体制内，把他们 institutionalized，实际上，在历史上，海盗集团和很多不同国家的政权都有这种类似的关系。如果国家能力弱，管不了他们，就只能听之任之，让他们想干吗就干吗。有的时候干脆就进行官方的认可，毕竟海盗属于非法行为，有一些弱的地方政权就干脆跟海盗合伙，把海盗合法化，比如发放证书，也就是许可证，于是，海盗也就成了当地政权的合伙人。欧洲很多政权就给他们的海盗发过许可证，当然，条件是他们只能袭击敌国的船只，不能袭击自己的。但在实际情况中，也未必管得了那么细致。荷兰、法国、西班牙等国的王室都曾经利用海盗给敌国造成麻烦。他们一致要消灭海盗，其实要到 18、19 世纪才开始。

在这个过程中，巴巴罗萨兄弟俩就在北非先找到了合伙人，他们每次抢劫完回去之后一定比例的战利品归当地统治者所有，大部分情况下他们抢劫的是基督徒的船只，还会劫掠基督教社会的海岸村庄、港口和城市，做法和倭寇差不多。这些劫掠行为让这些人名声大噪，和现在的恐怖主义组织是相似的。"事业"做大了之后，很多有名的海盗和一些有野心的人，就会想要投入他们的名下，一起"干大事"。当年，巴巴罗萨兄弟还干过一件大事，类似于今天的难民解救行动。当时，就像我们所说的，穆斯林被西班牙人从伊比利亚赶走，在赶走的过程中，巴巴罗萨海盗还派了一些船，把穆斯林从西班牙撤回到北非来，所以，当时他们也因此获得了很高的声望。

　　巴巴罗萨兄弟俩中的哥哥，后来是被西班牙人打死了，弟弟巴巴罗萨·海雷丁后来就成为奥斯曼帝国著名的海军将领。实际上，兄弟俩和奥斯曼人的合作从苏莱曼大帝的爸爸，也就是塞利姆一世的时候就开始了。1518 年，塞利姆一世就接受了兄弟俩称臣，册封他们做当地的地方官，给了大约一千人的禁卫军，允许他们合法地招兵买马，给钱财、给船，可以看得出来，奥斯曼人的这个目的是很清楚的，只要海盗能够帮助他们收拾西班牙人就行，所以，这个合作是双赢的。经过这个转型，海盗就算是主动被"招安"了，他们就成为奥斯曼帝国体制内有"编制"的人，不再是一个非法的私人武装。而且，对海盗来说，奥斯曼帝国这个"东家"也足够强大。通过海盗，奥斯曼帝国就把阿尔及尔变成了他们事实上的海军基地，海盗积累的大量财富把这个默默无闻的地方变成了地中海上非常富裕的一个港口城市。

　　1538 年，巴巴罗萨率领奥斯曼舰队击败了意大利、西班牙等国的欧洲联合舰队。从此之后，他们就在地中海一枝独秀，这是巴巴罗萨最辉煌的时代。历史上也把这个时代叫作大海盗的时代，后来，还有三四十年的时间，可以说巴巴罗萨是所向披靡的。巴巴罗萨死后，他培养的海军将领继续延续他的能力和能量。突尼斯这个地方多次被西班牙人和奥斯曼人抢来夺去，西班牙人还发动过对阿尔及尔大规模的远征，可见这里的威胁有多大。后来，因为风暴，西班牙人的远征失败了。然后，奥斯曼人又夺取了西班牙人控制下的的黎波里。

　　历史上，袭击地中海北岸的西西里、意大利的主要基地，就是这些北非的由海盗控制的港口。当然，海盗们坐大了之后，背后也有了奥斯曼人的支持，欧洲有一波野心家觉得和北非海盗合作能挣大钱，就有人暂时皈依伊斯兰教，加入了北非海盗，一起去抢基督徒的财富。然后，等这些人拿了钱，有的又改宗回去变成基督徒。这种情况也是有的。

总之，在这个时期，西班牙人、奥斯曼－土耳其人和他们的海盗盟友们进行了互有胜负的斗争。但是，到1580年，他们觉得斗来斗去对彼此都没好处，就签订了和约，希望维持现状。到1583年，西班牙吞并了葡萄牙。1588年，还出了一个大事，就是英国打败了西班牙的无敌舰队，当时英国的指挥官其实也是海盗出身的，西班牙从此走向衰落，就逐渐放弃了对北非的野心。这样，海盗出身的人就成为北非地区主要的领导者，而且，就在这个时候，他们日益深入地被纳入奥斯曼人的体制中。海盗的后代中有一些就变成了官兵。

到16世纪后期，除了摩洛哥，北非大部分领土已经成了奥斯曼帝国的行省，比如阿尔及尔、突尼斯、的黎波里。奥斯曼帝国借助海盗打下的基础，对北非领地进行了不是非常严密的控制，意思就是，奥斯曼帝国中央的权威也不寻求对当地的所有领土进行辐射，他们主要控制了沿海地区，尤其是有重要的经济和战略意义的地区。港口的内地还是柏柏尔人、阿拉伯人部落的所在地，奥斯曼人的控制主要限于沿海地区。这些地方在奥斯曼帝国的统治下维持了几百年的稳定。奥斯曼帝国的这种控制模式对当地精英来说也是有利的，他们可以继续纵容和支持穆斯林的海盗与北方来的基督徒海盗进行竞争。这几百年来海盗积累的财富是北非现代国家能够兴起的基础。可见，奥斯曼人和海盗的关系，对北非的历史影响是非常大的。

实际上，北非海盗有时候也会袭击奥斯曼人的商船，但主要是给西方人造成了巨大的威胁。海盗毕竟是双刃剑，不是那么好控制的。18世纪后期，美国诞生之后，美国海军为了保护自己的商业利益，也卷入到打击地中海海盗的事务中；直到19世纪，欧洲人才算是控制住了北非海盗，但是，也不能说完全消灭了。进入21世纪，我们不是还能看到海盗嘛。

总之，要讲奥斯曼人的海洋事业，我们涉及了两个重要线索：一个是官方海军对地中海岛屿进行的控制和争夺，以及利用沿海港口进行军事和商业活动；另一个就是利用海盗，将北非地区作为基地，和基督教世界进行竞争，以及后来逐渐把这些地方纳入了政治统治的范围。

"谁是印度教徒?"

——海陆丝绸之路节点的身份符号与文化生产

张忞煜[*]

1923 年,印度教民族主义思想的奠基人维纳亚克·达莫达尔·萨瓦卡尔(Vinayak Damodar Savarkar, 1883—1996)在印度教民族主义思想的重要论著《印度教徒特性:谁是印度教徒?》中这样写道:"马祭仪式的祭马回到阿瑜陀之日,勇敢的罗摩·占陀罗不仅得到了雅利安人诸王,还收获了南方的哈奴曼、妙项和维毗沙那的效忠和爱戴,那一天才是印度教徒民族的诞生之日。那一天才是我们真正的国庆日:因为雅利安人和非雅利安人融合成为了一个民族国家。"2020 年 8 月 5 日,印度总理莫迪在"罗摩胜利"的欢呼声中为阿约提亚的罗摩诞生地神庙奠基。他在致辞中欢呼罗摩诞生地神庙的修建将"团结整个民族"。

* 张忞煜,北京大学外国语学院助理教授。

但是，另一方面，对印度教右翼的批评一直存在，2019 年底至 2020 年初，《公民身份法（修正案）》还引发了大规模全国性抗议活动。事实上，自 20 世纪 90 年代以来，新一轮围绕"印度教徒"（Hindu）身份的争论便不曾停歇。这一点从以下政治立场各异的作者著作的标题中便可以看出一二：坎恰·伊莱亚（Kancha Ilaiah）《我为何不是印度教徒？》（*Why I Am Not a Hindu?* 1996）、《后印度教印度》（*Post-Hindu India*，2009），穆尔扎班·贾尔（Murzban Jal）《我们为何不是印度教徒》（*Why We Are Not Hindus?* 2015），沙希·塔鲁尔（Shashi Tharoor）《我为何是印度教徒？》（*Why I Am a Hindu?* 2018），潘瓦尔·梅克万希（Bhanwar Meghwanshi）《我无法成为印度教徒》（*I Could not Be Hindu*，2020）。这番"争鸣"不仅不像阿玛蒂亚·森于同一时期问世的、讨论"印度身份"（Indian identity）的著作《惯于争鸣的印度人》所设想的那样，逐渐塑造出一个多元、民主的"印度认同"，反而从不同的身份认同出发不断重新诠释印度历史，塑造了对立乃至极化的身份认同。

一　军事对抗与 Turk/Hindu 对立叙事

那么，Hindu 这个身份究竟是一个自古以来就存在的身份概念还是后世的建构？

目前学界公认 Hindu 为伊朗语词，与梵语 Sindhu "河"（特指印度次大陆西北部的印度河）同源，最初指印度河流域地区，后被外部民族，尤其是从中亚、阿富汗，顺着古老的山口商路南下征服次大陆地区的波斯化突厥穆斯林所使用。11 世纪时，迦色尼和拉合尔的突厥穆斯林王朝宫廷文人便歌颂突厥人（Turk）如何击败印度人（Hindu），开始以宫廷波斯语文学初步塑造了 Hindu/Turk 这样一组对立的族群概念。

13 世纪，随着蒙古帝国的扩张和阿拔斯王朝的灭亡（1258），许多中亚、西亚的穆斯林流亡印度，印度的穆斯林王国成为突厥穆斯林后裔眼中伊斯兰世界的中心。在这种情况下，穆斯林王朝的军事扩张被宫廷文人视同伊斯兰教的扩张，被击败的印度敌对势力相应地被视作敌对的异教徒。例如阿米尔·霍斯陆（Amir Khusrau）便在歌颂德里苏丹阿拉丁·卡尔吉（Allauddin Khilji）对印度王公的军事胜利时将后者视为"异教徒的暴君"（farā 'inat al-kufr），称赞苏丹通过对"崇拜偶像的印度人"（hunūd-i but-parast）的胜利以不净之人的血"净化了土地"（zamīn-rā pāk bi-shust）。

伊斯兰教将人类历史分为"蒙昧时期"和"伊斯兰时期"。这种史观塑造了为许多印度穆斯林学者沿袭的"伊斯兰征服"叙事框架。在这一框架下，印度波斯语史学将印度历史分为"前伊斯兰"和"伊斯兰"两个大的历史时期，印度历史书写也由此进一步将历史书写与统治者的宗教族群身份挂钩。尽管后来的研究已经证明次大陆穆斯林人口的增长是数百年中环境变迁、技术传播、社会经济发展等多方面因素逐渐导致的，但是穆斯林王朝宫廷文人们以"伊斯兰征服"为核心线索的宗教政治叙事深刻影响了后世史学家的印度历史研究。

自英国殖民印度以后，保存情况较好、内容丰富的印度波斯语史料成为印度历史，尤其是穆斯林王朝治下的印度历史研究的核心史料。因此，也就形成了这样一种错觉，即 Hindu 概念完全是外来穆斯林强加到印度人身上的称谓。但是，在过去半个多世纪中，学界对梵文与印度地方语言铭文和文献的研究为长期以来高度依赖波斯语史料的印度史研究提供了新的视角。从 11 世纪以来的铭文史料可以看出，直面突厥王朝入侵的北印度王公多将突厥人（梵语 Turuṣka，即 Turk）视为一个新的、以军事入侵者姿态出现的"蛮夷"（mleccha）群体。梵语中的"蛮夷"（古代汉文音译为蔑戾车）为贬义词，泛指不会说梵语，不遵守婆罗门教法（dharma）的人。作为新的一批"蛮夷"，"突厥"与历史上入侵次大陆、经常出现在各类梵语往世书（purāṇa）文献中的萨迦人（Śaka）、希腊人（Yavana）和波斯人（Pārasika）等归为一类。尽管学界一般将"往世书"视为梵语神话传说文献，但如 G. P. Singh 等学者则将往世书视为印度本土的史学传统之一，认为往世书中历代君王世系（Vaṃśa）

和历代君王功行（Vaṃśānucarita）的史料价值一直被学界低估。

与此同时，11 世纪中叶之后，降妖除魔、开创盛世的罗摩日益成为人们膜拜的对象。在史诗和往世书中，罗摩既是毗湿奴大神的化身，也是出身日族（sūryavaṃśa）的刹帝利君王。根据吠陀文献，刹帝利可以分为日族（亦称"太阳王朝"）和月族（亦称"月亮王朝"）等王朝世系。

因此，以梵语和印度地方语言书写的神话—历史书写也形成了一种与印度波斯语史学类似的、将历史书写与统治者的宗教族群身份挂钩的书写模式。不同的是，波斯语史学尝试将印度历史划分为"蒙昧"和"伊斯兰"两个时期，梵语—地方语言的神话—历史书写则更加强调印度历史的连续性——在各个时代，毗湿奴大神都会化身降世，护持婆罗门教法（dharma）。恰如毗湿奴在《薄伽梵歌》中所说的："一旦正法衰落，非法滋生蔓延，婆罗多后裔啊！我就创造自己。／为了保护善良的人，为了铲除邪恶的人，为了正法得以确立，我在各个时代降生。"从这个角度来说，突厥穆斯林和历史上的其他蛮夷，以及神话传说中的妖魔鬼怪一样都是"非法"（adharma）在不同时代的表现形式而已。

由于缺乏直接的证据，我们无法确证在穆斯林王朝建立的前两个世纪里，与突厥人对垒的拉其普特王公除了自己的氏族名（如 Chauhan）之外是否还以更广泛意义上的 Hindu 自居。目前为止年代可考的、最早的印度本土语言采用 Hindu 一词表示"印度人"的证据出自南方的安得拉邦，学者在当地保存下来的铭文中发现，1352 年之后，毗舍耶那伽罗王朝的统治者除了继续宣扬自己击败"突厥"的功绩，还自称"印度诸王中的苏丹"（hindu-rāya-suratrāṇa）。在另一则 1379 年的铭文中，他还自称为"统治阿瑜陀的罗摩"。可以看出，穆斯林王朝向次大陆腹地的军事扩张将 Turk/Hindu 这样一组对立的概念带到了南方，进而赋予了"Hindu"这个概念在更大范围的通用性，在毗舍耶那伽罗王朝统治者的众多称谓和描述中，上古圣王，同时也是毗湿奴化身的罗摩与这个政治性的 Hindu 表述结合在了一起。

二　"印度教徒"概念雏形的形成与内在矛盾

随着穆斯林王朝开始统治次大陆，穆斯林统治者首先要解决一个与行政司法相关的宗教问题，即臣服于穆斯林统治者的印度人（Hindu）的类别。突厥王朝和之后的莫卧儿王朝基本依照哈乃斐教法学派的传统，将王朝治下的印度人（Hindu）与犹太人、基督徒一样归为"受保护的顺民"（dhimmi），在向统治者纳税之后可以保留宗教信仰。那么什么是"印度人"的宗教信仰？

穆斯林学者很清楚印度人（Hindu）与穆斯林存在信仰和习俗上的差别，其中一个鲜明的差别便是上文提到的"偶像崇拜"（but-parast）。随着穆斯林对印度宗教信仰认知的深入，如《宗教学派》这样的专门著作进一步了解到"印度人"有许多不同的"宗教学派"（mazhab），但是崇拜偶像依然被视为印度各"宗教学派"的共同特点。这为日后形成"印度教"的概念提供了基础。如何看待印度人的"偶像崇拜"现象，主要有两种不同的观点。

保守派认为印度人是"崇拜偶像的不信道者"。苏丹国时期持保守观点的学者除前面提到的阿米尔·霍斯陆外，还有历史学家、政治思想家齐亚丁·巴拉尼。巴拉尼在讲解治国方法的《治世之道》（*Fatāwā-i Jahāndārī*）一书中甚至对哈乃斐教法学派将印度人视为"受保护的顺民"的做法持保留态度，并反对苏丹与"不信道"的印度商人和王公合作。数个世纪后，对莫卧儿皇帝的宗教政策持批评态度的艾哈迈德·希尔辛迪以及他的追随者也持类似主张。不过，虽然莫卧儿王朝中后期日益倾向伊斯兰复兴主义，但这并没有动摇温和的哈乃斐教法学派在帝国司法行政中的主导地位。

持开明观点的穆斯林学者以比鲁尼（al-Bīrūnī）、阿布 - 法扎勒（Abu'l-Fazl ibn Mubarak）为代表，他们认为膜拜偶像只是为了帮助知识水平有限的下层民众控制心念，坚定对神的信仰的一种方法。以婆罗门为代表的印度宗教精英和穆斯林一样是一神论者（muwāhhid）。日后莫卧儿皇帝阿克巴的得力助手阿布－法扎勒持相似的观点，认为印度人是一神论者，拜神像只是帮助控制心念的一种方式。主持将"奥义书"译为波斯语的达拉·舒科不仅认为印度人是一神论者，甚至宣称向印度人传播吠陀和奥义书（Upaniṣad）等"天启经"的梵天便是人类始祖阿丹，印度的吠陀、"奥义书"和《古兰经》一样源于安拉的启示，是"一神论的宝藏"（ganj-i tauḥīd）。

比鲁尼、阿布－法扎勒和达拉·舒科的"印度教观"主要受到与他们往来甚多的婆罗门学者影响。并且，从 16 世纪马拉提语诗人埃卡纳特（Ekanāth）的《印度教徒—穆斯林对谈》（Hindu-Turk Saṃvād）可以看出，这种婆罗门精英主义的印度教观念也已经开始为非穆斯林所接受。《印度教徒—穆斯林对谈》想象了一位穆斯林（Turk）和一位代表印度教徒（Hindu）的婆罗门的对话。在这里以及其他近代早期的印度地方语言文献中，Turk 更常指宗教意义上的穆斯林，而非族群意义上的突厥人。在辩论过程中，穆斯林列举了以下代表印度教徒宗教生活特征的事物，包括奉吠陀和往世书为圣典，膜拜梵天、罗摩和黑天，沐浴、乞食，严格的洁净观念和饮食禁忌。而这些反映的显然是高种姓，尤其是婆罗门种姓的宗教生活。

但是，并非穆斯林王朝治下所有印度人都认同上层精英共同界定的"印度教徒"身份。16 世纪以后，印度城市手工业发展迅速，经济生活有所改善的手工业者比以往更不愿继续忍受歧视。出身低种姓穆斯林纺织工家庭的格比尔便是这样一个例子。他非但不认同 Hindu 或 Turk 的身份，更在诗歌中对穆斯林和印度教徒的宗教习俗如礼拜、割礼、斋戒、朝圣等大加批评，例如："印度教徒（hindū）拜着天神死了，穆斯林（turaka）死在去朝觐的路上。"

如格比尔这样的低种姓宗教导师在伊斯兰教和婆罗门教的精英文化之外发出了第三类不同的宗教声音，挑战了婆罗门的种姓权威，自然引发了在种姓问题上更加保守的婆罗门宗教学者的反对。例如婆罗门祭司学者杜勒西达斯（Tulsidas）在其代表作、被誉为"印地语罗摩衍那"的《罗摩功行之湖》中以乌鸦之口讲述的阿瑜陀"世风日下"的场景："没有种姓之分，人生四阶段的区别全无，《吠陀》遭人们反对，婆罗门出卖《吠陀》经书""首陀罗挂上圣带，教训婆罗门，把最低贱的施舍物赏给他们""首陀罗跟婆罗门发生争论，说道：'我们哪一点不如你们？'"这段文字反映了低种姓宗教导师如何挑战婆罗门的权威，而杜勒西达斯对这番场景的批判笔调反映了包括他在内的保守的婆罗门学者对低种姓宗教导师的质疑。这一内在矛盾也为日后印度教难以发展成为全民身份共识埋下了伏笔。

三　Hindu 刹帝利圣王叙事的延续和发展

16 世纪中叶，毗舍耶那伽罗帝国在德干诸苏丹国的夹击下衰亡。几乎与之同步的是，基于语言和地域的族群认同，如泰卢固人、奥里萨人、卡纳达人等开始取代广义的印度人（Hindu）概念，在铭文史料中成为南印度地方统治者的首要身份认同。在北方，拉其普特和马拉塔王公成为印度次大陆上一支以 Hindu 身份自居的政治军事力量，并通过编写歌颂君王功绩的印地语叙事诗为印度王公建构了作为具有刹帝利身份的、可以代表作为一个宗教—族群的 Hindu 的利益圣王的叙事。

一般认为，拉其普特可能是 5 世纪中叶之后从中亚迁入的游牧部族后裔。这些外来部族中的军事贵族在婆罗门祭司的帮助下将其族谱追溯到梵语史诗中的毗湿奴大神化身罗摩所属的日族（sūryavaṃśa）或黑天所属的月族（candravaṃśa），从而获得了刹帝利身份。此外，还有一些拉其普特氏族认为火族（agnivaṃśa）是自己的祖先。9—11 世纪，拉其普特王公统治北印度，此后长期与入侵印度的突厥穆斯林王朝为敌，并在 16 世纪被大量纳入莫卧儿王朝的军功贵族集团。

这种通行的拉其普特历史叙述混淆了后来被视为拉其普特的各尚

武氏族与作为一个整体的拉其普特群体两个不同的概念。以地王所属的乔汉氏族为例，乔汉氏族之名虽然自 12 世纪以后便见诸梵语文献和铭文，并将该氏族与吠陀仙人或史诗往世书中的日族、月族或火族联系起来，不过，直到 16 世纪，这些武士氏族才被整合到统一的"拉其普特"种姓身份之中。与 Hindu 最早见诸阿拉伯—波斯语史料相似，作为一个群体概念的拉其普特同样较早见诸莫卧儿王朝波斯语史料。而正是这一时期成书的、汇集了诸多武士氏族谱系的《地王颂》才在印地语书写传统中充实了作为一个整体的拉其普特种姓的历史书写。

尽管《地王颂》等印地语叙事诗所塑造的拉其普特身份认同局限于今拉贾斯坦、古吉拉特、北方邦西部等地区和一个特定的武士种姓集团，但它们确实在早年的书写基础上进一步丰富了 Hindu 概念的内涵。早于印地语《地王颂》成书的梵文叙事诗《地王胜利》（约 1178 — 1193）虽然将地王比作罗摩转世，歌颂他杀死玷污圣地布什格尔（Pushkar）的"蔑戾车"（即突厥人）的功绩，但是并没有将地王或乔汉氏族称作 Hindu。前文提到，14 世纪的毗舍耶那伽罗王朝统治者才被同时称作"印度人（Hindu）诸王中的苏丹"和"阿瑜陀的罗摩"。在北印度，直到 16 世纪后逐渐成书的《地王颂》中，地王才被明确称作"印度人（Hindu）各氏族中的太阳，吠陀教（vedic dharma）的守护者"。

17 世纪后半叶，出身日族刹帝利的西索迪亚（Sisodia）氏的梅瓦尔（Mewar）王公在被迫臣服莫卧儿的情况下转而在文化领域与莫卧儿和卡赤瓦哈氏等拉其普特氏族争夺声望。梅瓦尔王公一方面赞助刻画历代君王如何与莫卧儿和阿梅尔的军队英勇作战的文学作品，另一方面在赞助改写的《地王颂》中增加了梅瓦尔王室先祖萨马尔·辛格（Samar Singh）如何与地王联姻和并肩作战的内容。相比前文提到的、以婆罗门学者的宗教生活观出发界定印度教徒身份的《印度教徒—穆斯林对谈》，《地王颂》从另一个世俗王公的视角出发，将维护吠陀教这一从史诗、往世书以来就被视为刹帝利的应尽义务和与突厥穆斯林以及后来的莫卧儿人对立的印度人族群身份初步联系了起来。但是，这种联系和《印度教徒—穆斯林对谈》中的"印度教观"一样具有强烈的精英主义色彩，更加强调拉其普特武士作为"最优秀的印度人"的独特品质，与现代民族主义强调民族成员的一致性仍有显著差别。

与此同时，也是在17世纪后半叶，出身马拉塔农民家庭的希瓦吉开始利用莫卧儿帝国与比贾布尔苏丹国、戈尔康达苏丹国爆发战争的机会，以浦那为中心建立自己的王国。在未能获得莫卧儿帝国的充分认可的情况下，希瓦吉转而向婆罗门学者寻求帮助，以巩固自己的统治权威，遏制势力范围内其他马拉塔豪强。以伽贾巴特（Gagabhat）为首的、受到希瓦吉赞助的婆罗门学者首先"重新发现"了希瓦吉的家谱，证明他是13世纪因穆斯林入侵而从拉贾斯坦南迁的拉其普特王公后裔。之后，曾为拉其普特王公效劳的宫廷诗人普生（Bhūṣan）转而在希瓦吉宫廷的赞助下创作诗歌时，不仅确认了希瓦吉的日族刹帝利—西索迪亚氏拉其普特血统，更将歌颂拉其普特王公对抗突厥穆斯林入侵者、护持达磨（dharma）的叙述框架套用到新的恩主身上。希瓦吉的"拉其普特家谱"和歌颂刹帝利君王的叙事诗（mahākāvya）为地王、莫卧儿王朝时期的拉其普特王公以及马拉塔领袖希瓦吉三者建立起了一种想象出来的"历史联系"。

18世纪上半叶，马拉塔与莫卧儿帝国内部的权力结构也向有利于宗教学者的角度变化。在莫卧儿帝国方面，中央集权的衰落使得长期被世俗王权压制的教法学家群体获得了更大的政治话语权，如德里的教法学家沙·瓦利乌拉（Shah Waliyullah）开始呼吁所有穆斯林效忠莫卧儿皇帝，对马拉塔人发起"圣战"。在马拉塔方面，王族也越来越倚重在行政管理、金融融资，以及在统率军队方面均表现出了卓越才干的吉特巴万（Chitpavan）等婆罗门种姓。相伴而生的是种姓隔阂变得更加严格，马哈尔、芒格等低种姓沦为了"不可接触者"。与此同时，马拉塔人也尝试以共同的印度教徒身份分化莫卧儿贵族集团中对德里中央不满的拉其普特。一个比较典型的例子是以莫卧儿帝国曼萨卜达尔身份转投希瓦吉的本德拉（Bundelā）氏拉其普特王公恰德拉萨尔（Chhatrasāl）。有关他的生平事迹以及与希瓦吉的互动参见宫廷诗人拉尔（Lāl）的印地语叙事诗《恰德拉之光》（Chatraprakāś）。这样，宗教学者和文人的渲染为莫卧儿—马拉塔战争的历史记忆丰富了宗教民族对抗的色彩——对抗双方分别是兼具世俗和宗教权威的哈里发和教法学家与护持吠陀教的刹帝利和辅佐刹帝利的婆罗门。

四　殖民学术对族群—历史叙事的继承与改造

上述历史回顾希望强调的一点就是，当英国开始殖民印度时，他们面对的并非一张白纸，也并非完全像后殖民主义者所暗示的那样完全重新塑造了印度。至少在以下两个方面，当时的东方学家首先吸纳了已经长期存在于印度的观念和实践。

第一，在司法管理方面将印度人划分为穆斯林和印度教徒两大类并非英国人首创，而是源于上文提到的 11—18 世纪印度穆斯林王朝以及哈乃斐教法学派将印度教徒归入与穆斯林不同的“受保护的顺民”的司法实践。英国人一方面在莫卧儿皇帝奥朗则布主持编写的《阿拉姆吉尔教法汇编》等哈乃斐教法学著作基础上制定了盎格鲁—穆斯林法，另一方面以婆罗门教法经典《摩奴法论》为基础制定盎格鲁—印度教徒法。日后的人口普查、行政管理也采纳了这种划分。

第二，至 18 世纪已经在公共文化生活中占据重要地位的乌莱玛和婆罗门学者在英国殖民印度后也进入殖民政府服务，并将他们对印度历史的精英主义理解传递给了英国的东方学家和历史学家。18—19 世纪，英国东印度公司延续和发展了印度波斯语史学传统。公司最初赞助编写的印度历史著作之一是公司印度雇员萨利姆·阿拉·孟希（Salim Allah Munshi）以波斯语写成的《孟加拉史》（Tārīkh-i Bangālah）。曾任威廉堡总督的亨利·范西塔特（Henry Vansittart）还亲自参与将波斯语史书

《阿拉姆吉尔的功绩》（*Ma'āsir-i 'Ālamgīrī*）译为英语。此后，英国东印度公司将大量阿拉伯语、波斯语历史文献翻译为英语，仅 1867—1877年集结出版的八卷《印度历史学家自己讲述的历史》（*The History of India, as Told by Its Own Historians*）就收录、选译了 143 部各类涉及印度的阿拉伯语、波斯语史书。以拉其普特王公为主角的印地语叙事诗则主要通过教授印度地方语言文学的东方学家的译介进入新兴的印度历史文化研究。由此，上文提到的将突厥穆斯林对印度次大陆的征服视为印度历史分期的重要标志，将突厥与印度王公、莫卧儿与拉其普特和马拉塔王公的战争视为一种宗教族群对抗的历史记忆很自然地成为殖民史学对印度历史书写的重要内容，这些不能不说是一种经过精心算计的"分而治之"策略。

　　但是，功利主义哲学家詹姆斯·密尔的三卷本《英印历史》（*History of British India*，1818）确实体现出了自身不同于印度本土知识传统的殖民现代性。远在伦敦的密尔并不像威廉堡的东方学家那样掌握印度语言，他对印度文化的认知源于东方学家的译介和研究。但是，他坚信可以从功利主义哲学的角度出发书写一部"批判性的历史"（critical history），而研究印度历史也对密尔的功利主义哲学起到了促进作用。在密尔看来，印度教徒是"一个野蛮的民族"（a nation barbarous），印度教徒奴性十足、消极避世，且缺乏可贵的品质。《英印历史》初版问世的 1818 年，英国东印度公司在第三次英—马拉塔战争中击败并瓦解了马拉塔帝国。受到政治军事胜利的鼓舞，英国东印度公司内部主张全面推行西式教育的"西化派"的势头也逐渐盖过占据优势、主张保留印度传统文化的"东学派"。密尔的著作虽然被埃尔芬斯通（Mounstuart Elphinstone）、威尔逊（Horace Hayman Wilson）等东方学家批评，但也得到了"西化派"代表人物麦考利（Thomas Babington Macaulay）的认可，并在之后成为印度公务员考试的参考书。殖民地政府高效和一致的行政管理、现代教育和印刷技术的普及、交通条件的改善以及在"西学派"的支持下培育起来的一个以英语为通用语的全印知识分子群体让殖民史学对印度历史的解读在更大范围内以一种一致性的形式传播，而这种特点是其相较前殖民时代的波斯语或印地语著作的最显著优势。

五　民族主义者的回击和印度教民族主义

除了东方学家，率先反击密尔对"印度教徒民族"的理解的还有来自马哈拉施特拉地区、接受了英语教育的婆罗门知识分子。1841年，塔克德卡尔（Bhaskar Tarkhadkar）率先以"一个印度教徒"（A Hindoo）的笔名在《孟买公报》（*Bombay Gazette*）发表了一系列读者来信批评密尔的印度史贬低印度教徒，凸显英国统治的贡献。此后，塔克德卡尔的支持者纷纷以"印度教徒"为笔名发文批评密尔及其支持者。

相比其他地区，马拉塔民族主义者对尚武的马拉塔帝国记忆犹新。马拉塔婆罗门知识分子，同时也是国大党创始人之一的拉纳德（Mahadev Govind Ranade）的历史著作《马拉塔的崛起》（*Rise of the Maratha Power*，1900）便试图以马拉塔帝国断代史的方式重新书写印度的历史。与密尔将英国殖民统治视为莫卧儿帝国的继承者不同，拉纳德强调在英殖之前印度处于以马拉塔人为代表的本土印度教徒统治者（native Hindu rulers），而非外来的穆斯林统治者治下。拉纳德认为马拉塔帝国正在将治下的民众因共同的语言、种族、宗教、文学凝聚成一个"印度教徒民族"（Hindu nationality），并以其爱国之情感染了包括穆斯林在内的少数群体，进而形成"真正的印度民族"（true Indian nationality）。拉纳德的历史书写显然已经超越了传统印度史学——无论是波斯语史学，还是印地语史学——那种局限于上层王朝统治者家族的书写模式，而是采用了他所反对的殖民主义史学那种以上层精英的身份概括其治下大众的民族史书写模式。这种政治史书写模式下的"印度教徒民族"进一步与16世纪以后已经形成，并在殖民司法管理制度下得到进一步强化的、宗教意义上的"印度教徒"范畴重合。

拉纳德努力将马拉塔帝国纳入当时以爱尔兰、德国、意大利等国的民族主义运动为代表的"族群民族主义"（ethnic nationalism）框架之中，但是，他对印度教徒统治者本土属性和穆斯林统治者的外来属性的强调，将马拉塔同时视为"印度教徒民族"（Hindu nationality）和"印度民族"（Indian nationality）的代表已经指向了对马拉塔帝国历史解读的另一种可能性，即马拉塔帝国仅仅作为"印度教徒民族"的代表。而这正是以萨瓦卡尔为代表的印度教民族主义者进一步发展其民族主义史观的基础。

在讲座开头提到的、萨瓦卡尔的著作《印度教特性：谁是印度教徒？》（*Hindutva: Who is a Hindu?*）是印度教民族主义思想的重要奠基作。该书极力在已有的"印度教"（Hinduism）概念之外建立一个新的、表述"Hindu"民族身份的概念（Hindutva），并明确指出只有将"婆罗多国之地"（bhārata-varṣa）视为"祖地"（pitṛbhu）和"圣地"（puṇyabhu）的人方可被视为印度教徒民族的一员，印度教徒在种族（race/jāti）、国族（nation/rāṣṭra）和文化（culture/saṃskṛti）三个维度上都是共同体。不同于《印度教徒—穆斯林对谈》逐一列举具体宗教习俗的方式，《印度教特性：谁是印度教徒？》将源于欧洲的"民族性"（nationality）这一抽象概念转换为一种本地化的政治术语，并以这样一个新的概念来界定印度教徒身份。

虽然马拉塔帝国的历史记忆依然在《印度教徒特性的要素》的历史阐述中占据重要位置，但该书比起《马拉塔的崛起》提供了一个更加完备的前殖民印度史书写的框架：印度人的祖先生活在上古时期的印度河流域，他们可能便以 Hindu 称呼印度河，并以 Hindu 自居。雅利安人迁入后在民族融合的同时也接受了 Hindu 的称呼，在梵语中写作 Sindhu，后又被伊朗人读作 Hindu。罗摩征服楞伽岛后举办马祭，雅利安人和非雅利安人都臣服罗摩。罗摩将印度凝聚成了一个 Hindu 民族国家。佛教兴起后，印度文明在向外传播的同时也开始失去尚武精神，遭致外国入侵。不过，奉行吠陀教、坚持四瓦尔纳制的超日王战胜了外来入侵者。此后，拉其普特统一了全印度。阿拉伯人、波斯人、俾路支人、鞑靼人、突厥人、莫卧儿人先后入侵印度，但是 Hindu 民族涌现了许多反抗侵略的英雄，包括地王、希瓦吉、恰德拉萨尔、锡克祖师戈宾德·辛格等。

　　萨瓦卡尔的国史书写框架回应了那个时代围绕印度历史、文化、民族的一系列问题。第一个问题涉及印度教徒的身份认同。萨瓦卡尔极力想在缺乏直接证据的情况下证明 Hindu 并非源于波斯语，从而避免在民族主义的语境中让这个在波斯语中有贬义含义的词汇显得不适合用作民族自称。当时颇有影响力的印度教改革组织雅利安社更推崇雅利安人身份认同，但这在印度的语境中无疑割裂了仅限于高种姓的雅利安人和首陀罗、部落民等非雅利安人。为此，萨瓦卡尔不仅特意强调罗摩如何将雅利安人与非雅利安人融合成一个民族，更以《摩奴法论》中存在对顺婚、逆婚的规定来证明印度教徒内部的跨种姓通婚一直存在。第二个问题是前文提到的"印度教徒为何软弱"。萨瓦卡尔将批评的矛头指向被许多东方学家和孟加拉知识分子推崇的佛教的普世主义精神。第三个问题是印度教徒（Hindu）与印度人（Indian）是什么关系？萨瓦卡尔并没有像拉纳德那样试图建立一个包含宗教少数派的印度民族（Indian nationality），而是直接将印度教徒民族等同于印度民族。这也是印度教民族主义者最为人所诟病之处。

　　第四个间接回答的问题是应该用什么史料研究印度历史？与当时的史学研究主流相悖的是，萨瓦卡尔丝毫没有引用波斯语或英语材料，反而大量引用上文提到的中世纪印地语文献《地王颂》《恰德拉之光》和普生歌颂希瓦吉的诗歌。萨瓦卡尔并非不熟悉波斯语或英语材料，他的成名作《印度独立战争》（*The Indian War of Independence*）便运用了英语史料，《印度教徒特性的要素》梵语、印地语、马拉提语混用的风格本身就是一种有意而为之的民族主义姿态。如前文所述，他所引用的印地语文献构建了一个印度人/印度教徒与突厥人/穆斯林的宗教族群对抗，"印度教的捍卫者"代不乏人的叙事框架。在加入民族主义的元素，将上层王公与普通民众整合在一起之后，这些材料便可以很自然地被解读为反映了印度教徒民族抗击外族入侵的历史。

至此，从最初边界和内涵都十分模糊的"印度人"概念出发，Hindu 不仅发展成为一个拥有相对明晰的界定标准的"宗教—族群"身份概念，并且形成了一个与之配套的历史书写模式。这两者共同支撑起了印度教右翼的意识形态体系，并在日后几十年中逐渐发展出了在印度占据支配地位的政治力量，进而重塑了印度的政治文化生态。

结语　海陆丝绸之路节点的文化生产

长期以来，对印度历史的认知存在两种极端对立的主张。第一种主张认为印度文明是静态、僵化的，以至于沦为外族不断入侵的跑马场。深受"伊斯兰征服"史学影响，并为了论证自己殖民统治印度合情合理的英国殖民史学是这种主张的典型代表。第二种主张认为印度文明存在原生性源泉，不断地向外输送智慧和能量。许多东方学家都持这一观点，无论是东南亚史领域由法国学者赛代斯提出的"印度化国家"、师觉月和尼赫鲁等印度民族主义者畅谈的"大印度地区""外印度地区"（都指东南亚），还是早年中印文化关系史的研究中提出的"中国单方面接受印度文化""佛教征服中国"等命题都是如此。然而，这两种看似水火不容的观点却存在深层次共性的观点，即存在一种不受外界影响、非历史的印度文明本质，就好像印度吠檀多哲学中所说的万物的本质"梵"一样"不生不灭"。

然而，从对 Hindu 概念流变的考察可以看出，可能事情并不那么简单。印度教长期被视为印度的本土民族宗教，似乎是完全源于本土文化的产物——印度的民族主义者和海外的许多东方学家一直以来也对此深信不疑。但通过上面的回顾可以看出，这一概念的形成，它的外延和内涵，实际上都是在和外来文化——尤其是伊斯兰文化和西方现代文化的碰撞和融合中形成的。11 世纪以后，Hindu 作为一个"宗教—族群"范畴一方面在和作为穆斯林的突厥人的概念碰撞中被初步勾勒出了外部轮廓，而上层婆罗门学者和下层低种姓宗教导师又以辩论和碰撞逐渐让"印度教"的内涵框架清晰化。在这之后，诚如后殖民主义者所提醒的那样，英国殖民进一步塑造了今天我们理解的"印度教"概念，但是我们也不必认为在英殖之前就不存在"印度教"概念，从而陷入了另一种过分夸大殖民作用的极端。

我们知道，南亚次大陆其实自古以来就是陆上和海上丝绸之路的交错节点。从中亚大草原顺着阿富汗南下越过兴都库什山脉，进入印度次大陆，是陆上丝绸之路自古以来就存在的向南延伸——历史上，张骞正是凿空之行中在大夏（今阿富汗北部）首次获知了有关印度（身毒）的信息。而英国人循海路来到次大陆，进而可以以孟加拉为最重要的桥头堡逐鹿次大陆，其实继承了自古以来就存在的从东亚、东南亚，经南亚，至中东、东非的海上丝绸之路——历史上，郑和的船队正是从孟加拉带回了一头来自非洲、被视为"麒麟瑞兽"的长颈鹿。

如果将这一交通的"基础设施"作为一个长时段深层次结构与我们前面讨论的身份认同概念结构叠加起来就会发现一个很有意思的现象，即 Turk 与 Hindu 概念的相互塑造是陆上丝绸之路向南延伸至次大陆的产物，而英国人的到来不仅意味着新兴的政治军事强权通过海上丝绸之路渗透进入次大陆腹地，也意味着与陆路形成的文化结构碰撞。可以说，"丝绸之路"不仅为我们分析具体的文化范畴提供了必要的切入点，更为我们提供了一种新的思路，即我们大可将印度思想文化符号体系的形成置于一种既流动，又稳定的网络之上，从而在上面提到的、两种形态的"本质论"之间寻找一种更适合理解印度文化的"中道"。

在今天，Hindu 一词的"概念边疆"依然是动态的、流动的。比如曾经严格排斥非印度教徒参加的印度教右翼组织国民志愿服务团自 21 世纪以来也放宽了对穆斯林和基督徒的入团限制，右翼语境中也出现了"印度教徒穆斯林"（Hindu-Muslim）和"印度教徒基督徒"（Hindu-

Christian）这样，甚至很难翻译的新身份术语。探讨 Hindu 概念是如何在历史上的丝绸之路网络中形成的，也会有助于我们理解印度当下正在发生的事情，并以印度个案为切入点，更好地理解人类社会文化的演进脉络。

图书在版编目 (CIP) 数据

东西之间：北大"丝绸之路"十五讲 / 昝涛主编
. -- 北京：社会科学文献出版社, 2023.11
（北京大学海上丝路与区域历史研究丛书）
ISBN 978-7-5228-1492-6

Ⅰ.①东… Ⅱ.①昝… Ⅲ.①丝绸之路－文集 Ⅳ.
①K928.6-53

中国国家版本馆CIP数据核字（2023）第040763号

·北京大学海上丝路与区域历史研究丛书·

东西之间：北大"丝绸之路"十五讲

主　　编 / 昝　涛

出 版 人 / 冀祥德
责任编辑 / 赵　晨
文稿编辑 / 窦知远
责任印制 / 王京美

出　　版 / 社会科学文献出版社·历史学分社（010）59367256
　　　　　地址：北京市北三环中路甲29号院华龙大厦　邮编：100029
　　　　　网址：www.ssap.com.cn
发　　行 / 社会科学文献出版社（010）59367028
印　　装 / 北京联兴盛业印刷股份有限公司

规　　格 / 开　本：787mm×1092mm　1/16
　　　　　印　张：17　字　数：244千字
版　　次 / 2023年11月第1版　2023年11月第1次印刷
书　　号 / ISBN 978-7-5228-1492-6
定　　价 / 79.00元

读者服务电话：4008918866